U0012080

AND COMMUNICATIONS

〈世界政治與通訊地圖〉（倫敦地理學院，一九三〇年）

目次

序章

# 海上的世界地圖：歐洲航線一世紀

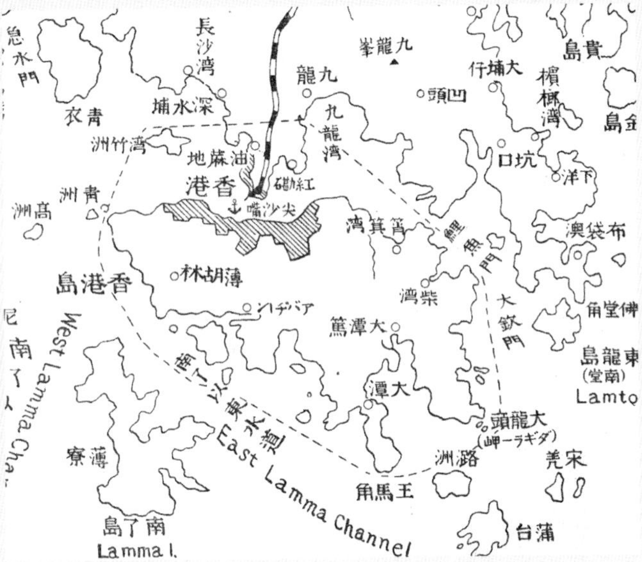


收錄於外務省通商局編，《香港情勢》（一九一七年五月，啟成社）中的部分「香港及九龍租借地全圖」。租借地的分界線以東側東經一一四度三〇分，西側東經一一三度五二分，南側北緯二二度〇九分，圍成一個廣大的範圍，割讓地就是其中虛線包圍的區域。歐洲航線的旅行者見過形形色色的世界地圖，那是他們確認自己從遠東日本到歐洲大都市之間行動的世界地圖。如同這幅地圖，它既是從平面了解歐美列強在英國領軍下，將亞洲、非洲據為殖民地的歷史地圖，也是日本對抗列強，擴展勢力到「外地」的地圖。

## 一、歐洲航線的海圖：地中海東部與新加坡海峽

十九世紀後期至二十世紀前期，日本人前往歐洲主要有三條路線，歐洲航線、西伯利亞鐵路和經由美國。其中最多人利用、對日本人認識世界影響最大的，應該還是歐洲航線。三宅克己在《周遊世界》（一九二八年十一月，誠文堂）中敘述，對於第一次去歐洲的人，他建議走歐洲航線。因為在香港可以體會「英國人令人驚嘆的東方經營」，在新加坡可以目睹「日、英兩國的勢力」。進而，行經每個停靠港，一路往歐洲前進的過程中，可以學到「刀和匙的拿法、西式浴缸的使用法」和一點簡單的英語。也就是說，歐洲航線負起了「船中大學」的角色，路途中可以研究「洋行學」。

一八九六年（明治二十九年）三月十五日，日本郵船首度加入歐洲航線，從橫濱啟航。第一艘出航的土佐丸，經過神戶、下關、香港、可倫坡（Colombo）、孟買、塞得港（Said）、倫敦，到達安特衛普（Antwerp）。當然，早在幕末到明治時代前期，英國、法國的軍艦和郵輪（定期來往固定區間的船隻）就已從橫濱發船了。但時代愈早，船體愈小，也愈難長期航海，因此自然而然會在上海或香港停泊，旅客從那兒再轉乘別的軍艦和郵輪，前往馬賽或倫敦。

船長擁有船隻的指揮權，而艦橋上負責操船的大多是航海士，視船的規模而定，船長與航

海士共同決定航線，以維持航程的安全。若要了解自己（船隻）的位置與周圍的環境，就需要海圖。海圖上記載著緯度和經度，可以確認在大海中的位置。看到海圖就能了解陸地的地形、島嶼的形狀、障礙物和主要的燈塔。海圖也記載了水深，可以掌握船底到海底有多少空間，也用特別的記號標示航海的重要事項，更用文字寫下提醒航路的危險。不過海圖的比例尺並不統一，長期航海使用的是比例小於一百萬分之一的遠洋航海圖，目視陸地航行時，用的是比例尺小於三十萬分之一的航海圖。若想知道港灣、航線的詳細數據，則利用比例尺為五萬分之一左右的港區圖來確認航路。

一八八五年（明治十八年）九月，三菱郵便汽船公司與共同運輸公司合併，成立日本郵船公司。兩年前，英國海軍部於一八八三年十二月發行了〈地中海東部海圖〉，這份海圖由費德列克・伊凡斯船長（Sir Frederick J. Evans）審定，尺寸為長約一百零四公分，寬約七十二公分。從名稱可知，這份海圖涵括了義大利、西西里島以東的地中海東部。它在一九〇七年和一九一二年兩次再版，一九一四年八月二十八日重新加印。正好第一次世界大戰在一個月前的七月二十八日爆發，八月四日英國向德國宣戰。兩天後，英國的船隻停止航行地中海，所以只有日本郵船繼續行駛歐洲定期航線。這份海圖正是地中海籠罩在緊張氣氛時重新加印的。

一九二〇年十二月，第一次世界大戰結束的兩年後，曾經在日本郵船工作的高山謹一將自身行經歐洲航線的經驗，整理成《西航雜記》（博文館）一書，內容不只介紹了停靠港，也是

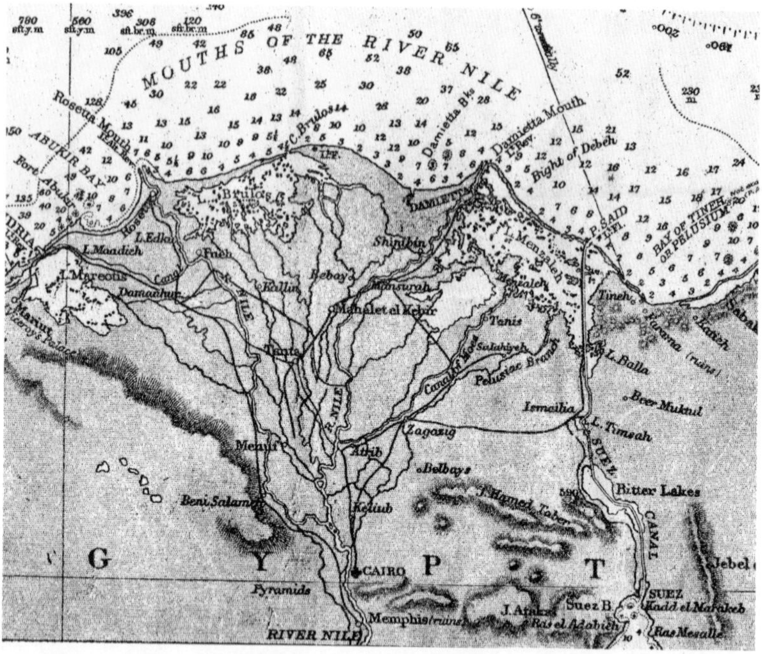


〈地中海東部海圖〉（一八八三年十二月，英國海軍部），蘇伊士運河附近。

鮮少有解說整條航線的書，船客也是航海指南的珍貴的來源。本頁的插圖為「地中海東部海圖」的蘇伊士運河附近。我們不妨對照海圖與書中的記述，體驗一下蘇伊士運河旅行的一個場面吧。從運河北上，很快來到苦湖（Bitter Lakes），高山敘述：「翻開舊約全書的〈出埃及記〉，彷彿回到數千年前的古代，摩西從埃及拯救以色列的子民，率領他們到達西奈山腳的情景，躍然起伏於心頭，油然產生興趣。此湖口正是他們逃出虎口的遠古之海。」

航行在蘇伊士運河上，船隻需有河道領航員同行，苦湖就是他們換班的地點。所以船隻會在這裡暫時停泊。接著到達巴拉湖（L. Balla），自古以來，這裡就是駱駝商隊的接泊站，左岸可以看得到艾爾．坎塔拉村（El-Qantara）。第一次世界大戰期間，土耳其軍從敘利亞沿著商隊路線進軍，意圖封鎖蘇伊士運河。他們在艾爾．坎塔拉與英軍正面對戰。但英軍守備堅實，土耳其軍久攻不下，只能撤退。據說土耳其兵的屍體堆疊橫陳於運河中。再通過曼札拉湖（L. Menzaleh）的不久後，地中海的入口塞得港終於遙遙在望。

再來看看高山謹一收錄在《西航雜記》中的自製地圖「坡西士港」。左邊遠觀「孟薩拉湖」（即曼札拉湖），右邊看著沙漠與鹽田，一面走過運河後，便來到a的「煤炭船停泊區，叫做阿巴斯希爾馬」，經過a之後，b的左右並排著「修繕或停靠運河公司汽船、駁船、疏浚船或泥船的碼頭」。再繼續往前，便到了c，固定停靠日本郵船船隻的「市區前面」。人們在這裡裝卸煤炭和糧食，船客也可以從這區域登陸，到塞得港觀光。「烈世夫」即是開鑿蘇伊士運河的斐迪南．德．雷賽布（Ferdinand Marie Vicomte de Lesseps），不少日本人去參觀他的銅像。城裡有「白人街」、「市街」與「土人街」，貧富差距昭然若揭。位於前者的飯店散發法式的香味，豪宅區綠意盎然，但是後者骯髒汙穢，令人「作嘔」。

駛出塞得港，進入地中海後，船在「深色湛藍天空下的碧藍大海」中往西北前進。海圖記載的數字「十二」和「十四」，意味著水深。由於這海圖是英國繪製，所以單位用的不是公尺，而是英尋（Fathom，相當於六英尺），它原本指的是兩臂展開的長度，約一點八公尺。日

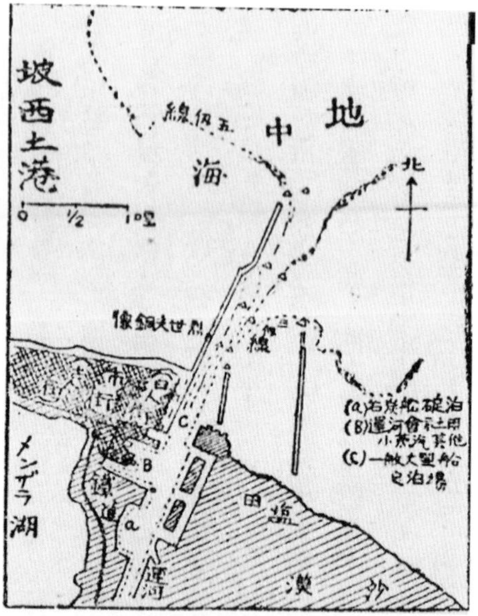


高山謹一，《西航雜記》（一九二〇年十二月，博文館）的自製地圖〈坡西土（塞得）港〉。

語中相當於「尋」的漢字。十二尋約為二十一點八公尺，十四尋相當於二十五點五公尺。由於它是海圖，基本上沒有陸地的數字，只有記載火山等的標高時，以英尺（約零點三零五公尺）做為單位。從塞得港航行二十五海里（約四十六點三公里）左右，高山謹一敘述：「左方的水平線上，可望見位於尼羅河東流河口的達米埃塔（Damietta）燈塔。」海圖中的「達米埃塔口岸」下方寫著Lt.Rev.，Rev.是Revolving的縮寫，這裡設置了旋轉燈光的燈塔。

歐洲航線使用的海圖，並不是全部都以英文標記。朝比奈秀雄在《海圖與海底測量》（《岩波講座地理學》第五卷，一九三一年七月，岩波書店）中寫道：「尋找所需地區的海圖時，我國海圖的出版區域（太平洋及印度洋沿岸）記載於水路部刊行之圖誌目錄。其他地區則必須依據各統治國或英國版。」航行地中海時使用的是英國版海圖，但行駛新加坡海峽，就可以利用水路部發行的海圖。

接著我們就來看看日本水路部發行的〈新加坡海峽東口附近〉海圖。中央下方記載「昭和十四年六月二十九日發行□水路部長小池四郎」，右下方記載「昭和十四年七月五日印刷發行□印刷者發行者水路部」，長約九六公分，寬約六八公分，比例尺十萬分之一。日文的海圖說明「根據一九三六年為止的英國及荷蘭海圖，採用的原圖為至一九三〇年為止的英國及荷蘭的測量」。一九一九年在倫敦召開的國際水路會議上，各國希望使用公尺做為海圖單位。但是，英國與美國都堅持用尋，海圖上下都寫著大大的「米」（METRE）字，就是這個原因。日本自一九二〇年十月開始採用公尺，所以海圖上印著尋和米的換算表（一尋等於一點八二公尺）。大概是為了避免日英海圖並用時規制混亂。

這是在歐洲航線的去程上，香港到新加坡之間最後一段航程時使用的海圖。北方可看到馬來半島東南角的廣大海域，南邊則是廖內群島（Riau Archipelago）。船隻從兩者之間的海峽往西行，不久就靠近位於馬來半島南端的新加坡。高山謹一的《西航雜記》中寫道：「看到岩島，航行約百里，便進入新嘉坡海峽，右舷遠望馬來半島的南端，左舷可見小島羅列於利歐島及巴淡島等大島之前。靠近霍士堡燈塔時，再過四十里就能到達新嘉坡。」「利歐島」（廖內島）在海圖的右下角，而「巴淡島」在左下的陸地部分。

這份海圖為東經一〇四度四〇分至一〇四度，這段海域的新加坡海峽，用日文寫著警語：「有強波紋」、「有強滿潮」、「有強滿潮和漩渦」、「滿潮和漩渦」、「主要為此區域海流東流

海圖〈新加坡海峽東口附近〉
（一九三九年七月五日，水路部分）。

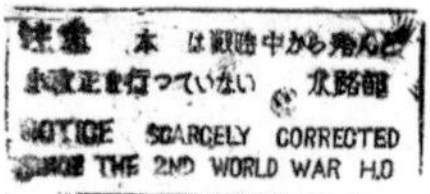


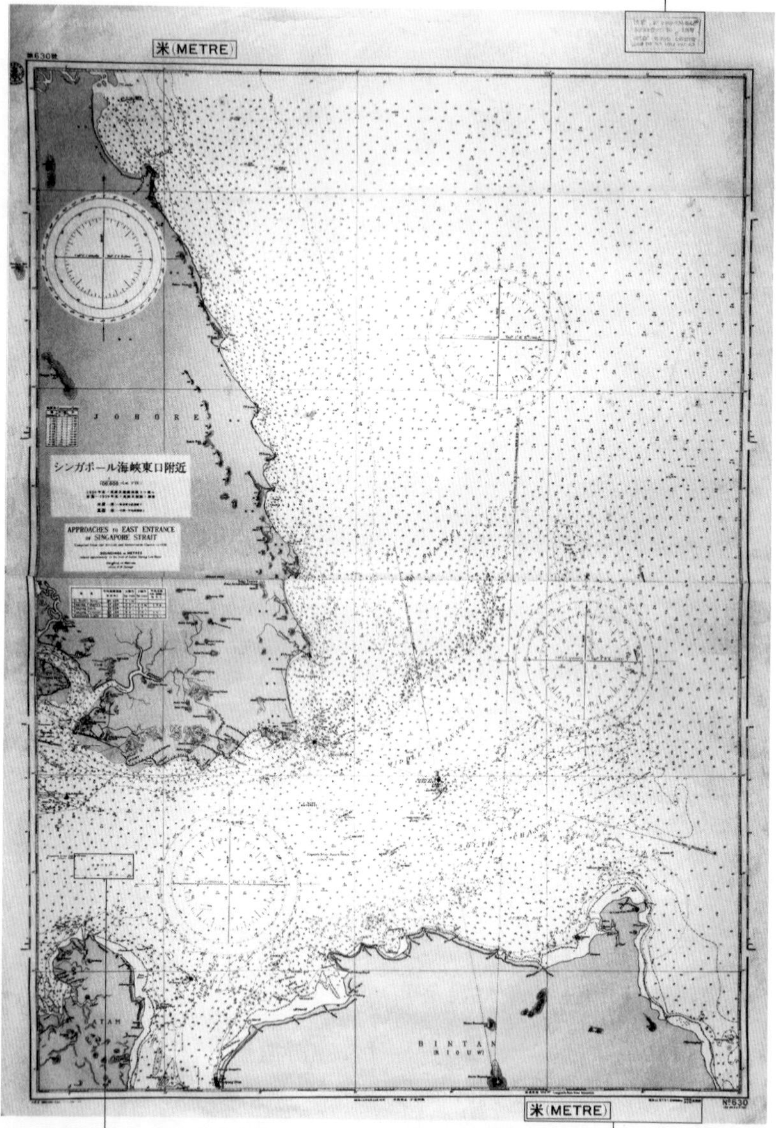


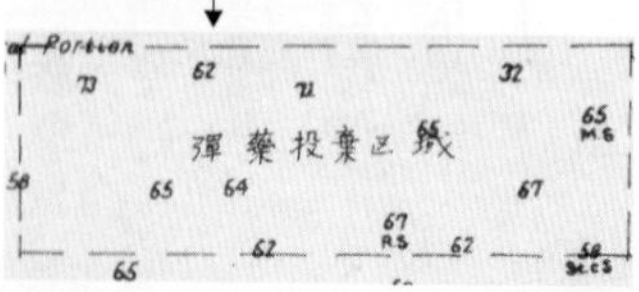


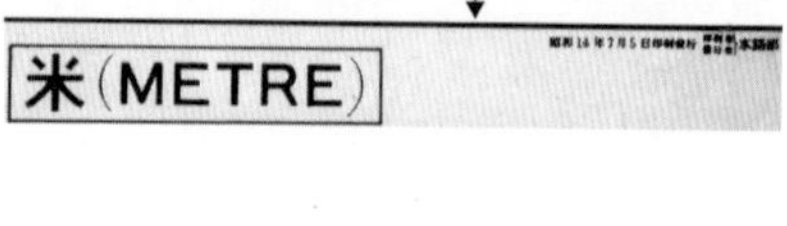

時，會產生漩渦，點礁等會變色」、「洋流東流時，此線上海水變色」、「禁止下錨區域」等。此外，還有用紅色四角框圍繞的「彈藥投棄區域」的標示。說到紅色，海圖的右上角有紅色的印章，有些部分顏色太淡無法辨識，但可看出它寫著「注意□本□自戰時起幾乎＝未進行修正□水路部」（「＝」為不明之處）。從同文的英文標示可知，「戰爭」指的是第二次世界大戰。但是第二次世界大戰爆發在一九三九年九月一日，這份海圖發行於同年七月，也就是戰爭的兩個月前。換句話說，在發行時並沒有紅色的印章，而是稍後的時期才蓋上去的。

說到海上的世界地圖，許多人聯想到的大都是海圖吧。但是，除了船上工作者外，實際看過海圖的人非常少。海圖放在船的艦橋上，若無船長招待，船客根本無法進入。但是赴歐的日本人不可能沒帶地圖就去旅行。不管是實際的地圖，還是概念地圖，將在旅行中獲得的資訊或見聞寫進地圖裡，才能形成世界觀。而那又是什麼樣的地圖或潛在地圖呢？

## 二、日本郵船的航線圖與歐洲列強的世界瓜分圖

第一艘走歐洲航路的日本郵船土佐丸，於一八九六年（明治二十九年）三月十五日，從橫濱出發。三月八日啟航前夕，日本郵船在船艙中舉行了餞行會，依據〈土佐丸歐洲開航祝宴〉

（《東京朝日新聞》，同年三月十日報導），近藤廉平社長在致詞中，這麼介紹土佐丸：

> 這艘船的總噸數為五千四百零二噸，一八九二年在「大不列顛及愛爾蘭聯合王國」的貝爾法斯特（Belfast）下水。原本的船名叫做伊斯蘭，為前年十二月自英國購入。但是當時正處中日戰爭[1]之中，英政府為保持局外中立的立場，拒絕交件，最後日本以不用於軍隊運輸的條件將其駛回，這是日本第一艘備有兩組進水機的船隻。

購買土佐丸的過程清楚說明了十九世紀末日本海運界仰賴英國才得以誕生。〈郵輪公司倫敦分店員〉（《東京朝日新聞》，一八九六年三月五日）報導，加入歐洲航線之際，日本郵船公司決定在倫敦設置分店，派遣了七名員工搭乘土佐丸前往倫敦。

在英國置辦新船隻的重要業務也由倫敦分店負責，而擔任分店長的小川錞吉已提早搭外國船前往倫敦。據〈郵船公司的新汽船〉（《讀賣新聞》，同年四月二十一日）的報導，小川簽下了五艘五千噸以上船隻用於歐洲航線上，其中兩艘預計可在年內駛回日本。

從橫濱出航的土佐丸第一個停靠港口是神戶，神戶也舉辦了盛大的餞行會。根據《日本郵船公司五十年史》（一九三五年十二月，日本郵船）記載，為紀念土佐丸的歐洲處女航，還作了一首〈貿易昌隆愉快之歌〉，這裡我引用歌詞的第三段：「日之本真榮耀，開闢航路通歐洲／

跟隨通商漸頻繁／我國製產出口品／無遠弗屆銷世界／商權威威雄風壯／看在眼中誠欣喜／貿易日日益昌盛／生意熱鬧又興隆」。仰賴英國的不只是造船，日本郵船直到一九〇六年為止，外國航線皆不採用日本籍的船長，土佐丸的船長是由約翰・馬克米蘭（John B. McMillan）擔任。

歐洲航線的開設，正如〈貿易昌隆愉快之歌〉所歌頌的，帶來了繁榮的商貿。日本不僅是造船和駛船，在通商方面，也起步追起遠在天邊的先進國英國。即使同為海上的世界地圖，海圖記載的是水深、主要的燈塔、陸地地形和島嶼形狀，然而若將航線畫進去，這份地圖傳達的資訊便完全不同了。一八九六年，日本郵船開設歐洲航線時，英國發行了〈大英帝國，世界和海洋商貿路線展示圖〉。這份地圖還同時附載了「來自西歐港口的蒸汽船航線」，即使航線只限於英國到美國與加拿大，但是可以從利物浦到加拿大的魁北克、哈利法克斯（Halifax），以及美國的紐約和費城，其他還有連結格拉斯哥（Glasgow）到紐約、南安普頓（Southampton）到紐約的航線。

向郵船公司報名搭乘歐洲航線時，會得到一本船公司發行的導覽手冊。手冊中刊載的航線圖就成為第一份規範船客認知的海上世界地圖。在一九一八年十一月，第一次世界大戰結束，到一九三九年九月第二次世界大戰爆發之間，日本郵船發行了四本《歐洲航線指南》、《渡歐

1 譯者注：即為甲午戰爭，發生於一八九四年。

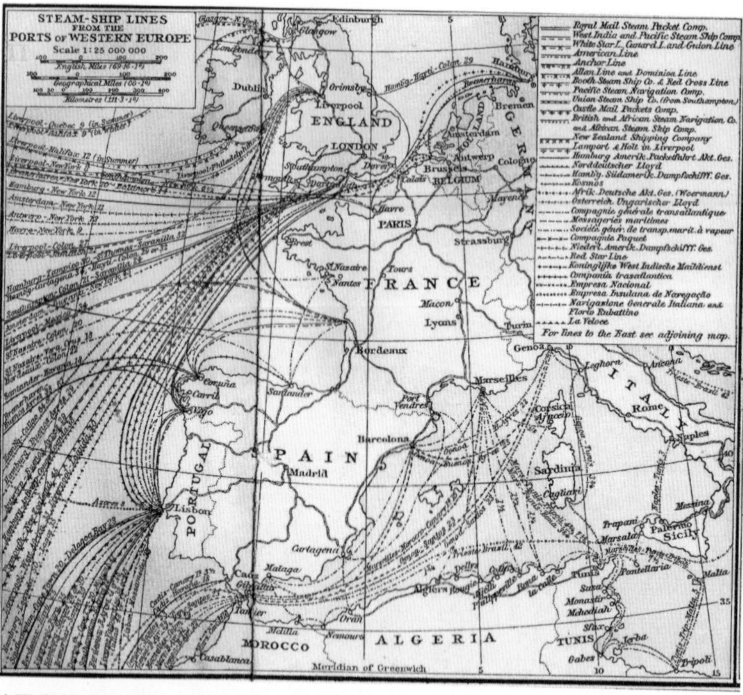


英國發行的地圖〈大英帝國，世界和海洋商貿路線展示圖〉（一八九六年）中的「來自西歐港口的蒸汽船航線」。

指南》，我們就依據這四冊來比較一下停靠港與使用船隻。

首先是一九一九年十月修正的《歐洲航線指南》（未記載發行年月，日本郵船）航線圖（請參照本書最後面的蝴蝶頁），紅色粗線就是歐洲航線。航線圖的特點，在於連結出發地到目的地之間的停靠港。從橫濱啟程的船一路航行直至最終目的地，英國的米德斯堡（Middlesbrough）。但是，到米德斯堡的主要目的是卸載貨物。船客大概都在安特衛普為止的其他港口下船了。中途停靠港有神戶、門司、上海、香港、新加坡、馬六甲、檳城、可倫坡、蘇伊士、塞得港、馬賽、倫敦、安特衛普。返航時不停靠檳城、馬六甲、門司。使用的船隻總噸數為六千噸到八千噸級。（《歐洲航線指南》記載是五千噸到七千噸級）按噸數大小排列為：熱田丸、賀茂丸、北野丸、三島丸、靜岡丸、橫濱丸、伊予丸、因幡丸、佐渡丸、加賀丸、丹波丸等，共十一艘。

一九一九年十月修訂《歐洲航線指南》（未記載發行年月，日本郵船）的書影。這本指南建議，到了新加坡以西，有時無法把日幣兌換成當地貨幣，去到歐洲時，雖然有橫濱正金銀行的信用狀，就沒有問題，但最好還是預先準備英鎊，以支應歐洲航線旅途中使用。

其次是一九二八年二月發行的《渡歐指南》（日本郵船）。八年多的時間裡停靠港有了少許變動。馬六甲不見了，取而代之的是可倫坡到蘇伊士之間增加了亞丁港（Aden），而塞得港與馬賽之間多停靠了拿坡里，馬賽與倫敦之間又增加直布羅陀。但是，門司、檳城和亞丁只有在去程停靠，而拿坡里只有在回程時停靠。此外「賀茂丸

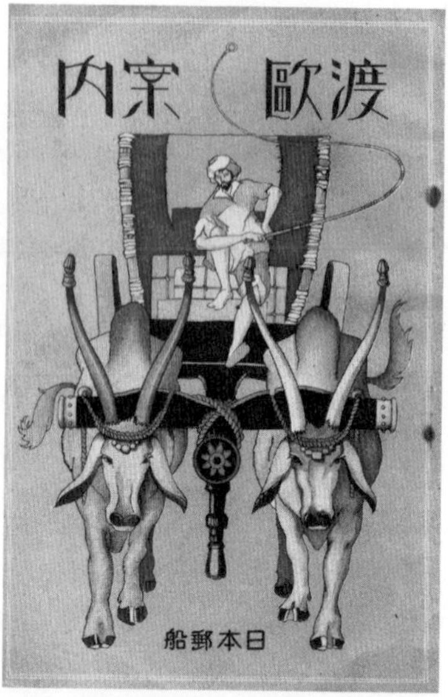

一九二八年二月發行的《渡歐指南》（日本郵船）書影。日本郵船在歐洲航線的停靠港中，於上海、香港、新加坡設有分店，於可倫坡、塞得港、拿坡里、馬賽設有代理店。

型船」並不停靠亞丁。這段時期出航的船隻變大了，大型船從八千噸級升級到一萬噸級。一九一九年十月時沿用下來的船隻只剩熱田丸、賀茂丸、北野丸三艘。按噸數大小排列，又加入了伏見丸、諏訪丸、榛名丸、箱根丸、筥崎丸、白山丸、鹿島丸、香取丸。航行天數自然縮短了不少，到達馬賽從第四十七天縮減到第四十三天，到達倫敦則從第五十六天縮短到第五十一天。

三年後，一九三二年的一月發行了《渡歐指南》修訂新版（日本郵船）。停靠港在「內地」部分有了少許變化。橫濱到神戶之間，去程會停靠四日市與大阪。而拿坡里也列入去程的停靠港中，不再限於返程。雖然只過了三年，但八千噸的熱田丸、賀茂丸、北野丸退役，由近一萬兩千噸級的照國丸與靖國丸加入取代，從十一艘的體制轉為十艘體制。日本造船業直到此時，才終於脫離對英國的依賴。導覽手冊上寫道：「船隻皆為一萬噸乃至一萬兩千噸的優秀客船，其中的新船照國丸、靖國丸展現出現代造船術的極致，再加上旅客設施完備，稱之為本航

一九三六年八月發行的《渡歐指南》再版（日本郵船）封面。中谷博搭乘的是筥崎丸的二等艙，他感嘆船上的餐點水準之高，絕不遜於東京或大阪的一流飯店。

一九三一年一月發行的《渡歐指南》修訂新版（日本郵船）書影。兒童票價，未滿三歲一人免費，第二人四分之一，三歲以上未滿十二歲者半票。除此之外，還有家庭折扣，侍從運費折扣，運動選手折扣等系統。

線最精銳船隻可謂名副其實。這兩艘姊妹船皆為長崎三菱造船廠所打造。」兩艘新船抵達倫敦時的航海日數，比以往減少四天，所以會在出航的第四十七日時，抵達倫敦。

　一九三六年八月，《渡歐指南》發行了再版（日本郵船），比起五年前的導覽手冊，書前多了八頁插頁，收錄二十張照片。其中有六張是靖國丸、榛名丸的外觀，以及照國丸、箱根丸的艙內照片。後者除去服務生之外，只拍攝洋人的照片，應該是為了營造歐洲航線的國際形象而採取的策略吧。其他則是停靠港與其周遭的照片，看了上海、香港、新加坡、檳城、康提（Kandy）、亞丁、蘇伊士、塞得港、開羅、拿坡里、馬賽、直布羅陀、倫敦的照片，準備搭船的客人肯定對異於日本的風土和景色充滿了期待。在〈船旅的愉悅〉單元中，刊載了兩位渡歐客乘坐日本郵船的見聞摘錄，他們是小說家橫光利一與德國文學家中谷博。「內地」的停靠港少了四日市，去程加入了名古屋。此外，在「外地」方面，往返的航程上增加了台灣基隆，每月停靠一次，使用的船隻與一九三一年相同。

比較過一九一八年十一月到一九三九年八月，兩次大戰期間的日本郵船導覽之後，可以清楚了解船體變大、航海日數縮短的過程。停靠港多少有些變更，但是由於航線一致，基本上沒有太大的變化。一九三六年《渡歐指南》再版的航線圖，海洋和都市第一次以英文標記，但是與一九一九年《歐洲航線指南》的航線圖相比，本質上並沒有改變。船客看著以紅色粗線連結的停靠港，來確定自己在世界地圖上位置的變化。

我們在這些航線圖旁，放一張一九三〇年倫敦發行的另一張大地圖吧。將〈世界政治與通訊地圖〉（倫敦地理學院，請參照本書最前面的蝴蝶頁）與航線圖相比對，世界觀與自我認識會產生什麼變化呢？這份地圖用顏色區分出構成大英帝國的四個構成元素。所謂的構成元素即：一、聯合王國（United Kingdom）；二、自治領與印度（Self-governing Dominions and India）；三、直轄殖民地與保護國（Crown Colonies and Protectorates）；四、托管國（Mandates）。在地

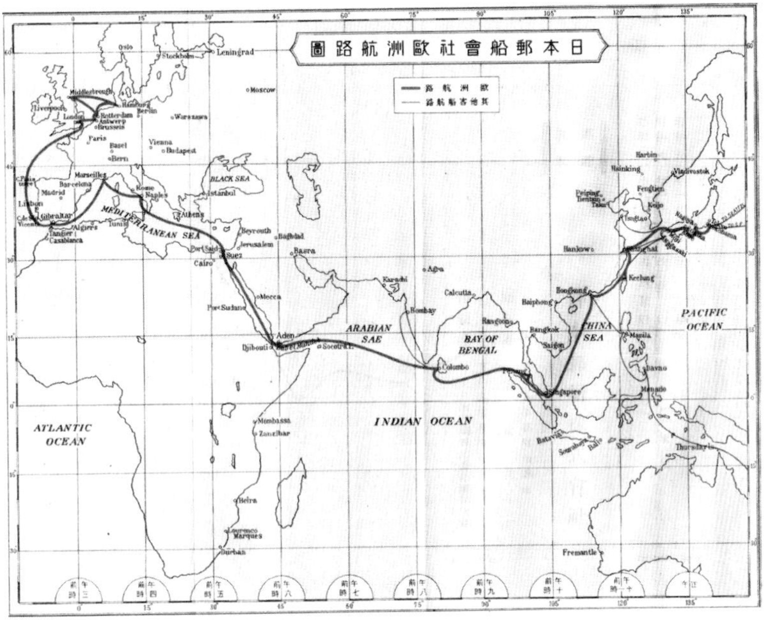


一九三六年八月發行《渡歐指南》再版（日本郵船）航線圖。

圖上，除了這些國家之外，法國、葡萄牙、西班牙、荷蘭、比利時、美國、義大利、日本、丹麥的實質統治地也以顏色區別。英國握有主導權，但可以很清楚地看到一九三〇年當時的帝國如何瓜分世界。日本將勢力擴展到朝鮮半島、滿洲、台灣、庫頁島南部、南洋群島，發展成為遠東的帝國。

若在〈世界政治與通訊地圖〉的地圖上，重新解讀歐洲航線船客所見用紅色粗線連結的停靠港，可以看到另一層涵義。那就是歐洲航線原本就是歐洲列強將亞洲殖民地化過程中所開拓的航線，而歐洲航線的停靠港，其實就是殖民地的主要都市或租借地。

## 三、英國、法國、荷蘭按顏色區分的東南亞停靠港

地圖並不只是在平面上反映空間數據的客觀性資料，文森・維爾加（Vincent Virga）與美國國會圖書館合著的《地圖繪製史》（*Carthographia: Mapping Civilizations*，二〇〇九年五月，東洋書林，川成洋、太田直也、太田美智子譯）中寫道：「地圖與集團中的人們互相關連，地圖是社會性的，所以為了呈現某文明的文化現實，必須仰賴地圖製作的幫助。」日本郵船從遠東延伸到歐洲的航線圖，可視為十九世紀後半至二十世紀前半，日本試圖追趕近代西歐的企圖心象徵。歐洲航線的航線圖引導著日本人至什麼樣可視的「文化現實」呢？

船客循線到達航線圖所記載的停靠港，並在意識中形成了概念地圖。船客將五感（視覺、聽覺、嗅覺、味覺、觸覺）捕捉到的他者性寫入概念地圖中。那是用意識獲取的海上世界地圖。他者性，指的是風土、氣候、民族、語言、文明和文化，包含侵略統治意涵的異文化間的交通與歷史，而這些元素建構起來的概念地圖，也是世界觀的場域。同時，藉由以他者性為鏡反映出的自我樣貌，則在概念地圖中被放大了出來。

眾議院議員正木照藏，以前在日本郵船擔任外航課長，他在一九〇〇年（明治三十三年）走過歐洲航線。前一年的四月，正木陪同日本郵船社長近藤廉平出遊美國，並去歐洲視察，於

當年十一月七日回到東京。他在香港搭乘德國的郵輪到達上海，十分感嘆的在《漫遊雜錄》（一九〇一年十月，正木照藏）中寫道：「規模宏偉的西洋風格住宅櫛比鱗次，如見歐洲大陸某座港口，蓋除孟買之外，不論新嘉坡或香港，到底不及此地之盛，且萬事皆浸染西風。」一八四〇年清國在鴉片戰爭中戰敗，三年後上海開埠，一八四九年，設置法國租界，而一八六三年，英租界與美租界合併，成為共同租界。日本還在幕末的時代，但上海已經處於英國和法國的統治之下了。

一九〇六年五月十九日，在神戶乘上讚岐丸的長谷場純孝，到達上海前在吳淞檢疫時也對這種情勢深有所感。因為檢疫船雖為清國所有，但檢疫的官員卻是外國人。長谷場兩年後就任眾議院議長，此時也表現出政界人士的關心。在《歐美歷遊日誌》（一九〇七年二月，長谷場純孝），長谷場注意到列強之間的競爭，記述道：「英國於多年間不斷扶植勢力，比起他國占有優越位置自不待言。然德國近來希望漸大，亦為顯著現象。」當時的德國正在上海建設郵政電信局等大型建築。相比之下，日本的勢力也在擴張嗎？日本郵船和三井物產的宏偉建築強化了長谷場的想法。這時正是日俄戰爭後簽訂和平條約的第二年，日本開始懷抱遠東帝國的自我意識。長谷場主張將日本的事業「發展至海外乃為當務之急」。

日本郵船讚岐丸離開上海後，第二停靠站是香港。依照鴉片戰爭後的南京條約，香港島於一八四二年割讓給英國。一八六〇年雙方簽下北京條約，連九龍半島南部的市區也割讓出去了。在長谷場純孝的眼中，香港的「經營設備、建築的宏偉」才足以傲視東亞，與正木照藏的看法正好相反。「港口裡船隻成林，山嶺上有真正的鐵道。」香港為英國軍事上的中心，東洋艦隊和陸軍的據點，配置守備軍達一千人。英國在此地建設西歐式的都市空間，整建上下水道、纜車、醫院、飯店等文明的設備，「不得隨意進入者」、「恐非任何人所能想像之地」長谷場如此記述。尤其最讓他讚嘆的是英國的殖民地政策，在《歐美歷遊日誌》中主張：「我國應學習之處確實甚多。」趕上近代西歐，就是意味著成為握有殖民地的帝國。

在香港感嘆英國殖民地政策的不只長谷場純孝一人。一九〇一至一九一〇年，林安繁任職於大阪商船，又開設香港分店廈門辦事處，後來林為了參與宇治川電力的工程，於一九二二年四月十八日從神戶搭上鹿島丸，準備赴歐考察第一次世界大戰後的歐美電力設施。依據《歐山美水》（一九二三年六月，林安繁）所述，一九一八年前的香港，「萬事之決定皆依英國人之一舉一動」，但是後來日本人有了顯著的擴張。香港每年出口貨物的額度中，輸往英國國內有一千九百萬噸，輸往日本、中國有六千三百萬噸，約為三點三倍。林安繁繼而去了新加坡、檳城和可倫坡，寫道「除了感嘆之外」無話可說。英國經營殖民地的最高價值在於道路建設，這種氣勢是日本遠遠不及的。

殖民地凸顯了統治與被統治的關係。一九二八年，為研究英國文學而遠渡英國的本間久雄在《滯歐印象記》（一九二九年十二月，東京堂）敘述，香港以西的停靠港，「港口擠滿了支那人與印度人的勞工」。舉例來說，英國統治下的香港，西洋式的高樓並排林立，近代的都市景觀比日本銀座還要先進許多。但是一到晚上，勞工們開始在高樓屋簷下露天而臥，有涼席的人還算好，大部分的人都是和衣而眠，英國人對待他們「比人還不如」。本間聽說，不論是香港還是新加坡，坐著人力車，卻把車夫當成馬匹、以皮鞭毆打的英國人不在少數。

一八一九年，英國東印度公司的托瑪斯・萊佛士（Sir Thomas Raffles）向蘇丹買下了新加坡，一八二六年，新加坡與馬六甲、檳城一同成為英國的海峽殖民地。位於印度洋與太平洋之間的新加坡，不論在軍事或商業上，都被視為重要的樞紐。一九〇二年，海軍少校小笠原長生搭乘軍艦淺間號，於《參加英皇加冕典禮渡英日錄》（一九〇三年四月，軍事教育會）中，記述英國殖民地政策之「巧妙」，「真乃足堪驚嘆」。其「巧妙」指的並不是整治海軍、獎勵航海、占有殖民地，而是在占有後，「不試圖做無益的干涉，不傷害當地人之感情等。亦不將其所得僅供本國吸收」的意思。

長谷場純孝也有同樣的看法。英國召集亞洲殖民地的領袖組織軍事會，殖民地的司令官或總督定期集合，討論軍事方針和行動，英國的命令或指揮從新加坡發出。但是，英國並非只以武力壓制。長谷場在《歐美歷遊日記》中提醒，日本自稱「戰勝國民」，有耀武揚威的傾向，但光靠武力不能成為戰勝者。長谷場認為，殖民地政策的祕訣在於「了解地方人情，知風俗，懂習慣，學宗教」。所以應該研究英國過去的殖民地政策，截長補短，樹立「帝國永遠之策」。

根據一九一九年十月修正的《歐洲航線指南》（未記載發行日期，日本郵船）的記載，日本郵船從新加坡出港後，停靠馬六甲和檳城。馬六甲在十六世紀初期成為葡萄牙領地，十七世紀成為荷蘭領地，一八二四年在英荷條約下，成為英國領地。隨著新加坡在海峽殖民地中勢力興起，馬六甲則不斷衰微，被排除在日本郵船的停靠港之外。而英國在馬來半島上的第一個殖民地檳城，成為馬來半島第二大繁華地。英國東印度公司在一七八六年開設檳城分公司，這個歐洲航線東亞至東南亞的停靠港，在一八九六年日本第一艘渡歐郵輪土佐丸出航前，早就已經是英國的殖民地和租借地了。船客流連於各停靠港時，宛如在重溫大英帝國的殖民歷史。

前往歐洲時，就算搭乘日本郵船之外的他國郵輪，概念地圖也不會產生太大的變化。法國的郵輪停靠西貢（現在的胡志明市），一八五九年法國占領西貢，三年後依據西貢條約，西貢成為法國在非洲之外的第一個殖民地。西貢不只是法屬印度支那的貿易中心，也是法國東洋艦隊的根據地。而荷屬東印度的中心是巴達維亞（現在的雅加達），一六一九年，荷蘭東印度公司的總督簡·皮特斯佐恩·科恩（Jan Pieterszoon Coen）占領此地，並將它做為荷蘭的根據地。東印度群島由許多島嶼組成，巴達維亞位於爪哇島西北岸。《世界地理風俗大系第四卷：南洋》（一九二九年三月，新光社）中記述著這樣的喟嘆：「日本人對這些群島」、「漠不關心太久了」。

小笠原長生，《參加英皇加冕典禮渡英日錄》（一九〇三年四月，軍事教育會）收錄在卷前插圖頁的照片與圖片說明，象徵性的顯示在歐洲帝國瓜分世界過程中，開拓歐洲航線的歷史，和日本做為遠東帝國，追逐其背景的身影。（最上圖）「印度洋中與軍艦三笠會合」；（左上圖）「通過蘇伊士運河之一」；（左圖）「我備後丸於塞得港會合」。（上圖）「直布羅陀的要害」。航向英國的淺間艦上，船員們借助樂隊，在甲板上練習社交舞。男子漢互相抱著旋轉的樣子，比較像「切磋柔道」。

## 四、馬來半島以西的停靠港，與遠東帝國的世界地圖

馬來半島是航行歐洲航線的日本乘客能夠享受日本文化的最西地區。比起去程，在回程的見聞錄中更能表現出這種感受。一九一〇年（明治四十三），自倫敦歸國的朝日新聞特派員長谷川萬次郎（雅號如是閑）在《倫敦》（一九一二年五月，政教社）便曾記述，儘管同屬東洋，但新加坡海峽的東、西兩邊，其文化大異其趣。因此，據說「始終往來於此地的船員」自西方回到新加坡，「心情上便宛如回到了日本」。附圖是漫畫家岡本一平收錄在《紙上世界漫畫漫遊》（一九二四年十月，實業之日本社）的〈新嘉坡（二）：浴衣女子與當地車夫〉。由於這裡是日本街，所以還畫了「日本齒科」的招牌，畫中穿著正方絣紋浴衣的女子，為人力車的運費與車夫討價還價。岡本還在一旁加注：「來到新嘉坡，好像一腳已經踏進日本的感覺。這種事也許會刺激到英國的神經。」

新加坡成為馬來半島最大的都市，許多日本人在此定居，日人俱樂部的營運也風生水起，新嘉坡日本人俱樂部編的《前進赤道》（一九三九年十月，新嘉坡日本人俱樂部），與修訂再版的新嘉坡日本人俱樂部編，《前進赤道》（一九四二年三月，二里木書店）就是明證。後者並刊載了一九二〇至一九三六年，英屬馬來全境居留日本人數的變遷表。一九二〇年有八千五

百四十八人，一九三六年有八千三百八十五人，幾乎沒有什麼變動。十七年間的變動，大約從近六千人到近九千人之譜。一九三六年的八千三百八十五人中，有四千一百一十七人定居在新加坡，約占半數。

前者登載了許多形成新加坡日本人社會的商社、商店廣告。業種繁多，從銀行、船公司、進出口公司，到一般雜貨食材品行、服裝店、照相館、美容院、餐廳、醫院、藥局等貼近生活的店鋪都包含在內。高山謹一在《西航雜記》（一九二〇年十二月，博文館）提到，自日俄戰爭後一九〇六年起，日本人對橡膠產業的興趣升高，要求南進政策的聲浪也漸漸增大，因而日本人數也增加了。日本人把生活習慣和風格，如在榻榻米上盤腿坐的方式帶進這裡，形成說日語也能交流的社區。如果有一份世界地圖標出可以享受日本文化的地區，那麼一九二〇年代至一九三〇年代的新加坡就位在地圖的一角。

岡本一平所繪的〈新嘉坡（二）：浴衣女與當地車夫〉，《紙上世界漫畫漫遊》（一九二四年十月，實業之日本社）。

從可倫坡往西行，日語就行不通了。在遠離日本文化圈的環境裡，船客可以把英國入

收錄於新嘉坡日本人俱樂部，《前進赤道》修訂再版（一九四二年三月，二里木書店）的日本人社會照片。（上圖）配上說明的照片「中央路日本人街的一部分（前方山坡上的高樓是帝國總領事館）」，右側為「田尾商店」、「吉定商會」的招牌，左側看得到「花屋商會」的招牌；（中圖）「新嘉坡日本人俱樂部本館」的建築；（下圖）「在外指定新嘉坡日本人小學」。

與謝野寬、與謝野晶子，《來自巴里》（一九一四年五月，金尾文淵堂）收錄的「可倫坡的防波堤」的照片。

侵亞洲的軌跡看得一清二楚。一六〇〇年，英國大破西班牙艦隊，奪得海上的霸權，組織了英國東印度公司。十八世紀後期，英國鞏固了印度統治的基礎，一七九八年，印度東南方的錫蘭島（現在的斯里蘭卡）歸屬於英國殖民州的管轄地，整建了港灣、道路、上下水道、學校、博物館、植物園等現代化的設施。其中，最有名的是耗費三十七個年頭，投下龐大經費修築的防波堤，以抵擋強勁的季風。詩人與謝野鐵幹為這道防波堤的「遠大經營」大為驚訝，他在與謝野寬（鐵幹）和與謝野晶子合著的《來自巴里》（一九一四年五月，金尾文淵堂）中記述英國人「為謀求通商之便，而努力收服新領土人民」的做法，與「日本人偏重武斷粗暴的新領土經營，實有天壤之別」。

郵輪從印度洋進入亞丁灣，即來到阿拉伯半

島西南端的亞丁。小說家末廣鐵腸於《啞之旅行》訂正合本七版（一八九四年六月，青木嵩山堂）敘述：「此處相當於印度洋入紅海之咽喉，雖為炎熱酷烈的不毛之地，然英國人將之占據，於陸地築砲台，海上停泊數隻軍艦，以備緩急之需。」亞丁受印度洋吹來的熱風影響，一年四季氣溫居高不下，連續數月一滴雨都不下，從氣候來看是個不適合生活的不毛之地，然而卻可以監視紅海入口曼德海峽（Bab-el-Mandeb），是戰略上的要地。英國自一八三九年起，在這裡設置海軍基地，目的除了監控，也有打擊海盜的需求。

蘇伊士運河有兩個出入口，一是位於蘇伊士灣畔的蘇伊士，另一側是位於地中海岸的塞得港。《世界地理風俗大系第十七卷：非洲》（一九二八年十二月，新光社）形容蘇伊士：「此地乃隨運河開鑿而形成的小港，不值一提。不過在熾熱赤紅的沙漠上分布著零星的白堊家屋，強烈的陽光如同反射鏡般閃耀，阿拉伯少女佇立在那兒，睜著烏黑潤澤的大眼，無來由地吸引住旅客的心。」最後以異國風情結尾。而對塞得港的描寫也很冷淡：「港區內既沒有特別值得一看，也無應該造訪之地。」充其量也只有到防波堤散散步，看看斐迪南．德．雷賽布的銅像，或是在燈塔下欣賞地中海的船影。書中建議「最好的方式是搭乘當天的火車，直接前往開羅」。

蘇伊士與塞得港隨著一八六九年蘇伊士運河的開通而成為繁華港，西洋人與當地人的階級及經濟上的差距可以說壁壘分明。曾任內務官員、後當選眾議院議員的守屋榮夫，將他在塞得港目擊的情景，寫在《歐美之旅》（一九二五年三月，蘆田書店）中。他提到，航向地中海的清晨甲板上，擠滿了賣紀念品的商人，連船客使用的搖椅都成了商品陳列場。從上海上船的「高尚」英國紳士，一看到他們夫妻坐過的搖椅排列著掛毯時，立刻臉色大變成了「惡鬼」。他叫嚷了幾句話，把商品摔在甲板上，用腳踩爛。然後若無其事地在搖椅上坐下，噴著紫煙，與白髮的妻子交談。埃及人臉上閃過「反抗的意圖」，但又變了表情，彷彿在哭訴「無力者的悲哀」。但是他沒有道歉，只是繼續做生意。

停靠港拿坡里與馬賽，並不是英國霸權所及的土地，前者為義大利第一大海港都市。一般旅客對義大利南部的評價都不太好，傳說博物館的服務員會索取小費、馬車夫會敲竹槓。但是走進博物館，便來到廣大的古代藝術世界。而從拿坡里搭一小時的火車，可以漫步在一千八百年前，因維蘇威火山爆發而掩埋在熔岩與灰燼中的龐貝城。馬賽是法國最大的海港都市，當法國在阿爾及利亞、突尼西亞、敘利亞與法屬印度支那經營殖民地時，

守屋榮夫，《歐美之旅》（一九二五年三月，蘆田書店）收錄的塞得港，斐迪南·德·雷賽布銅像。

它扮演了重要的角色，並在蘇伊士運河開通之後，展現出令人耳目一新的發展。由於馬賽有火車通往巴黎，許多準備到巴黎的日本人，會在馬賽下船。

歐洲地中海沿岸的島嶼，九成以上都隸屬於地理位置相對應的國家。其中，馬爾他島（Malta）是少數的例外。馬爾他島位於西西里島南方，平時走歐洲航線的日本郵船等許多船隻，會經過義大利半島與西西里島中間的墨西拿海峽（Strait of Messina）。但是一到戰時，這道狹窄的海峽就被封鎖，因而西西里島與非洲之間的馬爾他島，成為戰略上的重要據點。由於此島位於橫渡地中海到印度的路線上，英國於一八一四年將它收為自己的領土。一八六二年，文久遣歐使節的一員市川渡（號清流），於〈尾蠅歐行漫錄〉（《遣外使節日記纂輯二》，一九二九年四月，日本史籍協會）寫道，英國為了「獨占地中海之權」取得了馬爾他島，英國在港灣周圍建築城寨，架起砲口，配備了七千名士兵。

直布羅陀位於西班牙南端，直布羅陀海峽乃是大西洋與地中海之間的通道，因此它雖然不是島，卻也位在英國前往印度的路徑上。根據一七一三年的烏特勒支條約，直布羅陀成為了英國的屬地。無數的砲口從四百三十多公尺高的岩山上對準海峽，這裡是英國大西洋艦隊的根據地，港灣設施與碼頭都很完備。〈尾蠅歐行漫錄〉中提到，一行人十分期待「名聞遐邇的義八塔堅固城寨，即使遠望亦足矣」，只可惜船經過直布羅陀海峽的時間是十月二十七日下午六點許，海面一片漆黑，什麼也看不見。市川渡十分惋惜地說「為最遺憾之事」。

十九世紀末為日本為走向近代化而派送遣歐使節到歐洲的時期，英國等列強也在此時瓜分世界，將它們寫入海上的世界地圖。十九世紀後期至二十世紀前期，經由歐洲航線到歐洲的人們，一面接觸異文化，同時也在思考他者是什麼、自我是什麼。自我是個多義詞，如果填入夫妻、情人等成雙的意識，便會浮現出歐洲與日本在性別意識上的偏差。若是在自我這個詞中填入國家、國民等共同性意識的話，則會凸顯出帝國為追趕歐洲列強而不斷擴張的腳本，這是一套海上世界地圖的腳本，試圖塗改他者與自我版圖。

歐洲航線紀行史中關於他者與自我的聲音並不一致，但是在各種曲調的回響中，漸漸統一成一種主旋律，那就是對歐洲列強將亞洲視為殖民地的憤怒、對英國統治殖民地的感嘆，亦是立志成為遠東帝國的想望。在這些主旋律交錯之後不久，日本投入了「大東亞戰爭」，出現對「大東亞共榮圈」的想像和構想。在日軍的進攻下，香港的英軍於一九四一年十二月二十五日投降，翌年二月十五日，新加坡的英軍也投降。四月五日，海軍的空母機動部隊駛入印度洋，空襲可倫坡，但沒有登陸。「大東亞戰爭」塗改的世界地圖，只到二十世紀前期享受過日本文化的世界地圖邊緣為止。

第一章

# 幕末至明治遣歐使節航海記
# （1861-1873）

倫敦皮卡迪利圓環（Piccadilly Circus）尚未形成時的皮卡迪利十字路口與攝政街。這張照片大約拍攝於一八七〇年左右，收錄於GORDON HOME, *The London of Our Grandfathers*（THE HOMELAND ASSOCIATION LTD，一九二七年）。共乘馬車的屋頂設置了座位，人們可從後方的垂直階梯爬上去。岩倉使節團於一八七二年八月十七日抵達倫敦後，舉目所見的應該就是這番景觀。最早完成工業革命的大英帝國，其文明給使節團一行人強烈的印象，提醒他們日本的近代化乃是當務之急。

## 一、文久遣歐使節的艱難航海與西洋體驗

一八六二年（文久元年）一月二十一日，下野守竹內保德受命為正使，率領三十六名日本人，從品川搭上英國海軍奧丁號，出航前往歐洲。同行者還包括了後來影響全日本的啟蒙思想家福澤諭吉和劇作家福地源一郎（號櫻痴）。四年前的一八五八年，江戶幕府與荷蘭、英國、法國等締結修好通商條約，在激烈的尊王攘夷運動氣氛下，幕府派出了第一次遣歐使節，打算與歐洲各國交涉延後港（新潟、兵庫）與都（江戶、大阪）的開港開市時間，並與俄國談判庫頁國境的劃定。後者的談判沒有成功。但六月六日，遣歐使節與英國簽訂倫敦備忘錄，延後五年開港開市，而荷蘭、普魯士和法國也都同意了備忘錄。

文久遣歐使節的副使是石見守松平康直，松平的侍從市川渡（號清流）留下的紀錄，即是〈尾蠅歐行漫錄〉（《遣外使節日記纂輯二》，一九二九年四月，日本史籍協會）。市川將軍艦英文名以同音漢字稱之為「應典」，說明該船的規模為兩千噸。船員含醫師在內，共三百一十二人。由於日本尚未有近代化的碼頭，所以軍艦停泊在海面上。正使與副使乘坐「軍艦局」（又名操練所）準備的船隻駛近登船。市川搭的是只有一名船夫划的小船，花了不少時間才划到軍艦旁。同為松平侍從的野澤伊久太留下了〈幕末遣歐使節航海日錄〉（《遣外使節日記纂輯

二》），根據他的紀錄，從江戶出發，到達「南安普頓」，航程共七十三天。

他們從一出海就一直籠罩在不安的氛圍中，市川渡記述，航行到相模灣時，遇到一艘荷蘭的郵務船。據船上船員的訊息，最近有艘載滿官兵的葡萄牙船，從上海駛到日本，但遇到了暴風雨沉沒，船客全都葬身魚腹。若是在平時，這些話只是閒聊，但在航海中聽到，不由得嚇得全身發抖。事實上，第二天就因為「強風猛浪」，軍艦劇烈搖晃，市川暈船，什麼也吃不下。在長崎停泊過夜時，甲板警鐘大響，船上載運的煤炭起火，追成大混亂。在東海遇到大浪，船體傾斜三十三度，艙內的備用品翻倒，架上的物品摔落，宛如「七八月暴風雨時待在木板屋」裡的感覺。人人驚恐萬分，也有人輾轉難眠。

幕末前往歐洲的一行人，面臨的西洋與日本文明度落差，從航線的中途便開始了。市川渡從長崎的稻佐上岸，視察最新的製鐵廠。「蘭人傳授建造的稻佐製鐵廠」中有熔鐵爐，利用蒸汽機的力量帶動車輪製造鐵。市川大表感嘆地說：「可謂精妙奇絕千古空前之機關者。」「蘭人」的主管為荷蘭的亨得利克・哈德斯（Hendrik Hardes）。長崎海軍傳習所為了建造大型船隻，從荷蘭禮聘了一支技師團，而哈德斯便是主任技師。在哈德斯的指導下，長崎製

帶刀的市川渡（外務省外交史料館收藏）。

鐵廠從五年前開始建設。這一行人離開日本後，在第一個停靠港香港便親眼目睹了英、日在軍事力及經濟力的絕對差距，港內停泊了二十艘英國砲艇，三十艘英國商船。

英國的工業革命增進了製鐵技術，蒸汽船與蒸汽火車的發明帶來了交通革命。大英帝國控制了七大洋，在十九世紀殖民亞洲的競爭中握有主導權。停留香港期間，市川渡參觀了「火槍製造廠」，廠內正在製造一萬挺火槍，接著視察的「鑄砲廠」正在製造大砲和砲彈。大量的砲彈「堆積如山」，算不出正確數量。他很遺憾未有時間確認數值就離開了。到達新加坡之前，船內瀰漫著緊張氣氛，士兵們全副武裝，打開砲門裝填砲彈。原因是在香港停泊期間，沒有接到應該從印度傳抵的情報，英軍假設美國軍艦在新加坡港內埋伏，因此採取備戰姿態。美國國內於一八六一至一八六五年間，爆發南北戰爭，一行人中有位益頭駿次郎，從事進物取次上番格御普請[1]的職務，根據他在〈歐行記〉（《遺外使節日記纂輯三》，一九三〇年一月，日本史籍協會）所述，美國南軍向英軍請求支援，北軍則做好準備與英軍作戰。

最令一行人大開眼界之處，也許是在到達蘇伊士之後。因為蘇伊士運河是在一八六九年，也就是文久遣歐使節的七年後才開通，所以，當時使節們乘坐火車前往開羅。鐵道以鐵桿連接而成，鐵軌旁豎立著一排柱子，架著電線。蒸汽火車頭牽引車廂，市川記述：「以一車之蒸汽力，電馳千萬里外，豈能不驚目駭心哉。」不論是眼和心，對於驚異的速度都只能硬生生地接受下來。野澤伊久太也提到這時的體驗，「蒸汽車快速，真是快速。」益頭駿次郎敘述，不只是「俊足」，也對巨大聲響印象深刻，連對話的聲音都聽不太到。

文久遣歐使節完成了開港開市延期談判的任務，而英國第一任駐日總領事，特命全權公使路瑟福・阿禮國（Sir Rutherford Alcock）也全力協助談判。阿禮國是在一八五九年六月前往日本赴職，交換日英修好通商條約的批准書，並於高輪開設總領事館。最初他反對開港開市延期，但是了解了日本國內情勢之後，轉為支持的角色。一八六二年三月二十三日，距離文久遣使節至歐的兩個月後，阿禮國也前往倫敦，隨行者有翻譯森山多吉郎與調役淵邊德藏。據〈歐行日記〉（《遣外使節日記纂輯三》）裡提到，在第一個停靠港上海，近代化的都市景觀深深刻印在淵邊的腦海中。那應該是三至四層「大廈高樓」林立的港口，與製鐵廠、造船場的景象。

不只是去程，文久遣歐使節在返程時也遭遇航行上的困難，但同時也目睹了西洋近代的進步。他們遇到的困難之一是糧食不足。正使和副使還算好，但是在隨行侍從身上便產生這個問題。市川渡在〈尾蠅歐行漫錄〉中記載，在里斯本時，他們抱怨糧食不足的問題，因而獲許積存蛋和魚乾。但是，此時的航行需倚靠蒸汽力和風力，一旦颳起逆風，順風轉弱時，船速便降低。地中海的航行時間因為風向關係而延宕，糧食缺乏的問題再次浮上檯面。市川節省麵包，與正使的侍從分食乾飯和鮑魚乾，總算耐過飢餓。每條航線或船隻的糧食狀況都不相同，市川

1　譯者注：主要負責將各大名獻上之貢物，再分派給皇家諸成員的工作。

深深體會到預先準備的必要性。

在亞歷山大港下船的一行人，第二天換乘火車。但是到了半夜，火車停了下來。調節過蒸汽，嘗試前進後退，依然不見啟動的跡象。天亮之後「重新連結蒸汽機」，才稍微可以前進。到了一小村落，再次「更換蒸汽」，但是列車文風不動。一行人中雖有兩名翻譯，但聽不懂當地語，難以掌握狀況。到了下午，列車好不容易駛動了。抵達蘇伊士用餐的時候，旅館老闆上前告知，火車已在傍晚到達開羅，應該很快就會到了。一行人聽聞此語驚奇不已，他們完全想像不到電報機通信這些事。

從蘇伊士到新加坡的航程，他們沒有搭乘軍艦，而坐上運輸士兵和糧食的法國船歐羅巴號。到了新加坡，一行人轉搭一千四百噸的法國軍艦，客房陰暗悶熱難耐，而且這艘船缺少儲水。一天只分配到僅僅一合半[2]的飲用水，而且是洗澡水般的熱水。市川渡體會到「困乏之極」，並且自越南出海後，遇上大風浪。在野澤伊久太〈幕末遣歐使節航海日錄〉中，可見「海浪打入船中，無處立足，困難重重」、「廁所等大多被海浪沖入」的記述。即使如此，他們能在新加坡換船，還是十分幸運的。因為跟隨軍艦出港的歐羅巴號，遭到大風雨襲擊，桅杆折斷，船舵也損壞，只好退回新加坡。航海中最大的「大劫難」，出現在台灣的近海，海浪從中甲板、上甲板沖進船內，寢室都變成汪洋一片，連休息的地方都沒有。

只不過不論航海過程如何艱辛，只要有值得學習的歐洲先進文明存在，渡航者還是會前仆後繼地出航。停留在香港時，市川渡記述「聽聞國人為前往和蘭學習諸技術，前些時日航海繞過好望角的一事」。「國人」指的應該是赤松則良、內田恒次郎、榎本武揚、西周等人。一八六二年，他們從長崎出發，前往鹿特丹。在荷蘭學習國際法、經濟學、軍事和造船等技術，彷彿與文久遣歐使節接棒出航。文久遣歐使節回到芝的碼頭，是在一八六三年一月三十日，離他們自品川出航經過了一年多時間。市川在〈尾蠅歐行漫錄〉以「可謂宇宙間一大壯遊」，做為渡航感想的結語。

## 二、岩倉使節團目睹帝國瓜分世界

文久遣歐使節並不是幕末唯一一支遣歐使節團，一八六四年（文久三年）二月六日，在正使筑後守池田長發的率領下，第二次遣歐使節前往法國。當時幕府對攘夷派有所顧忌，考慮關閉已經開港的橫濱。使節主要的目的就是談判這件事，以至也有人稱他們為「橫濱鎖港談判使

2　譯者注：一合相當於一百八十毫升。

謁見拿破崙三世的文久遣歐使節（LE MONDE ILLUSTRÉ，一八六二年四月十九日）。

節團」。此外，池田就任外國奉行[3]不久，就在一八六三年十月發生了井土谷事件，一名法國陸軍少校亨利・卡繆（Henri Camus）被浪士襲擊死亡，所以這次出使的另一個目的，就是向法國政府道歉，向家屬支付撫卹金。使節在巴黎謁見了拿破崙三世皇帝，但是沒有達成主要目的，而在同年八月二十三日歸國。副使伊豆守河津祐邦的家臣岩松太郎，也在此時隨同前往巴黎，〈航海日記〉便是他留下的紀錄（《遣外使節日記纂輯三》，一九三〇年一月，日本史籍協會）。

遣歐使節在橫濱搭乘法國軍艦蒙日號，岩松太郎在〈航海日記〉最具特色的記述，是遠東經歷多年鎖國的日本人在味覺上的抗爭。出航第三天，二月九日是農曆大年初二，惡劣天候造成的暈船已經消退，岩松記述道：「用麻糬煮成即席年糕湯，極為美味。」法國人拿了麵包和牛肉過來，但他一口也沒吃便退回了。幕府為使節團準備了三十箱白米，眾人在二月十日打開了它，岩松寫道：「眾侍從齊集，第一次煮了白粥，共眾人食之，十分歡喜。」想必岩松也加入烹調的行列吧。幕府也準備了醬油與「松魚節」（即柴魚片），調味毫無阻礙。隔天也寫了「侍從輪流煮白粥」，享受了一頓日本飯菜。法國人再次送來麵包、牛肉和「酒」（推測應該是葡萄酒），這次他們只接下麵包，牛肉和「酒」依然直接退還。

在上海，使節團轉乘另一艘法國船。根據二月二十一日的紀錄，早飯與晚飯都是「蘑菇煮牛肉、油炸五升芋[4]、鹽漬沙丁魚、唐橘、砂糖、麵包、飯、酒」，蘑菇燉肉的調味基底應該是醬油吧，但是航行一開始時眾人拒絕的牛肉和麵包也都加入了餐點中。二十三日可見「侍從者二膳，且食不足不滿，乞求麵包」的記載，顯見由於糧食不足，眾人主動接近法國的飲食文化。一行人在香港時再度轉搭別艘法國船，岩松太郎在船上看到牛或「羅紗緬」（羊）的屠宰、解體、烹煮的方式，寫下感想：「至簡易也。」以牛肉為食材烹調的蘑菇料理，成了船上

3　譯者注：相當於外交部長。
4　譯者注：即馬鈴薯。

三餐的固定菜色，麵包也繼續食用。另一方面，使節團靠著糯米餅、茶泡飯、醃黃瓜等，懷念逐漸遠離的日本。

四月九日，於亞歷山大港轉搭其他船隻時，大致上已經習慣了西洋的口味。〈航海日記〉中寫下「至本船，供應四道美味食物」的讚美。咖啡與麵包的早飯已經成了家常便飯，午餐或晚餐時，甚至有人把麵包帶回房去。四月十三日在西西里島的墨西拿停靠時，岩松太郎寫下「午間供應油炸大魚配飯，至為美味」的讚美。同一日又記述「晚飯又供應美味的燒烤大魚」，可見兩個多月之間味覺的接受度擴展得相當大。

在第二次遣歐使節的隔年，一八六五年六月二十七日，第三次遣歐使節一行人於二十七日從橫濱出發。幕府派遣外國事務奉行兼理事官柴田剛中等十人前往法國和英國，目的是為了簽訂建設製鐵廠的協定以及調查軍政。柴田是橫濱開港的負責人，也參加過文久遣歐使節。這次的航海，有岡田攝藏留下的紀錄〈航西小記〉（《遣外使節日記纂輯三》）。當時，每個月有三艘船從橫濱出發，兩艘是英國船，一艘是法國船。使節團搭乘的是英國的郵輪。

岡田攝藏的紀錄接近備忘錄，並未詳細記載航海中的感想。但是，英國船的停靠港大多是大英帝國統治的區域，所以敘述中也會提到世界瓜分的狀況。上海有共同租界與法租界，歐洲商館四處林立。港中停泊著一百五十艘至兩百艘商船。到了香港，貿易沒有上海那般繁榮。即使如此，停泊中的商船也不下百來艘。市容整潔，瓦斯燈照亮了熙來攘往的人群。海上陸地映入眼簾的，都是日本尚未實現的近代化都市景象。

明治維新後，一八七一年十二月二十三日，由岩倉具視擔任正使的岩倉使節團，自橫濱出航，前往舊金山。主要目的是與西洋各國親善友好與視察近代文明。他們在美國滯留八個月後，再橫越大西洋。在歐洲主要停留英國和法國，但也訪遍比利時、荷蘭、德國、俄羅斯、丹麥、瑞典、義大利、奧地利、瑞士，吸收西洋文明約一年半的時間後，才利用歐洲航線打道回府。他們於一八七三年七月二十日自馬賽啟航，於九月十三日回到橫濱。久米邦武編的《特命全權大使美歐回覽實記》第五篇（一八七八年十月，博聞社），描述了歸途見聞。

蘇伊士運河是在一八六九年十一月十七日正式開通，幕末三次遣

久米邦武編，《特命全權大使美歐回覽實記》第五篇（一八七八年十月，博聞社）收錄的「埃及人的風俗」。岩倉使節團一行人在塞得港見到「徑六七寸」（直徑十八至二十一公分）的鐵管（「銕管」），埋設在沙漠中。那是自運河導入飲用水的管子。該書也記述，在歐洲，歐洲人不惜重金進行飲用水管的工程。

久米邦武編，《特命全權大使美歐回覽實記》第五篇（一八七八年十月，博聞社）所收錄的「蘇士運河河口」。

歐使節都早於此時，但是岩倉使節團通過了蘇伊士運河。行至運河中央，當地人便把駱駝丟著不理了。刺眼的灼熱之中，駱駝悠然漫步的景象，宛如沙漠中的奇蹟。然而，吸引使節團注意的，不只是迥異於日本的風土與文化。穿過蘇伊士運河，進入紅海，酷熱的航行一直延續到亞丁，總是得到黎明前溫度下降才能夠熟睡。陸地上沒有水，寸草不生。位於紅海出口的島嶼，儘管環境如此惡劣，英國卻租借了九十九年，建築燈塔與砲台。每十五天會從亞丁派遣士兵到此島上來交班。這兒連結印度、澳大利亞，不論在戰略上或經濟上都是重要的中繼點。《特命全權大使美歐回覽實記》中記述：「國人非得雄心魄力，才得以運行此遠大之力。國之盛衰，尤與人民之魄力相關，技工財貨皆屬次之。」

八月一日，岩倉使節團乘坐的船，在位於「往來紅海之咽喉」的亞丁停靠。英國「收買此一角之土地，設置東南洋航路之郵站」。山頂設有砲台，配置兩千名士兵駐守。八百名為英軍，一千兩百名為印度兵。沿歐洲航線航海的旅程，不僅呈現一八七〇年代殖民地的空間，也傳授了殖民地的歷史。亞丁的下一個停靠點，是印度西部的中心孟買。「原屬葡萄牙管轄，未能保住」，現納入英國統治之下。孟買是棉花出口的貿易港，本來與美國產棉花的出口量比較，印度的棉花產量只能望塵莫及。但是，一八六一至一八六五年，拜美國南北戰爭之賜，印度又重回世界第一。孟買和印度東部的中心加爾各答之間，每隔週會有英國郵輪運行。

印度首府加爾各答由英國派駐的總督統轄，加爾各答的中心是威廉堡（Fort William），有兩萬名士兵駐紮在此。英國人與其他歐洲人住在城寨的南側，歐洲風格的建築十分宏偉。在《特命全權大使美歐回覽實記》記載，市政府、法院、造幣廠等「屋型美麗，街道修整，充滿從東方來或嶄新的事物，目不暇給」。當然，岩倉使節團早就看慣美國、歐洲的都市景觀，一行人從馬賽啟航，等於是「西方」來的旅客，所以對於加爾各答的都市景象，應該不會感到驚奇才對。只是，與遠東的日本比起來，儘管同在亞洲，但是殖民都市的文明進化，讓他們到了瞠目結舌的程度。

一八七三年八月十五日，岩倉使節團到達「蘇莫荅剌」（蘇門答臘），親眼看見帝國瓜分世界的進行式。根據一八二四年的英荷條約，馬六甲的荷屬領土與蘇門答臘的英屬領土交換，因此立刻便能區別這一帶英國與荷蘭的勢力分布圖。但是，蘇門答臘的西北部，有一獨立王國名為亞齊蘇丹國，在英國的默許下，荷蘭自一八七三年三月起向亞齊蘇丹國發動攻擊。這一年的前半，發生了數次衝突，荷蘭敗退。因此，荷蘭從本國調派大軍，準備再次攻擊。「於我等搭乘之郵船，與荷蘭本國派出之大將『洪斯、維登』父子，屬官二三名，同船至新嘉坡。另又自本國及爪哇，前後派出軍艦三十七艘，兵卒一萬人」，這一節文章傳達出戰爭前夕的緊張感。

荷蘭占領蘇門答臘全島的話，對新加坡的貿易也會產生影響。《特命全權大使美歐回覽實記》判斷，這幾次戰爭中，亞齊蘇丹國之所以獲勝，是因為英國賣武器給蘇丹國王。另一方面該書也提醒「日耳曼」（德國）渴望「在東南亞擁有屬地」，「十分關注他日此戰有何結果」，顯見十分關注瓜分世界的走向。

第二章

# 十九世紀後期列強控制的亞洲海洋（1863-1902）

十九世紀末，日本也與英國、法國、德國等齊頭並進，開始經營歐洲航線的郵輪。第一艘啟航的船是土佐丸，一八九六年三月十五日自橫濱出港。照片是三月十九日在停靠港神戶舉行的開航典禮（日本郵船編，《日本郵船公司五十年史》，一九三五年十二月，日本郵船）。土佐丸是向英國採購的船隻，而這次航海意味著日本將追隨爭霸七海的英國，展開海上的長旅。這趟旅程名為近代化，也是日本走向與歐洲列強並駕其驅的帝國之旅。

## 一、蘇伊士運河開通前，伊藤博文、井上馨乘帆船至倫敦

一八六九年（明治二年），連結遠東與歐洲的歐洲航線，完成了一件劃時代的工程，十一月十七日，地中海與紅海之間的蘇伊士運河開通，全長一百六十二點五公里。根據尚菲爾德（Shonfield）撰述的《蘇伊士運河》（一九四〇年七月，岩波書店，福岡誠一譯），六十七艘船在拿破崙三世的遊艇前導下，從地中海側的入口塞得港出發，三天後到達紅海側的入口蘇伊士。法國籍的工程負責人斐迪南·德·雷賽布也與拿破崙三世同船駛過蘇伊士運河。雷賽布於一八三二年赴埃及擔任領事，後來他辭去外交官的工作，實現蘇伊士運河的構想時已經是一八四九年，相隔了二十年的歲月。

歐洲的列強為了經營非洲和亞洲的殖民地，在海運膨脹的競爭上搶得你死我活。蘇伊士運河的開鑿，對帝國的利益影響極大。斐迪南·德·雷賽布獲得埃及總督的賽義德·帕夏（Said Pasha）的協助，在一八五四年十一月獲得了建設許可。但英國判斷這項工程將會威脅本國的權益，因而發動強硬的反對運動。埃及的宗主國鄂圖曼帝國在一八五六年一月，允准了雷賽布的開鑿權，給予通航後九十九年的租借權。一八五八年十二月，環球蘇伊士海洋運河公司（Compagnie Universelle du Canal Maritime de Suez）成立，最初招募了兩萬五千名苦力和駱駝

拿破崙三世的遊艇通過蘇伊士運河（尚菲爾德，《蘇伊士運河》，一九四〇年六月，第一書房，青柳瑞穗譯）。

「埃及蘇伊士運河的入口」（《世界一周・太陽臨時增刊》，一九〇〇年十一月，博文館）。

參與工程，但自一八六三年以後，引進了疏浚機和穿鑿機等機器，才完成運河的開通。

蘇伊士運河開通之後，從利物浦到孟買之間的航線距離，整整比繞過南非好望角縮短了百分之四十二。因而列強的貿易發生了革命性的變化。

運河開通前的一八六三年（文久三年）六月二十七日，長州藩士伊藤博文、井上馨、井上勝、遠藤謹助、山尾庸三等五人，從橫濱出發航向英國。在出發的前兩天發生下關事件，長州藩在下關海峽對經過的美國商船彭布羅克號開砲，兩星期後又對法國船艦、荷蘭艦開砲。翌年九月五日，再度對英美法荷四國聯合艦隊開砲。聯軍陸戰隊登陸，破壞了砲台。即使想要推動攘夷，但沒有通曉列強情勢及修習航海學與操船術的人才，也無法作戰，因此伊藤等人接到留洋的命令。末松謙澄在《孝子伊藤公》（一九一一年一月，博文館）中提到，五人乘坐怡和洋行的汽船，由於是祕密出國，所以躲在煤炭倉裡偷渡到上海。

〈伊藤侯的洋行談〉（《世界一周．太陽臨時增刊》，一九〇〇年十一月，博文館）中敘述了從上海到倫敦的旅程。在上海找到前往歐洲的船隻前，一直留在停泊於河上的船中，拿到的食物都是「如給狗食的」、「吃剩的麵包與洋食」。這些二十多歲的青年，在日本爭論攸關國運的攘夷主張，在上海卻被待之「如同小兒」。一八六〇年代是正當帆船轉移到蒸汽船的時代，雖然他們幸運地找到運茶葉到歐洲的便船，卻是一千五百噸程度的帆船。伊藤博文與井上馨二人乘此船先行。兩人擠進船頭水手房間旁的空間，沒有廁所，內急時只能在船頭伸出去的木板上方便。海浪洶湧的日子，全身都被海水打濕。也許船員當他們是免費勞力，水手人力不足的時候，也要他們幫忙拉帆索。

經由好望角到達倫敦，已是四個月後的事。這段期間的餐食是「乾癟的」餅乾和「醬缸裡的鹽醃牛肉」，前者有時長滿了蟲。一星期才有一頓的豆子湯，乃「無上的美味」。最頭痛的是飲用水，不下雨時，連滋潤喉嚨都沒辦法。雖然聽不懂英語，但是到倫敦時，他們已經會說「給我水，給我熱水」。一八六四年九月爆發長州藩與四國聯合艦隊的戰爭，五個人是在倫敦停留時得知的。伊藤和井上參觀過天文台、大砲製造廠、軍艦製造廠後，對英國與日本文明的差距驚愕不已。從旅店裡英國人的談話中，得知國會正在討論征討長州藩。兩人認為長州若是一意孤行攘夷，「國家將亡」，因而將求學之志交給三人，獨自踏上歸途。

《世界一周．太陽臨時增刊》（一九〇〇年十一月，博文館）的封面。趁著一九〇〇年巴黎萬國博覽會的機會，不少日本人完成了環繞世界一周。這本臨時增刊號收錄了博文館的大橋又太郎（號乙羽）的〈歐美見聞錄〉。

一八六九年，蘇伊士運河開航之後，便成為列強爭奪利益的對象。一八七五年十一月，埃及總督伊斯梅爾．帕夏（Isma'il Pasha）面臨財政困難，不得不將蘇伊士海洋運河公司的持股十七萬六千股賣給英國，英國因而擁有總股數約百分之四十四的股份，強化了運河營運的發言權。一八七七年四月，俄羅斯向土耳其（鄂圖曼帝國）宣戰，爆發俄土戰爭。英國於翌年五月，以保護運河的名義，派遣艦隊到塞得港。埃及苦於赤字一再擴大，一八七八年八月起，由英國人擔任財政大臣，法國人就任公共事業大臣，任兩國掌握埃及的財政管理。第二年六月，在列強的施壓下，鄂圖曼帝國的蘇丹廢黜了伊斯梅爾。

一八八二年二月，埃及成立祖國黨內閣，由馬哈茂德·薩米·巴魯迪（Mahmoud Samy El Baroudy）就任總理，艾哈邁德·阿拉比（Ahmad Ourabi）擔任軍事大臣。五月，英國要求解散薩米內閣，內閣暫時總辭，但是在民眾運動如火如荼之際，內閣又再次組織起來。然而，六月十一日在亞歷山大港發生暴動，造成約五十名歐洲人死亡。一星期後，有栖川宮熾仁親王搭乘法國郵輪塔奈斯號，從橫檳出發前往歐洲。據林董編著，《有栖川二品親王歐美巡遊日記》（一八八三年五月，回春堂）內容所載，有栖川是在七月二日到達西貢時得知埃及暴動的消息，他在日記中記下「聽聞『蘇伊士』運河水路梗塞，然無從獲得可靠消息」。

有栖川宮熾仁親王乘坐的塔奈斯號，於七月二十八日到達蘇伊士港，此前的十一日，英國艦隊砲轟亞歷山大港，英國國會於二十二日通過遠征埃及的軍事預算。幸運的是，親王在西貢時聽聞蘇伊士運河的「梗塞」並未發生。「在地歐人悉數上船躲避暴亂」，船客亦被禁止上岸。但是「亞歷山港砲擊之後，運河的封鎖暫時解除，眼下英法軍將之中分，各守其一半」而已，船隻還是可以在運河通行。翌日，塔奈斯號到達塞得港，繼續往義大利出發。幾天後，英軍於八月十九日從塞得港登陸，九月十五日，英軍占領開羅，阿拉比率領的埃及軍投降。

然而，同樣在一八八二年出航的板垣退助[1]，十二月十七日經過蘇伊士運河時卻沒有一絲緊張感。同年四月，板垣為自由民權運動在各地遊說期間，於歧阜遭到惡漢襲擊，板垣表示「即使我死，自由也不會死」，這句話後來轉變為「即使板垣死，自由也不會死」的名言。七個月後，十一月十一日，板垣在橫檳乘坐法國郵輪沃爾加號，到香港換乘法國郵輪艾拉瓦吉號，前往馬賽。師岡國編著，《板垣君歐美漫遊日記》（一八八三年六月，松井忠兵衛）述及「歸屬埃及之英法移民雜居者甚多」，指出英國與法國勢力進入塞得港，但沒看到戰禍的記述。

臨紅海的非洲東部，依然屢傳動亂，在英國的影響下，埃及控制了蘇丹國，然而十九世紀後期，蘇丹國內發起組織性的反抗。自稱馬赫迪（Mahdi，救世主）的穆罕默德．艾哈邁德（Muhammad Ahmad）發起馬赫迪運動，目的在於脫離外國統治。一八八三年十一月，在歐拜伊德（El Obeid）戰役中，馬赫迪軍擊潰了由歐洲上校指揮的埃及軍。埃及雖然決定全面撤出蘇丹全境，但卻面臨進退兩難的窘境。英國於一八八四年一月，派遣查理．戈登（Charles George Gordon）將軍到喀土穆（Khartoum）協助撤軍。但是蘇丹的北方部族投向馬赫迪軍，

1　譯者注：板垣退助（1837-1919），土佐藩士，明治維新的元老，也是自由民權運動的主導者。

喀土穆孤立無援，旋即遭到反叛軍包圍而失陷，一八八五年一月，戈登戰死。

當戈登到達喀土穆的一八八四年二月，有位軍人從橫濱搭上了法國郵輪曼徹雷號，他叫大山巖，他於十年後的甲午戰爭中，擔任第二軍司令官，他為了視察軍政，而踏上這次旅程。二月二十六日，大山在香港轉乘法國郵輪莎嘉麗安號，三月十五日駛抵亞丁港，船將從這裡穿過曼德海峽進入紅海。從隨行的野津道貫，《歐美巡迴日誌》（一八八六年六月，廣島鎮台文庫）的敘述可知，由於「近期埃及有叛逆者」出現，英國「派遣新兵」到亞丁。

大山在亞丁港收到東京來的電報，告知埃及的戰況，「在埃及，偽聖兵與英軍激戰一日，英第六十五連隊拚死抵禦，最終支持不住，暫時撤退。經數時再次攻擊，取得勝利。據傳於此戰中，埃兵死者三百人，俘虜一萬五千人。」野津道貫的日誌中寫道：「死者俘虜眾多，難以置信。」短短一行即已傳遞出埃及情勢的緊張。三月二十二日，莎嘉麗安號穿過蘇伊士運河，抵達塞得港。運河上船影歷歷，日誌說明其原因為「方今於埃及與英兵作戰」。

## 二、英國近代化造船廠，與殖民之下亞洲的「下等社會」

廣島藩青年村田文夫，拜在緒方洪庵門下學習荷蘭書籍，於長崎接觸英國文明，一八六四年（文久四年，即元治元年），他觸犯幕府的禁令，在長州藩伊藤博文、井上馨出行的一年後，航渡英國。一心期望能親眼看看國外文明的村田，在英國商人的引薦下，與佐賀藩士石丸虎五郎、馬渡八郎一同渡洋。歸國的第二年出版了《西洋聞見錄》（一八六九年四月，井筒屋勝次郎），書中介紹了村田在泰晤士河畔參觀的「烏爾威奇造船廠」。長達「十九丁」（約兩千零七十一公尺）的造船廠，建造過各式軍艦，他敘述「英國造船之精巧居萬國之冠的理由」為「不只本邦周邊洋海，且海外萬里之地，皆多有屬國，自然艦船繁盛，航海術練達，從而造船法也多發明」。

村上也許認為，日本與英國同樣是四海圍繞的島國，所以，若在海外獲得了殖民地，日本的造船和航海技術也會發達了。雖然，英國建造的船艦，本來就與日本木造船不同。他記述「世界第一大艦」大東方號如下：「此大艦為鐵造，船內各部鐵造者多，且側面為內外雙重結構，即使外面受害，內面無恙。又船體為上下二部分離的結構，如若上部受害，下部依然完好，下部受害則上部無恙。」也就是說它的構造並不只是單純鐵造，即使外牆受到破壞，仍能保有內牆。上下任何一方受到損傷，另一方依然安全。而且船腹裝有「車輪」，船尾備有「螺旋車」，以蒸汽機做為動力。

若非村田違背國家禁令遠赴歐洲，便只能當一隻井底之蛙。視察英國造船廠之後，文明落差一目瞭然。一八六〇年代村田文夫的感慨，到了十九世紀末基本上沒有變化。小說家水田南

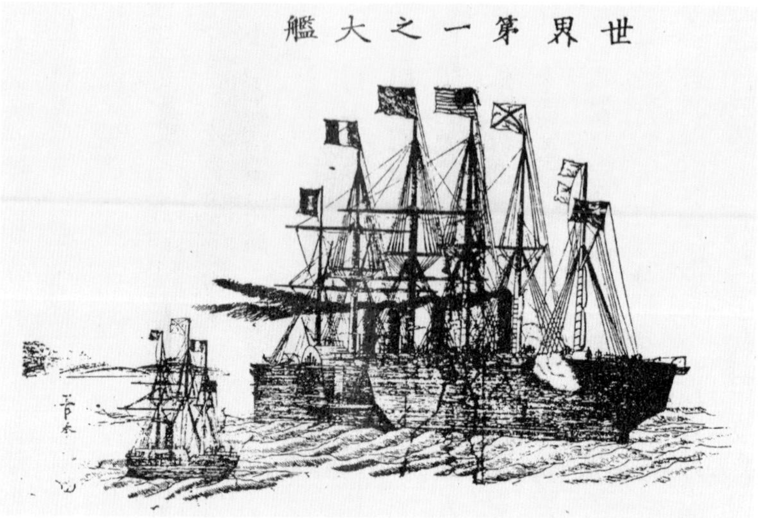

「世界第一大艦」（村田文夫，《西洋聞見錄》，一八六九年四月，井筒屋勝次郎）。

陽（本名榮雄）以翻譯柯南・道爾（Conan Doyle）「夏洛克・福爾摩斯」系列而聞名，他曾以《中央新聞》記者的身分，在一八九六年渡歐。水田在《大英國漫遊實記》（一九〇〇年五月，博文館）中以「船渠之鄉」表現他在利物浦採訪的驚嘆。利物浦齊集了數百家經營船隻、羊毛等的大商會，更開拓通往世界各國的航線，是「世界的」港灣。相比之下，橫濱或神戶只不過是「日本的港灣」。

日本贏得一八九四至一八九五年的甲午戰爭之後，國內的民族主義為之沸騰。但水田榮雄卻澆了一盆冷水。「噫日本！汝為東洋之英國，世界之日本！戰勝後的大國民，這果真是幾百年後的事實嗎？醒醒吧日本！起來吧日本！知恥吧日本！奮鬥吧日本。」「東洋的英國」、「世界的日本」、「大國民」都只是當時日本國內流傳的自稱，所以水田呼籲民眾「醒醒吧」、「知恥吧」。改元明治之後的三十多年間，日本的確走向近代化的道路，一八九四年九月十七日黃海海戰，日本聯合艦隊擊沉了清國北洋艦隊的五艘戰艦，但是，與英國在這三十年間的進步相比，在水田的眼中，日本的進步不過是「兒戲」。

這三十年間，泰晤士造船廠不僅為英國，也為奧地利、希臘、西班牙、德國、土耳其、葡萄牙、俄羅斯，以及日本製造船艦，總計建造過八百三十艘，重達四十萬噸以上。英國數十間大造船廠中，隨時都停放著裝甲艦（加裝鋼或鐵之裝甲的軍艦），日本海軍最早的近代化戰艦「富士」，也是在泰晤士造船廠建造，一八九七年開始服役，是一艘備有裝甲最高四百八十七釐米，一萬兩千五百三十三噸的戰艦。水田榮雄到訪時，造船廠正在建造一萬四千八百五十噸的敷島號。另外，在建造水雷艇、水雷破壞艇、吃水較淺的河道汽船方面，擁有世界頂級技術的亞羅造船廠，也正在建造日本政府訂購的水雷艇、水雷破壞艦等六艘中的一艘。水田認為，日本要向世界誇耀自己的進步，還有幾十年的路好走。

如同村田文夫和水田榮雄，在十九世紀後期渡海赴歐的日本人，目的大多是考察、學習近代文明，然後將它們帶回日本。但依光方成卻相反，他想考察的是歐美的下層社會。在《三圓五十錢世界周遊實記》（一八九一年一月，博文館）中，依光敘述：「我國人有頻頻接踵航向海外的形勢，他們若不是為了學術研究，就是為了調查制度。然他們計畫的漫遊，僅止於觀察

船隻從多佛海峽（Strait of Dover）進入泰晤士河溯行，靠近倫敦市區時，首先映入眼簾的大橋是塔橋。塔橋是開啟橋，下半部連接左右道路，一旦大型船通過時會開啟。自一八八六年動工，一八九四年完工。水田榮雄在一八九六年渡歐，所以他看到這座剛完工不久的橋。照片中的是塔橋（《世界一周・太陽臨時增刊》，一九〇〇年十一月，博文館）。

該社會的上層，見聞當地表面的奢華之風、華服之姿，尚未聽聞有任何人探察下等勞役社會的狀態，向我同胞報導其裡面風俗之可笑、可悲、可哀、可怒、可泣、可譏、可罵之事實。」

出身於高知農家的依光方成，並沒有那麼容易獲得出國旅行的機會。大約在一八八四年（依光寫的是一八八五年，但他目睹到中法戰爭[2]，所以推測是在前一年）春天，他到了長崎，湊巧耳聞美國的商船預備開往香港。他與船長會面，表達乘船的希望後，獲得了在船上工作的機會。書名「三圓五十錢」是他出發時口袋裡的金額。他在大阪和京都學過英語，但是和水手雞同鴨講，所以趁著甲板打雜有空閒時，一個人努力讀書。在香港停留了十幾日，但一直找不到往歐美的便船。聽聞有船在清國的近海航行，便去見了美國籍的船長，以學習西洋烹飪的條件，獲准登船。他雖然沒有日本料理的經驗，但已懂得看食譜做菜。依光跟著船走過福州、天津和牛莊。

之後，依光方成繼續在清國以及亞洲各地流浪。船從牛莊到上海，停留了一個多月，回到香港時合約到期。在香港生活了幾個月，一回神時，從日本出發已經半年多了。依光嘆道：「余最初滿望探險，未能渡航目的地歐美，陷於失望沮喪之極，竟不知所在何處。」他一得知有美國船前往印度洋的消息，立刻與船長商量，獲得客艙服務員一職，在巡迴西貢、曼谷、新加坡之間，距離出國已經十個月。後來，又在經孟買到紐約的美國船獲得一職，依光的亞洲流浪終於劃下休止符。

將近一年的亞洲流浪並非沒有意義，因為他雖然沒有機會觀察到歐美的底層社會，卻目睹了亞洲的底層社會。第一個停靠站香港，底層社會的中國人連孔子、孟子的名字都沒聽過。他們的日薪只有微薄的十錢，其中八錢買鴉片，兩錢買粥。房子、妻子和存款都沒有，夜夜露天而眠。西洋人用枴杖毆打、吐口水，他們也不反抗。福州底層社會的生活水準，與香港沒什麼差別。在牛莊，外國人若在晚上出門，經常遭到襲擊，市內屎尿橫流堆積，散發惡臭。家宅骯

2 譯者注：中法戰爭發生在一八八三年十二月至一八八五年四月。

髒堪比「豬圈」。

依光方成看到的亞洲，是在歐洲列強殖民壓迫下，在貧困谷底喘息的樣子。他到達福州時，正是中法戰爭爆發的前夕，到處風傳著法國軍艦今天或明天的來襲。據依光敘述，法國艦駛進福州港，要求第二天開戰。清國接受了開戰宣告，但是法國艦卻違背約定，當天下午就展開攻擊。清國的福州艦隊因防備不及，十一艘艦艇在兩小時後灰飛煙滅，這就是八月二十三日發生的馬江海戰。法軍的損傷極為輕微，依光記述「法軍的無信用令人憎惡」，對列強的憤慨表露無遺。中法戰爭在翌年四月六日停戰，六月九日簽訂中法新約。

依光方成的憤慨，不只是針對法軍單純的無信用，而是列強對亞洲的侵略。這種憤怒與對清國的感慨互為表裡。依光寫道，不只是針對清國，清國失去香港也許是因為「軟弱無力」，安南（越南）失去西貢，是因為人民的懦弱怠慢，而緬甸的滅亡原因則是「無智文盲」。勉強保持獨立的只有「日本、中國、朝鮮、暹羅、波斯」，這便成為依光認知中亞洲的形勢圖。亞洲的流浪讓他增加了漫遊世界的新目的，探索「西洋人內在的本質」。依光進一步自問，了解了西洋之後，應該如何「發起東亞各國聯合一致的運動，由此思考興亞之策」？

## 三、甲午戰爭後，日本朝著遠東帝國的目標，開始擴張

在追求制憲與開設議會的自由民權運動中，參與活動的末廣鐵腸，於一八八六年（明治十九年）四月至一八八九年二月，靠著政治小說獲得的版稅，決定出國視察歐洲的政治情勢。他在《啞之旅行》修訂合本七版（一八九四年六月，青木嵩山堂）中的〈自序〉裡提到出發前的餞行酒會上，有過留洋體驗的人士說起「在歐洲時的奇事」，眾人一同捧腹大笑。那時，他想「以諸君出洋相的故事，加上余的實驗」應可寫成一本書。所以這本書自然而然的以徒步旅行的方式呈現，為一本點綴著出洋相笑話的世界觀光記。

末廣鐵腸撰述《啞之旅行》（一八九四年六月，青木嵩山堂）的封面。末廣在書的末尾記述，實際上旅行歐美之時，倫敦與巴黎都比不上上海。

故事寫到往日本的回程，主角辰巳在馬賽坐上法國M．M公司（法國郵船公司，Messageries Maritimes）的「飛腳船」，駛入亞歷山大港。到岸前，多艘小船圍住了大船，當地人沿著船舷旁

亞歷山大港位於地中海沿岸，是埃及僅次於開羅的大都市。《世界地理風俗大系第十七卷：非洲》（一九二八年十二月，新光社）中說明「就地中海沿岸的港口來說，它的設備和繁榮也只僅次於馬賽」。插圖為亞歷山大港的景觀（末廣鐵腸《啞之旅行》，一八九四年六月，青木嵩山堂）。

的繩索攀爬上船。其中一人偷偷的交給忍和辰巳一張紙條，上面用日文寫著：「依照金額多寡，保證提供親切的嚮導服務，若有疑難，按保證狀。□年□月□日□同行五人。」後來他結束市內觀光，打算在啟航三十分鐘前回去時，嚮導和馬車夫使了個眼色，向他索取額外的費用。眼看著走路回去會來不及，不得已只好給了要求金額的一半回到海岸。在那兒爭執不下時，當地人全部圍攏過來，同船的西洋人跑過來助陣，駛出開往大船的小舟，而憤怒的嚮導則向他們丟石頭，碼頭一片騷動。

從地中海進入蘇伊士運河，天氣突然變得燠熱。穿著冬裝的辰巳到船內的倉庫取夏裝。不久，夕陽沉落沙漠，到了汽船電燈璀璨閃耀的時刻，但辰巳並沒有回來。船員把船上翻個遍，但到處都沒見到他的蹤影。問倉庫的「守衛」，他說日暮前倉庫門就關了，沒見到日本人，船上出現失蹤者的謠言不脛而走。甚至有人說是不是不小心落入海中了，也有人說可能銀行破產投水自盡。第二天早上，人們在食堂裡議論紛紛時，滿身大汗的辰巳漲紅著臉出現。一問情由，他說從梯子下到倉庫之後，入口的蓋子就被封住了。他大聲喊叫卻被機器聲蓋住。倉庫裡一片漆黑，而且如同「熱鍋裡熬煮」般炎熱，好幾次差點昏過去，還因為忍不住尿意，尿在倉庫裡了。忍翻譯給隔壁的西洋人聽，所有人哄堂大笑。

在西貢等待他們的是一則驚人新聞。棧橋旁停泊著M．M公司的「飛腳船」，據說這隻船來自日本，昨晚入港。那船上的日本人問他們從哪裡回來。他們回答英國之後，對方說：「若是英國，你們應該已經聽說，前兩個月有個叫忍的男人，在蘇格蘭死掉了。」兩船的距離約「十四、五間」（約二十五至二十七公尺），所以當告知對方「我就是那個忍」時，對方還未能聽清楚，船就已經啟航了。忍本想立刻從西貢寄信回日本，但辰巳笑道：「郵件就是用此船運送，白費工夫。」忍只得上岸去打電報。但是，到了電報局一問，光是一句話的價格就非常高。他想反正他們又不懂日語，便在寄信人欄用羅馬拚音寫道：「乘法國飛腳船下月初回國，於西貢的忍」，電文只寫了「平安」二字。

末廣鐵腸《啞之旅行》的〈自序〉裡便插入不少根據傳聞或體驗寫成的小故事。日本人不習慣國外旅行，若有意拿他們出的洋相為材料營造笑點的話，就必須排除倨傲和自大。因為即使把那種人當作冷笑、揶揄的對象，也產生不出滑稽的妙趣。不過，日本近代第一場對外戰爭：中日戰爭[3]，是將遠東帝國的自大意識植入日本人心中的一個契機。在德國、法國、俄羅斯三國干涉下，日本被迫歸還遼東半島給清國，但是依據一八九五年四月的馬關條約，清國決定將台灣、澎湖列島割讓給日本。日本不僅戰勝了清國這個大國，也和歐洲列強一樣，成為擁有殖民地的帝國一員，這種自我意識由此萌生。

大橋又太郎（號乙羽）是將博文館培植成明治時代代表性出版社的作家。他在大橋新太郎編的《歐美小觀》（一九〇一年七月，博文館）中感慨他有著難耐的「憂慮」。他走訪了一趟歐美，回國之後，友人問他：「那邊有什麼國家比日本更好嗎？」大橋答道，沒有「比日本更差的一等國家」。自甲午戰爭之後，國民挺起「傲慢之鼻」，甚至出現「膨脹的日本」這樣的新名詞。的確日本的地圖上，多了台灣和澎湖群島，但是日本文明化的程度，並沒有進步到與歐洲並肩齊步。大橋特別指出橫濱碼頭的狀況做為文明落差的範例。橫濱稱得上是日本的大門，其港內的英國碼頭設有鐵製的堅固棧橋，但日本碼頭卻沒有棧橋，只能坐傳馬船或小蒸汽船划到主船旁。大橋認為，誇稱自己是「一等國」乃個人的自由，但它只不過是傲慢心態的表露。

只不過，雖然與歐洲列強相比，日本文明化的程度落後一大截，但是甲午戰爭後的日本，朝著遠東帝國的目標不斷膨脹卻是事實。馬關條約簽字三個月後，一八九五年七月二十三日，

大橋新太郎編，《歐美小觀》（一九〇一年七月，博文館）收錄的風景明信片。依照大橋新太郎的解説，畫中的船「德國羅特公司的母船壹萬四千餘噸」，從歐洲駛往美國，走北大西洋航線只要五天半。「羅特」是北德意志．勞埃德公司（Norddeutscher Lloyd）的簡稱。日本郵船必須等到一九二九年九月十五日，由長崎三菱造船廠製造的一萬六千九百四十七噸淺間號，才超越這個等級。北大西洋航線是歐美大型船隻往來熱絡的熱門航線。

《讀賣新聞》在〈擴展海運方法建議案（承前）〉一文，對歐洲航線有這樣的主張：「此航線讓本國連結世界商業的中心，為將來最要緊的大業，然而甫開始時需要莫大的資本，為與世界屈指可數的大郵輪抗衡，亦需要投入高額的輔助金，因而首先從輕鬆的路線著手，以它為墊腳石，將日本郵船株式會社通航孟買的貨物船，擴展為定期郵輪，另將定期貨物船試航歐洲，採取漸次擴展之，使之成為完全定期郵輪。」

日本郵船開始走孟買航線，是

3 譯者注：即甲午戰爭。

在報導的兩年前，也就是一八九三年十一月。孟買位於印度西海岸，臨阿拉伯海，是出口印度產棉花的港灣都市，也是裝運日本紡織原料的重要發貨港。但是外國船的運費高昂，因此紡織業者強烈要求日本郵船停靠，才開啟了定期航線。日本郵船的員工正木照藏，在一九〇一年十月出版了《漫遊雜錄》（正木照藏）一書，正木於前一年環遊世界一周，途經孟買時，在分店的公司宿舍休息。當時，除了日本郵船之外，正金銀行、三井物產、內外棉花都在孟買開店，一切都與棉花有關。日本郵船的船隻每月會停靠一次，給居留的日本人帶來白米、味噌等日常用品，甲午戰爭後日本的紡織業發達，孟買航線貢獻卓著。

清朝末期，一九〇〇年發生的義和團之亂，給了想成為遠東帝國的日本一個絕佳的機會。六月，清國宣戰，這場暴亂擴大成為國與國的戰爭。為了鎮壓義和團，美國、英國、義大利、奧匈帝國、德國、法國、俄羅斯與日本的混合軍，組成了第二次聯軍。設立大倉財閥的企業家大倉喜八郎，在國外得知義和團暴動的消息，他在〈歐美土產〉（《世界一周・太陽臨時增刊》，一九〇〇年十一月，博文館）這麼記述：「沒想到這起事變成為我國在白人國家中最有力的廣告。」一八九九年十月，英國發動第二次波耳戰爭（Second Boer War），侵略南非的川斯瓦共和國（Transvaal Republic）與奧蘭治自由邦（Orange Free State），所以沒有足夠的兵力派遣至中國，因而日本大量派兵取而代之，大倉看到了各國報紙的報導中日軍大出鋒頭，對日本而言，這成為擴張日本在中國、朝鮮半島權益的大好機會。

一九〇二年四月，日本海軍的淺間艦與高砂艦從横濱航向英國，踏上遠洋航行之路。目的雖為參加英國國王加冕典禮，但卻是日本第一次組成艦隊，到歐洲巡航。搭乘淺間艦的海軍少校小笠原長生，把航海紀錄整理成《參加英皇加冕典禮渡英日錄》（一九〇三年四月，軍事教育會）。自一八七〇年十月，太政官決定海軍編制一律以英國為範本之後，日軍與英軍的關係便十分深厚。在新加坡到可倫坡的海上，兩艦遇到在英國打造、回航的三笠戰艦。三艦互射禮砲後停船，雙方乘小艇互相往來。兩艦贈以日本酒，三笠艦回贈葡萄酒。

第二次波耳戰爭一直延續到一九〇二年五月，英軍把波耳人送進強制收容所。小笠原長生在錫蘭（現在的斯里蘭卡）古都康提（Kandy），視察了其中一間波耳軍的俘虜收容所。根據前書中提到，波耳兵俘虜高達數萬人，其中五千人收容在錫蘭島。小笠原與司令官同行，參觀的是拉格瑪收容所。三百二十名俘虜住在七棟房屋中，不用勞役，與英國軍一起共享三餐，甚至還有酒吧。只是為了防止脫逃，周圍用三道通了電的鐵柵欄圍住。具備手工技術的俘虜會製作雕刻品換取工資。小笠原也在停車場買了紫檀雕刻的大象擺飾。

日本到英國的六十三天航海，也是了解大英帝國勢力如何畫在海上世界地圖的旅程。位於義大利西西里島南方的馬爾他島（現在的馬爾他共和國）就是象徵地點之一。馬爾他位於英國經地中海到遠東的路徑上，是英國重要的戰略據點。馬爾他島的格蘭德港（Grand Harbour），停泊了四十七艘英國的戰艦、巡洋艦、驅逐艦等。看到那景象，小笠原長生油然生出「世界海上王」的感想。英日同盟條約已經在一九〇二年一月於倫敦簽訂，從司令官到准士官都登岸接受招待，英軍給予的「優惠款待」可以說「無微不至」。就連司令官為了參加午、晚餐和賽馬，半天就得離艦五次。

## 四、日本郵船歐洲航線第一船歷經一百三十九天往返

第一艘歐洲航線的日本郵船，是在一八九八年（明治二十九年）三月十五日從橫濱出發。這一天的《讀賣新聞》刊出一篇〈土佐丸的出發〉，報導船上有外國乘客三人，日本乘客為「高田商會的下條寅治郎等數名」。另一方面日本郵船有多名員工上船，而且土佐丸原本是貨物船，所以客房比較少。從橫濱到神戶間，搭載了茶、米、麥稈、火柴等雜貨。此外，在孟買也載運了貨物，而在門司裝載了動力需要的大量煤炭。此船計畫在五月二十二日左右到達倫敦，進而再前往安特衛普，再於八月十日左右回到日本。事實上，土佐丸於五月二十二日到達倫敦，六天後才啟程前往安特衛普。

《讀賣新聞》於一八九六年八月十日〈土佐丸航行中的狀態〉報導中，說明了處女航的景象。這篇報導是在八月五日，於神戶港對提早返航的土佐丸船員採訪所寫成。土佐丸從安特衛

普出發後，再度返回英國米德斯堡，才回到日本，終於結束了往來日數一百三十九天的長旅。土佐丸在安特衛普載運了鐵、鐵道器材、雜貨，往返的運費收入達十二至十三萬日圓。但是，蘇伊士運河來回通行費為兩萬五千日圓，燈塔費、飲水費等也相當昂貴，因此反而出現三萬多日圓的赤字。由於土佐丸是遠東日本第一艘郵輪，在各地受到廣大的歡迎。六月十七日在安特衛普舉行開航典禮，比利時外交大臣、德國公使、日本郵船經理等，約七十人前來祝賀這次處女航。

停泊橫濱港的土佐丸（日本郵船編，《日本郵船公司五十年史》，一九三五年十二月，日本郵船）。根據該書記載，日本郵船自一八八七年起開始考察歐洲航線，一八九二年比利時曾主動提議開設共同航線，直到甲午戰爭之後才終於實現。

而根據《讀賣新聞》，一八九六年二月十四日刊載的〈日本郵船公司的歐洲航線開始期〉，自第一船土佐丸以後，日本郵船定下了每月一班自橫濱出航的計畫。但是，許多船隻在一八九四至一八九五的甲午戰爭中徵調為御用船，尚未解除軍務，於是自然而然地必須向外國借船。四月十八日出航的第二艘船為和泉丸，和泉丸在泰晤士河口遇上即將返航的土佐丸。但是，五月二十日出航的第三艘船，則雇用了英國汽船戈班薩斯號。第四艘船則是從御用船退役的旅順丸。在歐洲航線的草創期，日本郵船在船隻的調撥上頗費苦思。

在日本郵船加入前，歐洲航線已有英國的P＆O公司（鐵行輪船公司，Peninsular and Oriental Steam Navigation Company）、德國的羅特公司、法國的M．M公司等在經營。新加入的日本郵船必須具備和他們競爭的實力。一八九六年三月七日《東京朝日新聞》刊出〈我國及歐洲間運費比較〉的報導，指出M．M的運費最高，相對廉價的P＆O，横濱到倫敦間的上等運費約七百日圓，羅特的横濱到德國不來梅（Bremen）運費為六百七十五日圓。相比之下，日本郵船從横濱到倫敦的上等運費為三百五十日圓，幾乎是別家的半價。而且購買日本郵船來回票，回程只收去程的五折價。總之，即使是來回運費，也比別家的單程運費還低很多。

低運費的原因之一是由於人事成本低。《讀賣新聞》於一八九六年四月四日的報導〈日本獨占歐洲航線吧〉中敘述，航海士、輪機員、水手的酬勞低廉，所以日本郵船的航海費只有外國各郵輪的三分之一。此外，日本煤炭的產量豐富，而且價格便宜。另一篇〈日本壓倒諸外國大汽船公司，獨占歐洲航線並非難事〉的報導表現出樂觀的看法。當然，各國公司不可能默默無視如此大的價差，原本為了避免殺價競爭，英國的P＆O、法國的M．M和德國的羅特早就結成同盟，維持一定的運費。

他們必然也來拉攏日本郵船，要求日本郵船加入同盟。根據〈郵船公司與外國汽船公司的同盟實施〉（《讀賣新聞》，一八九六年六月十日）一文，P&O與M．M、羅特對歐洲航線的運費提出了要求。談判的結果，決定橫濱到倫敦的運費以噸數來決定。最後以三家公司扣除一成比例的運費、日本郵船降低一先令六便士的運費達成協議。從六月二十二日啟航的巴爾摩拉爾號，開始適用新運費。

從第一船土佐丸出現三萬日圓赤字即可以知道，若無國家的支援和協助，加入歐洲航線實有困難。〈為了將歐美航線做為特定航線（郵船公司的決心與當局的意見）〉（《讀賣新聞》，一八九七年二月十五日）報導了日本郵船的主張。歐洲航線「每出一次船就虧損一次」，所以日本郵船向遞信省請求從國庫提撥一定的輔助金，將歐洲航線視為「特定航線」。法國、德國、義大利等各國的汽船公司，也都在本國政府優厚的保護下競爭，公司沒有明知虧損卻仍維持國外航線的義務。如果沒有輔助金，預計很可能廢止歐洲航線。遞信省就這一案與大藏省會談，進而向內閣提案。

歐洲航線也發生過重大事故。一八九六年十一月一日，姬路丸在距離越南三十海里（約五百五十六公里）、南中國海的帕拉塞爾群島（Paracel，即西沙群島）觸礁。《讀賣新聞》（同年十一月二十八日）〈姬路丸遇難的結果〉報導寫道，來自香港的救難船於十一日到達，將駐倫敦副領事加藤等三名日本人、兩名西洋人、富士艦返航的八十餘名水手載送到香港。幸運的是沒有乘客傷亡，但是貨物的損失甚大。姬路丸重一千九百四十五噸，是一八八二年在英國造船廠建造的船，日本於甲午戰爭時買下。該船被曳航到香港，將在近日拍賣。

若不想租用外國船，將歐洲航線經營成定期航道就必須準備一定數量的船隻。為了與列強的郵輪競爭，有必要翻新成大型、設備齊全的新船。在新造船十二艘（神奈川丸、博多丸、河內丸、若狹丸、鎌倉丸、讚岐丸、因幡丸、丹波丸、備後丸、常陸丸、佐渡丸、阿波丸）中，向英國訂購的十艘在一八九八年五月完工，所以日本郵船的歐洲航班從每月一次，改變為隔週一次。十艘中的河內丸，於一八九七年七月十九日到達神戶港。據〈郵船公司新造船河內丸的歸航〉（《讀賣新聞》，同年七月二十三日）報導，這艘船為格拉斯哥的造船廠建造，總噸數為六千零九十九噸，容納人數為上等客房二十二人，中等客房十八人，下等客房一百人。

十二艘新造船中，常陸丸與阿波丸兩艘在日本建造，〈造船廠的進步與常陸丸〉（《東京朝日新聞》，一八九七年十一月七日）一文提到，常陸丸由長崎的三菱造船廠製造，於第二年三月內部裝配（設置航海時需要的各種裝備）完成。三菱造船廠原為長崎熔鐵廠，十九世紀中葉開始運轉，是日本第一個船艦修理工廠，一八八七年，明治政府將其轉讓給三菱，一八九六年，完成了第二船塢。報導中提醒，造船技術提升，是日本成為遠東帝國的必要條件，船長和機組員清一色為日本人，向歐洲展現「我國海事人員的技術與造船術的進步」是長久以來的夢想。常陸丸到達橫濱港，是在一八九八年八月二十四日，十二艘的最後一艘阿波丸，也在一八

自上起為神奈川丸（《七十年史》（一九五六年七月，日本郵船）、博多丸與丹波丸（日本郵船編，《日本郵船公司五十年史》，一九三五年十二月，日本郵船），皆屬於十二艘歐洲航線新造船中的船。

九九年十一月完工。

十二艘船全員到齊之後，第一船土佐丸即從歐洲航線退休。《東京朝日新聞》在一八九九年十二月二十八日的報導〈土佐丸退出歐洲航線〉中，敘述了退休後的計畫：美國現今欠缺船舶，貨物堆積如山。因此，土佐丸修整船身之後，將於明年一月二十日左右駛往美國，擔任臨時船出航。距離一八九六年三月土佐丸第一次航行歐洲航線已有三年，日本海運在歐洲航線上究竟累積了多少實力呢？

從《稅關月報附錄之七：丹羽技師馬耳塞港出差調查報告書》（一九〇二年十二月，橫濱稅關，請參照附圖）刊載了一八九九年馬賽港入港之外國蒸汽船國別噸數一覽。各國合計的總噸數為兩百七十六萬七千噸。由大至小的排列如下：一、英國一百五十三萬八千噸（約百分之五十五點六）；二、西班牙二十九萬六千噸（約百分之十點七）；三、義大利二十二萬八千噸（約百分之八點二）；四、希臘十七萬噸（約百分之六點一）；五、奧地利十四萬噸（約百分之五點一）；六、荷蘭十一萬九千噸（約百分之四點三）；七、日本九萬四千噸（約百分之三點四）；八、德國八萬六千噸（約百分之三點一）；九、瑞典・挪威三萬五千噸（約百分之一點三）；十、俄羅斯三萬兩千噸（約百分之一點二）。其中最令人注目的是，日本領先德國和俄羅斯，晉升到第八名，不過這是地中海馬賽港的單一數據。歐洲的熱門航線並不是歐洲航線，而是歐陸與美國之間的北大西洋航線。

# 第四號表　出入船舶國別統計表（千八百九十九年）

| | 入港 蒸滊船 船數 | 入港 蒸滊船 船噸數 | 入港 蒸滊船 貨物噸數 | 入港 風帆船 船數 | 入港 風帆船 船噸數 | 入港 風帆船 貨物噸數 | 出港 蒸滊船 船數 | 出港 蒸滊船 船噸數 | 出港 蒸滊船 貨物噸數 | 出港 風帆船 船數 | 出港 風帆船 船噸數 | 出港 風帆船 貨物噸數 |
|---|---|---|---|---|---|---|---|---|---|---|---|---|
| 英吉利 | 七一四 | 一、五三七、九一九 | 一、〇九七、六八六 | 四 | 三、三三六 | 三、九五四 | 七一五 | 一、五三五、三六二 | 九七、一四二 | 五 | 四、八五三 | 二、四〇六 |
| 西班牙 | 三三六 | 二九六、一六一 | 八八、七四二 | 一二一 | 八、〇九四 | 四、四〇一 | 三三〇 | 二九六、三五〇 | 一七六、五一四 | 一二六 | 九、三七一 | 三、八五四 |
| 以太利 | 二一八 | 二二七、六四五 | 一三〇、九二四 | 四四八 | 九五、八四六 | 一一〇、三〇四 | 二一八 | 二三一、一三一 | 五〇、二八〇 | 四三〇 | 八七、八八四 | 七五、八三六 |
| 希臘 | 一五八 | 一七〇、一四〇 | 三二五、六五四 | 七〇 | 一九、一七四 | 一六、七八一 | 一六一 | 一六九、五〇二 | 八〇三二 | 六一 | 一六、八八九 | 二五、七一七 |
| 墺西利 | 一四八 | 一四〇、二七四 | 一一九、〇四九 | 三一 | 一四、六二四 | 一七、二六五 | 一四六 | 一三七、一八八 | 三六、四四三 | 二六 | 一二、一〇四 | 八、八四七 |
| 日本 | 二四 | 九三、八〇六 | 二六、九四九 | ク | ク | ク | 二七 | 一〇〇、七八二 | 七、四六七 | ク | ク | ク |
| 和蘭 | 七四 | 一一八、六四七 | 一八、八二〇 | ク | ク | ク | 七四 | 一一八、六六三 | 一六、四七二 | 一 | 七〇七 | 八〇一 |
| 獨逸 | 六一 | 八六、四五〇 | 七四、六一四 | 五 | 五、八〇八 | 六、五三八 | 六三 | 八八、〇一六 | 三三、四一五 | 四 | 五、一一一 | 二、六三八 |
| 瑞典那威及 | 三九 | 三四、六四五 | 四〇、二二三 | 一二 | 七、四七一 | 五、五六五 | 四一 | 三三、六九〇 | 八、七四一 | 九 | 五、五九七 | 四、一八一 |
| 魯西亞 | 二四 | 三一、九九二 | 三一、〇四二 | 五 | 二、六四九 | 九三八 | 二七 | 三六、三一四 | 一七、三三四 | 六 | 二、〇七八 | 三、〇一五 |
| 丁抹 | 一九 | 一九、五〇四 | 二六、七二六 | 二 | 一、一八五 | 四五九 | 二一 | 一九、四三四 | 四五七 | 二 | 一、五六七 | 二、二二三 |
| 土耳其 | 五 | 五、二六〇 | 六、一九五 | 一五 | 二、八九[illegible] | 三、三六四 | 六 | 六、〇一五 | 二五二 | 一五 | 三、一三二 | 三、七四四 |
| 其他諸國 | 五 | 四、五三五 | 三、八四八 | ク | ク | ク | 五 | 五、〇五七 | 一、一三三 | ク | ク | ク |
| 諸外國船計 | 一、八二五 | 二、七六六、九七八 | 一、九九〇、〇七一 | 七一三 | 一六一、〇四六 | 一六九、五六九 | 一、八三四 | 二、七七七、五〇四 | 五三三、六八二 | 六八九 | 一四八、九八九 | 一三三、二六二 |
| 佛蘭西 | 四、一六六 | 三、一二八、〇六八 | 一、四四七、九七九 | 二、二一五 | 二五〇、八七二 | 二四八、三五五 | 四、一六七 | 三、一〇八、一二八 | 一、[illegible]九二、一八四 | 二、二一四 | 二四九、一五三 | 一九九、三六五 |
| 總計 | 五、九九一 | 五、八九五、〇四六 | 三、四三八、〇五〇 | 二、九二八 | 四一一、九一八 | 四一七、九二四 | 六、〇〇一 | 五、八八五、六三二 | 一、六四五、八六六 | 一、八九九 | 三九八、一四二 | 三三二、六二七 |

馬賽港「各國出入船隻統計表（千八百九十九年）」（《税關月報附錄之七：丹羽技師馬耳塞港出差調查報告書》（一九〇二年十二月，橫濱税關）。這份報告指出，一八九九年歐洲大陸各港輸出入貨物噸數：一、漢堡約一千兩百八十六萬噸；二、鹿特丹約八百四十五萬噸；三、安特衛普約七百二十二萬噸；馬賽約六百二十八萬噸，位居第四。一八九八年在馬賽港經營定期航船的公司有八十八家，其中英國三十家、法國十六家、西班牙九家、希臘八家、義大利六家、德國五家、奧地利五家。日本只有一家。

## 五、「舊世界」到「新世界」：一九〇〇年巴黎萬國博覽會

一八八九年（明治二十二年）舉行的巴黎萬國博覽會，入場人數三千兩百三十五萬人，改寫了十九世紀後期的萬博紀錄，參觀者達兩倍以上。法國興建高三百公尺的艾菲爾鐵塔做為這次博覽會的象徵，也宣告鐵的世紀即將來臨。而十一年後，一九〇〇年開幕的巴黎萬國博覽會，入場者增加到四千七百零八萬人，奠定了史上人數最多的紀錄，直到六十多年後才被打破。一八六一年，竹內下野守率領的遣歐使節團，正好趕上於隔年舉行的倫敦萬國博覽會，而幕府和薩摩藩參加的一八六七年巴黎萬國博覽會是日本第一次參展。雖然日本有官派使節、參展相關者見過萬博，但是直到一九〇〇年的巴黎萬國博覽會後，才有平民將它寫成萬博見聞錄。

出版《歐美小觀》（一九〇一年七月，大橋過世的翌月，博文堂）的大橋又太郎（號乙羽）也是其中一人。大橋將去程走歐洲航線的紀錄，整理成《歐山美水》（一九〇〇年十二月，博文館）一書。依該書的內容所述，一九〇〇年三月，大橋從橫濱出發，遊歷法國、比利時、荷蘭、德國、奧地利、匈牙利、瑞士、西班牙、義大利、英國、美國之後，於九月返回日本。宗教學家姉崎嘲風與大橋都是日本郵船河內丸的乘客，大橋於四月十一日抵達香港後，深深感到英國勢力的龐大與日本大相逕庭。

駛近香港時氣溫上升，河內丸打開了船內倉庫，讓乘客取出夏裝更換。進入港內，便見到歐洲航線船博多丸、亞米利亞丸、金州丸等日本船停泊。各船升起致敬的國旗，乘客們揮動著帽子，油然生起「天涯逢知己」的心情。在香港登岸後，由於「月光和電燈」的關係，街頭「比白天」更輝煌。日本人一行最感到「茫然」的是乘纜車登上維多利亞角的時候，從山頂眺望的景色十分壯闊。「青山起伏」、「外洋漫漫」既是自然的景觀，也是「數千人家」齊集的文明景觀。

象徵「新世界」的巴黎萬國博覽會的地球儀與艾菲爾鐵塔（《歐山美水》，一九〇〇年十二月，博文館）。

旅客前往歐洲的旅途中都感受到日本在甲午戰爭後向國外擴張的態勢吧！日本郵船的歐洲航線船便是其中之一。停泊在新加坡時，河內丸遇到自歐洲返航的阿波丸，兩船的乘客互相吶喊萬歲。從檳城到可倫坡之間的航行，又遇到歐洲回來的因幡丸，乘客們揮起了手帕。大橋又太郎稱：「互相祝賀萬歲，心情大

一八九八年六月九日，英國向清國租借九龍半島九十九年。外務省通商局編，《香港情勢》（一九一七年，啟成社）。一九〇一年「歐美人及葡萄牙人」有四百二十二人住在維多利亞山頂，有四千五百三十人住在維多利亞市。照片為從香港山上鳥瞰（《歐山美水》，一九〇〇年十二月，博文館）。

好。」不只是歐洲航線船訴說著日本的擴張，從新加坡上岸，在飯店吃午飯時，團員瀏覽了當地的報紙，上面刊載的新聞寫道：近日有十八艘世界各地的軍艦駛入新加坡港，其中八艘是日本的「帝國軍艦」。團員們「意氣昂揚」的回到船上。

甲午戰爭的勝利，傳遍了海外。一行人到達錫蘭的可倫坡港，乘火車前往古都康提，住宿在德國人經營的湖畔大飯店。晚上到戶外散步，有兩名「破戶漢」[4]自後跟來，嘲笑道：「日本贏了支那，你們的人肯定很勇猛吧。」這時，英國兵過來對他說：「你們不是日本人嗎？見到戰勝國的紳士，與有榮焉。」

最後日本一行人與英國兵三呼萬歲後離去。大橋又太郎前往歐洲的一九〇〇年，正是發生義和團之亂的那年。該書的〈例言〉中有一節寫道：「余於西遊中，恰逢清國團匪之變，歐美人士口中，不時嘖嘖稱道日本軍隊的美名」，而大橋聞之「意志壯盛」、「發快哉之念」。

大橋又太郎從歐洲航線之旅所感受到的，不只是日本朝著遠東帝國的目標追趕英國，例如在香港公園，大橋回顧了英國建設香港時的艱辛。當時開闢道路、興建住宅時遇上瘧疾爆發，流行勢態極為凶猛，甚至因而有了香港熱的別稱。「熱病頻頻流行，因之死亡者不計其數。氣勢隨時日漸漸衰弱，然議論沸騰，就算是英國，也考慮放棄此港灣」。但是，英國人鋪設水道、設置下水設備，種植樹木遮蔽炎日，改良住宅結構，增進空氣流通，建設成西洋人也能居住的都市空間。大橋感佩的並不只是將荒地改善成「一流城市」，而是驚訝於英國殖民地政策的「高明」，創造「自由貿易之路」，讓「支那人占有商權」。

他對英國的讚賞，除了香港的記述之外，也在別處可見，他寫道：「試檢視東洋的地圖，其任由萬里船來去之港灣，盡皆為白人占領之地。」不只是香港、新加坡、可倫坡那樣的大都市，新加坡位在馬來半島的尾端，一八九六年七月，與馬來西亞組成馬來亞聯邦，馬來半島全境都在英國的統治之下。大橋是在四年前造訪，在姉崎嘲風的提議下，四名日本人雇了一輛馬

4 譯者注：意為無賴漢。

車，巡迴遊覽了馬來半島。馬來人與中國人雜居的地區，散發出骯髒的臭氣。森林的深處潛藏著老虎和鱷魚，毒蟲也多，禁止人們在戶外散步。但是，英國人卻不曾懈怠的雇用當地人，修繕中心地帶之外的道路。「白人連邊境都不忘注意，無比佩服。」大橋如此記述道。

在可倫坡，河內丸上來了一位意外的客人。一八八二年七月，有栖川宮熾仁親王經過蘇伊士運河，十二月板垣退助經過，在兩人之間的八月至九月期間，兩萬名英軍占領了蘇伊士運河一帶，埃及軍投降。指揮埃及軍的艾哈邁德·阿拉比被流放到英屬錫蘭。而上船的人正是他的兒子易卜拉辛·貝伊。聽兒子說，父親阿拉比被關在康提，受到英軍嚴密的戒護，他也是睽違七年才見到父親。大橋又太郎讚揚阿拉比的革命道：「至於令嚴在埃及衰亡史上留下什麼樣的英名，可與蓋世之才等量齊觀。」又安慰他：「令嚴數年必能獲得赦免，今日天下的輿論不全都支持釋放他嗎？」

五月五日，船內舉行端午節會，甲板上掛起了美麗的旗幟，三十尺（約九公尺）的鯉魚旗在空中飄蕩。並在它的側邊以白桌巾做成高二間（約三點六公尺）的富士山，拿盆栽充當三保的松原[5]。還裝飾了用船內物品布置成的車站、「帝國萬歲的喻意詩」的扁額和假花。節會開始後，杯觥交錯，展開餘興節目。第一個表演是「曾我的復仇」[6]，大橋又太郎扮演弟弟五郎的角色，之後又發表「滑稽舞」、新作長歌，並且舉行摸彩。最後由接待委員長姉崎嘲風用英語解釋端午的由來。下午四點到九點歡聲不輟，獲得「郵船公司歐洲航線開航以來」最大盛會

從「舊世界」到「新世界」的入口塞得港（《歐山美水》，一九〇〇年十二月，博文館）。

的評價。

從蘇伊士開始，除了航行運河的船隻外，每隔兩小時也有列車開往開羅。但是，傳聞塞得港出現「惡病」病患，亞洲過來的船隻都遭到嚴格的檢疫，也不允許上岸。河內丸在夕陽西下的蘇伊士運河中前進，坐在駱駝上的當地人，朝著雲的方向行進。夜深之後，乘客大多躲進船內，但大橋又太郎與姉崎嘲風站在甲板上，眺望著明月照耀下的沙漠，當起了「月中仙」。兩人吟起漢詩，享受著旅途的情懷。第二天中午，船到達塞得港，將煤炭卸載之後，終於進入了地中海。大橋記述：「我等之船現在辭別舊世

5 譯者注：位於靜岡縣三保半島的名勝地，為日本三大松原之一，已被登記為世界文化遺產。

6 譯者注：鎌倉時代，曾我兄弟為父親復仇的故事。

界，帶著新空氣迎向歐洲大陸。」從亞洲到歐洲的旅行，也意味著從「舊世界」到「新世界」之旅。

參觀過巴黎萬國博覽會，取歐洲航線踏上歸國之路的正木照藏，在大橋又太郎和姉崎嘲風的四個月後，經過蘇伊士運河。他在《漫遊雜錄》（一九〇一年十月，正木照藏）裡，刊出一八九九年通過蘇伊士運河的船隻統計。由其內容可知，軍艦、商船合起來的船舶數量共三千六百零七艘，其中英國船有兩千三百一十艘（約占百分之六十四），與德國船三百八十七艘（約百分之十點七）、法國船兩百二十六艘（約百分之六點三）的差距頗大，藉此可以了解在歐美列強之中，英國的勢力強大無敵。另外，日本船有六十五艘（約占百分一點八），此外，一年二十二萬一千三百三十三人的總船客數當中，日本人有六百五十五人，約占百分之零點三。所以，即使日本自我標榜為遠東的帝國，從歐洲的角度來看，那也只不過是「舊世界」發生的事件罷了。

## 六、英國版渡歐指南的文化差異

一九〇二年（明治三十五年）一月，駸駸堂出版了一本由丹・西爾桑（Dam Sillseng）

著，長谷川善作翻譯的《渡歐指南》。指南書的歷史就從翻譯英國人著作開始的，這時距離日本郵船開啟歐洲航線才剛滿六年。這本書由十五個章節構成，前半為第一章〈渡航的方針附海上主要航線表〉，到第六章〈關於登岸附內外旅宿的差別〉，記述渡航所需要的準備及航海過程的心得等。在後半的第八章〈歐洲各國產的食材與重要物產附世界的地下勞工〉，到第十五章〈義大利與西班牙附各國人情風俗的雜記〉中介紹歐美的列強，這是一本收錄歐洲航線指引和西洋概況的指南書。

在一八九六年日本郵船加入歐洲航線以前，想要渡歐的日本人只能搭乘歐洲的郵輪。例如一八八七年六月二十八日，高田善治郎在神戶港坐上法國M．M公司的沃爾加號。據他的《出洋日記》（一八九一年三月，川勝鴻寶堂），高田之外的日本乘客有五名，外國船客寥寥可數，歐洲航線的旅客還很少。從神戶出港後，沃爾加號在海上與同公司的塔奈斯號交會，該船上載了從歐洲歸國的前農商務大臣西鄉從道。兩船的船員互相鼓掌打招呼。七月七日，高

丹．西爾桑著，長谷川善作譯，《渡歐指南》（一九〇二年一月，駸駸堂）封面。在亞洲和日本看到人力車的西爾桑敘述，「操縱機器」才是「上等社會」。

田在香港轉乘M．M公司的伊拉瓦德號，這艘船重三千五百四十六噸，比沃爾加號「堅牢宏大」，到了七月二十一日，又在可倫坡轉乘M．M公司的另一艘汽船。

法國的郵輪與英國郵輪不同，它會在法屬殖民地印度支那的首都西貢停靠。上岸後，高田善治郎雇了馬車想去郵局，然而卻被帶到了市外的公園。他把書信拿給馬車夫看，好不容易到了郵局，但最後他還是把書信收進口袋回到船上。原來西貢人不懂英語。雖然與英國郵輪相比，法國郵輪也有不便之處，但多數日本旅客都期望坐法國郵輪。搭乘法國郵輪納塔爾號從馬賽到香港的山邊權六郎，在《外航見聞誌》（一八九〇年七月，氣關社）中記述，法國船特別受歡迎，因為法船伙食「調理精良」。

不過，在日本郵船加入後才寫《渡歐指南》的丹．西爾桑則有不同的見解。首先，日本郵船「坐臥自在，空間狹窄的地方並不多」，但是「航行的日數太長」是一大缺點。所以有急事赴歐的人，只能搭乘外國船。西爾桑認為，這種時候最好搭乘德國船。法國郵輪有「賣酒」的好處，但是對乘客的服裝太過講究，「干涉到某種程度」。要選味覺，還是選舒適，每個人的價值觀各不相同吧。只是西爾桑建議，不論選哪一國的郵輪，在預約客房的時候，最好選右舷。去程航行印度洋的時候，右舷的客房可以避掉陽光直射的考驗。

遠渡重洋的人並不是只有旅行客，《渡歐指南》也刊載了一八九九年依據移民保護法移居世界各地的日本人人數。男性有兩萬六千一百六十一人，女性有五千一百九十三人，總計三萬

明治三十二年中移民保護法に依り渡航許可を與へ世界各地に移住せる者の員數左の如し（明治三十三年十一月調）

| 地名 | 男 | 女 | 計 |
|---|---|---|---|
| 布哇 | 一八、六六二 | 四、三一一 | 二二、九七三 |
| 米國 | 三、〇七二 | 六八 | 三、一四〇 |
| 英領加奈陀 | 一、六七四 | 五二 | 一、七二六 |
| 韓國 | 一、一二〇 | 二八三 | 一、四〇三 |
| 秘露 | 七九 | — | 七九 |
| 清國 | 四四九 | 一六三 | 六一二 |
| 露國及露領 | 三三〇 | 二一三 | 五四三 |
| 香港 | 二一 | 二九 | 五〇 |
| 蘭領スマタラ等 | 七 | 二九 | 三六 |
| 新嘉坡 | 六 | 二六 | 三二 |
| 佛領西貢 | 三 | 一三 | 一六 |
| 濠洲 | 一三 | 一 | 一四 |
| 呂宋 | 一二 | — | 一三 |
| 印度 | 一 | 五 | 六 |
| 墨西哥 | 一 | — | 一 |
| 總計 | 二六、一六一 | 五、一九三 | 三一、三五四 |

一八九九年「一年內日本人移民數別」（丹・西爾桑著，長谷川善作譯，《渡歐指南》（一九〇二年一月，駸駸堂）。

一千三百五十四人。按地區區分的話：夏威夷有兩萬兩千九百七十三人（約占百分之七十三點三）；美國三千一百四十人（約占百分之十）；英屬加拿大一千七百二十六人（約百分之五點五）。這三地便占了百分之八十八點八，他們航行的是美國航線。進而也列出了甲午戰爭後日本擴張的東亞地區：韓國一千四百零三人（約百分之四點五）；清國六百一十二人（約百分之二）；俄羅斯與其屬地五四三人（約百分之一點七）。三位數的國家只到此為止。在歐洲航線的停靠港，日本移民香港五十人，新加坡三十二人，西貢有十六人。目標為北美大陸、包含夏威夷的移民，大多是經濟上窮困的階層，所以持單程票成了一大特徵。相反地，走歐洲航線的日本人階層較高，都是持來回票的旅行。

列強對走美國航線、低階級的日本移民，自然沒有什麼好眼色。丹．西爾桑記述，「以前的日本人，相當於移民、出外人，實在得不到什麼好評。年輕日本人叱罵支那人時，若能多少修正一下自己的品性，也就不用遭受不信任的眼光了。」只是「希望改良品性」是記述在《渡歐指南》的要求。也就是說，橫亙在問題背後的，不只是經濟階層，還有文化差異。西爾桑認為，如果在這一點上更加謹慎小心，即使無法對話、不會用湯匙也沒有關係。西爾桑對日本人的期望如下：「不要光著身子在船內到處跑。不要頭上包著頭巾，把後襬翻起來紮住，握拳放在懷裡，並用鼻子哼歌。不要盤腿坐著唱俗謠。不要喝著小酒，旁若無人的吟唱浮節[7]或祭文。」丹．西爾桑的言論中最明顯的是，他把英國文化當成世界的標準，想以它來馴服日本人

7 譯者注：配合三味線吟唱的俗謠。

成為倫敦標誌的建築物（丹．西爾桑著，長谷川善作譯《渡歐指南》，一九〇二年一月，駸駸堂）。左邊的高塔是維多利亞塔，中央是議事堂所在的西敏寺宮。右邊的鐘塔建築完成於一八五九年，號稱有九十六點三公尺高，一般稱為大笨鐘。

的思考方式。「英國之有今日，全因為一心遠征海外的國人，皆能昂首闊步，保有自己的品格，自稱『我乃大英國之一公民』。」如同這一節所述，他以英國公民的「品格」做為判斷的標準，從這標準來看，用餐中大聲談笑，就成了「卑下的風俗」，如果「想要立足天下開創事業」，信仰的有無事關重大，西爾桑建議，應在船中精讀聖經。

日本與歐洲文化的差異有著天壤之別，第一次踏上歐洲土地的日本旅行客，最容易犯錯的地方，據說是在到達飯店之後。《渡歐指南》列出了十四項日本旅館與歐洲旅館的相異之處。前者的住房費包含餐費，後者不包含。前者的餐點免費送到房間，後者需要另外付費。前者吃飯時不用穿正式服裝，「言行舉止」照平時生活，後者必須穿著正式服裝，謹言慎行。前者不過夜的話，不收當晚的費用。後者若不在晚上六點至八點告知，即會產生費用。前者不用付給「掌櫃」一點「心意」，後者不能不付。即使學會英國式的「品格」，若無事先說明習慣的不同，恐怕也不能理解吧。

社會學家建部遯吾在國外留學三年，他是在一八九八年八月三日，從橫濱出發。建部在《西遊漫筆》（一九〇二年十二月，有朋館）說，他搭乘的船是M．M公司的法國郵輪，重五千七百五十七噸的艾妮絲特．西蒙號。同船的日本人有三名，兩人是橫濱正金銀行職員，分別要去上海分店和孟買分店報到，另一名是到巴黎研究工程學的留學生。船雖然在發布暴風警報的天候下駛向上海，但在建部的印象中，這艘「以文明開化先驅為己任的法國郵輪」，萬事齊備。他在船上共吃過五次餐，正式上餐桌兩次，其他三次。前者提供菜單，款待十種以上的「食品」與紅酒、啤酒、白蘭地，菜色令人十分滿足。丹．西爾桑提出的衣著問題，在他看來怎麼樣呢？他說第一次和最後一次可穿「便服」，其他三次要求要「端正衣襟」。

讓乘客頭疼的倒不是服裝，而是語言。船員大都不懂英語，德語也派不上用場。建部遯吾請了去巴黎的留學生幫忙。他轉乘了兩次，第一次在離上海不遠的吳淞，改搭四千零八十噸的梅爾波倫號。第二次在可倫坡，六千五百零六噸的波里尼西安號已在待命。他從停靠港的風景體會到日本的近代化並沒有進步，與橫濱、神戶相比，在上海、香港、西貢等城市，愈往前走，市街道路的「清潔整齊」便愈加明顯。建部對西貢的「整齊」市容大為驚訝。

建部遯吾在梅爾波倫號上，有了一次耐人尋味的體驗。乘客中有一位熱愛日本風土的法國海軍主計官，為了學習日語和日本文學，主計官帶了一本《裸美人》的書，裡面收錄了四篇小說，分別是山田美妙的〈蝴蝶〉、春之屋（坪內逍遙）的〈細君〉、嵯峨之屋御室的〈初戀〉、石橋忍月的〈因果〉。在主計官的請求下，建部開始教他載於卷首的〈蝴蝶〉。但是，主計官對於「學習的困難」吃不消，所以教材換成了〈初戀〉。主計官雖然很用功，但〈初戀〉還是太難。他一再對建部訴說未來的計畫：「我以後想放棄漢字了，只學假名就好。」

## 七、巖谷小波、澀澤榮一、岡倉天心的甲板演講會

在丹．西爾桑著的《渡歐指南》出版的一九〇二年九月六日，有一位睽違日本兩年的日本人，自安特衛普登上了日本郵船神奈川丸。他是在柏林大學附屬東洋語文學校教書的兒童文學家巖谷小波。他的著作《小波洋行土產上》（一九〇三年四月，博文館）中提到，與他一起在安特衛普上船的日本人，有高等師範學校教授大幸勇吉、札幌農學校教授松村松年、高等商業

安特衛普「擊退海盜紀念像」（巖谷小波，《小波洋行土產下》，一九〇三年五月，博文館）。

學校教授石川文吾、醫學研究者田代秋太郎，他們都是德國的留學生。歐洲航線不像美國航線的渡航者主要都是移民，而是外交官、政治家、企業家、公司行員、研究員、美術家，他們的身影處處可見。巖谷沒有將留歐時保留的書信丟進柏林的火爐裡燒成灰，而是決定水葬，他道：「丟棄一古腦文殼的秋之海。」

從安特衛普啟航的神奈川丸，在倫敦停靠。這裡上船的日本人有法學家美濃部達吉、美術家久保田米齋、倫理學家吉田靜致、留學格拉斯哥大學的鈴木四十，還有一位與前內閣總理大臣松方正義一同巡遊歐美的藥劑師後藤節藏。日本人總計有十人，十分熱鬧。一行人穿過英吉利海峽，進入比斯開灣（Bay of Biscay），遭遇大西洋的橫浪，船體激烈搖擺。在海上平靜的日子裡，乘客們會來到甲板上，玩撞球，賞月。「月色今宵照左舷／白花潮飛沫」（世音），世音

比利時的港灣都市安特衛普位於斯海爾德河口（Scheldt）的內陸，是日本郵船歐洲航線去程的終點，返程的起點。拿破侖．波拿巴著手整建港灣，於十九世紀末完成碼頭牆面。《世界地理風俗大系第十三卷：西班牙、葡萄牙及比利時、荷蘭》（一九二九年十二月，新光社）中敘述，比利時有九成的海上貿易都在此地進行。此地一年與日本的貿易高達三千萬日圓。插圖為安特衛普的碼頭（巖谷小波，《小波洋行土產下》，一九〇三年五月，博文館）。

是久保田的俳號。通過西班牙與摩洛哥之間的直布羅陀海峽，進入地中海是在半夜，船員們叫醒所有乘客。海面起了霧，景色迷濛不清，但是經過燈塔前時，船上放起煙火，此時巖谷吟了一句「海峽聲聲喚／今日月不答」。

美濃部達吉與久保田米齋同在船上，讓巖谷小波的船中樂趣又增添了一項，因為他們都是柏林白人會、巴黎巴會的俳句詩社夥伴。倉知鬼仙在〈白人會發祥〉（《白人集》，一九三四年九月，白人會）中提到，一九〇〇年十月，巖谷抵達柏林時，巖谷便為宗師組成了俳會。巖谷將

一九〇一年十二月十四日，巴會成員在法國格雷村飯店拍下紀念照，自右為美濃部古泉（達吉）、久保田世音（米齋）、和田外面（英作）、勝田明庵（主計）、淺井 助（忠）（《白人集》，一九三四年九月，白人會）。久保田在書中〈巴會於巴里〉寫道，和田提議辦一本巴會的雜誌，並接下封面的工作，一九〇二年一月謄寫版的雜誌創刊。

「伯林」的「伯」字拆成兩半，命名為白人會，美濃部也是白人會的常客之一。此外，根據久保田世音的〈巴會於巴里〉（同前書），巴會是在一九〇一年八月時由七人組成。美濃部自柏林搬到巴黎時，也參加了巴會的俳會。他們回國後在京都舉辦了白人會，將留洋時代的作品集大成，出版了《白人集》。

從地中海往東行的神奈川丸，在九月二十五日停靠塞得港。想念陸地的一行人乘著駁船上岸，衝進海岸旁的「斬髮店」理了個髮。理髮師是「埃及與歐羅巴」的混血，只會亂剪一通，僅僅十五分鐘的工作，收費卻不合理的高。巖谷小波氣得咬牙切齒：「吸了兩年歐羅巴的空氣，自認也算通曉世事，竟然犯了個土包子的錯誤，實在不甘心！」但也不能跟他爭論。回到船上時，企業家澀澤榮一與兼子夫婦、銀行家市原盛宏、企業家萩原源太郎等六名日本人也上了船。

搭乘日本郵船有個優點，那就是船上供應日本料理。尤其是久居歐洲的日本人，船上成了與靈魂食物重逢的地點。在《小波洋行土產上》的九月十七日這一頁，晚餐是「味噌烤鮮魚、燉牛肉、茶碗蒸、滷竹筍、醃菜，以及正宗的醬菜」，「吃得口齒留香」。十月二日航行在印度洋時，船上端出了冷掛麵，討厭掛麵的巖谷小波卻吃了兩碗，全因為太想念故國的滋味了。大田彪次郎編，澀澤榮一刪補的《歐美紀行》（一九〇三年六月，文學社）中，也提到經過錫蘭島後的同月十一日，船上提供了掛麵給日本人，「久未食此味，突然食欲大增，吃了十餘碗。」

丹．西爾桑在《渡歐指南》讚賞德國郵輪，但是他也許輕視日本人的味覺。兩年前九月二十二日，巖谷小波踏上了去程的旅途，由於目的地是柏林，所以他在橫濱搭上德國羅特公司的漢布爾希號。但是，那天吃午飯時每道菜都辣得吃不下去。德國郵輪的樂趣之一是音樂，一天演奏數次史特勞斯（Johann Strauss）的作品以紓解乘客的無聊，但是在漫長旅程上，味覺恐怕比聽覺更為重要。十月十六日巖谷在可倫坡上岸，在飯店享用了「法蘭西風的高級料理」，以療癒「吃膩船上辛辣食物的嘴」。十月二十九日還發生英國人、美國人、俄羅斯人、荷蘭人聯名要求船長改善飲食的事件。

在印度南端的西側，有一群由珊瑚礁島形成的拉克沙群島（Lakshadweep）。神奈川丸在十月七日航行到附近時，米尼科伊島（Minicoy）映入眼簾，若按照《歐美紀行》的說法，澀澤榮一作了一首狂歌[8]云：「眾人的米尼科伊島，在濃霧籠罩中，看起來真醜」[9]，大夥兒捧腹大笑。兼子夫人也吟唱道：「航渡重重浪之印度，有個叫米尼科伊的椰子島」。但是，讀《小波洋行土產上》，事實卻完全不是這麼回事，巖谷小波聽到島名時覺得是「低級的笑話」，然後他到澀澤的客房拜訪，那時兼子夫人已經寫出前面的狂歌，榮一也發表了作品，但那是他最近創作的漢詩。

在兩人的刺激之下，巖谷小波燃起「不服輸之心」，當夜便和久保田米齋、美濃部達吉開始作起歌仙[10]。他用了兩張懷紙，試寫了初表六句、初裡一二句、名殘表一二句，名殘裡六句，共計三六句。「下沉再浮起之大鯨」（古泉）、「難成和歌之一景」（小波）。寫狂歌、作連句的遊戲，必須有可以理解的夥伴才有意義。可以說正因為是日本郵船，乘客中有一定數量具文學素養的日本遊客，這遊戲才能玩下去。是要按照丹・西爾桑的建議在船內讀聖經，還是以狂歌、歌仙的遊戲自娛，關乎選擇哪一國的郵輪而定。

說到遊樂，對漫長船旅感到乏味的巖谷小波，在與久保田米齋商量之後，發行了船內報紙。九月三十日開始，巖谷擔任報導主筆，久保田負責謄寫和插圖。刊名為《假名雅話新聞》，內容包含了議論、小說、劇評、商業行情，取代「發刊辭」的「發汗辭」寫道：「此為供船上忘暑之工具，所謂以毒制毒，以汗治汗而已。」因此，內容充滿了同在船上的人才懂的內行話。十月二十二日，發行了第二號，內容有「二十三日前茶點中難得出現了『最中』[11]，眾人搶食」圖，和「出外到可倫坡採集昆蟲的松村先生，滿身濕透回來」插圖等。

巖谷小波發起的活動，並不只是詩社或發行報紙，十月十四日以後，他還舉行了甲板演講會。《小波洋行土產上》中記述，表面上的理由是因為許多日本籍乘客回國後都將走上教壇，但實際上只是打發無聊的時光。抽籤的結果，巖谷成為十四日四名演講者中的一人，他以〈和洋女人與花〉為題上台演講。十五日的演講者有五人，包含講述〈德國憲法〉的美濃部達吉，與談〈建築與美術〉的久保田米齋。第一天晚上的討論會，提到宗教和倫理的問題，松村松年與美濃部反應相當熱烈，船員中有興趣的人也加入聽眾，聆聽演講。

眾人在海外做的研究主題和異文化的體驗反映在演講的內容中。到達新加坡後，澀澤榮一乘駁船在對岸的新山上岸。新山王國是馬來半島南端的獨立國家，為英國所保護，要職也全由英國人獨占。《歐美紀行》十月十七日中記述「亞洲各國忍受侵略蠶食」、「從亡國跡象看來，不能不為之掬淚」一節，應是澀澤榮一的真實感受吧。六天後的甲板演講會，澀澤發表了「日

8 譯者注：帶有社會諷刺、挖苦或搞笑的短歌。

9 譯者注：日語的醜（minikui）與米尼科伊發音近似。

10 譯者注：歌仙是指在連歌、俳諧中，長句和短句交互連成三六句的詩作，將兩張懷紙折疊使用，第一折即初折的表（正面）寫六句，背面（裡）一二句，第二折為名殘之折，正面一二句，背面六句，自芭蕉之後，這種作法十分盛行。

11 譯者注：一種日式甜點。

本社會改良談」。漫遊歐美的澀澤認為，日本的「物質進步」明顯落後，所以他向聽眾疾呼，企盼能活用在歐洲獲得的「技術」，讓日本有一天能與「先進國家平起平坐」。

神奈川丸在十月十八日從新加坡出港。在印度考察古代美術的岡倉天心，從新加坡上船，四天後，岡倉舉行了「印度漫遊雜感」演講。《小波洋行土產上》記述，那天晚飯後，船客們從「各國的語言論」辯論到「亡國的原因」，氣氛熱烈。若不搭乘日本郵船，應該不會遇到這種議論的場合。

## 第三章

# 日俄戰爭後的帝國與侵略南方（1902-1913）

新加坡成為侵略南方的據點。一八八九年，日本開設帝國領事館，一九一九年升格為總領事館。不過必須等到一九一五年，才創立了新加坡日本人會。但是根據馬來半島新山省的峇株巴轄日本人會編的《峇株巴轄居留日本人沿革誌》（一九三三年十一月，峇株巴轄日本人會），一九〇六年時日本人已開設煎餅店、藥店等，甚至還有人經營妓院。一九〇八年，三五公司[1]取得土地租借權，日本人開闢的橡膠園快速發展。照片是同書收錄的一九一一年，掛著日本旗的峇株巴轄。

1 譯者注：三五公司為一九〇二年日本為在殖民地台灣生產樟腦而設立的公司，後在彰化強行收購土地，種植甘蔗製糖，一九〇六年又在馬來新山開闢橡膠園。

## 一、日俄戰爭徵用歐洲航線船隻與雇用中立國船

一八九九年（明治三十二年），日本郵船的歐洲航線已有十二艘六千噸級的新造船開航，進入二十世紀後，從橫濱啟航的船班依然是兩星期一次，目的地是倫敦和安特衛普，停靠港有神戶、門司、上海、香港、新加坡、檳城、可倫坡、蘇伊士、塞得港、馬賽，其中上海、檳城、馬賽僅是去程停靠的港口。海難頻頻發生，光是一九〇三年，新聞上就有〈河內丸船長行蹤不明〉（《讀賣新聞》，四月二十一日），報導四月十日從蘇伊士出港後，英國籍的湯姆遜船長行蹤不明事件。另一篇〈因幡丸遇難〉（《東京朝日新聞》，十二月六日）則報導十一月二十七日，因幡丸在安特衛普與比利時船相撞，拖至英國紐卡索（Newcastle）維修兩星期。但是，這些意外與翌年發生的事故相比，只不過是小巫見大巫。

一九〇四年二月十日，日本向俄羅斯宣戰，日俄戰爭爆發。從前一年十二月開始，日本有意開戰的動向就十分明顯。開戰之後，內閣會議三十日決定，要求清國中立，並且併吞韓國，這對歐洲航線造成了影響。據〈歐洲船丹波丸回航〉（《東京朝日新聞》，一九〇四年一月二十三日）報導，十二艘船中有四艘停泊在日本，七艘返航中，日本並用電報將駛至新加坡的丹波丸調回。而《東京朝日新聞》翌日的新聞標題〈鎌倉丸成為內航船〉報導，「內地」運輸用船

鎌倉丸（日本郵船編，《日本郵船公司五十年史》，一九三五年十二月，日本郵船）。鎌倉丸總噸數為六千一百二十三噸，一八九六年十二月於英國的貝爾法斯特建造。當時歐洲航線的其他船隻，因幡丸、神奈川丸、河內丸、讚岐丸、丹波丸、博多丸、備後丸、若狹丸都在格拉斯哥建造，佐渡丸在貝爾法斯特建造。

隻不足，沿岸航線出現狀況，因而決定停止配船到歐洲航線，改為「內地」使用。

只不過安特衛普與橫濱間的船隻，不可能立刻返航。一月十九日自倫敦出發的若狹丸，二十七日從塞得港進入蘇伊士運河，二月十日在可倫坡接到開戰的消息。〈若狹丸返航的警告〉（《東京朝日新聞》，一九〇四年三月二十三日）的新聞內容提到，該船為免遇到危險，讓「上等船客二十餘名，二三等船客三十餘名」下船，改搭法國與德國郵輪。貨倉中也包含到可倫坡的下一站，新加坡的貨物，但是停靠新加坡有風險，因此，若狹丸從可倫坡直航香港，送往新加坡的貨物則轉放到其他船上。若狹丸並不是最後一艘退出歐洲航線的船。五月回國的備後丸沒有回橫濱，而是在佐世保被徵調為御用船，直接駛回宇品[1]，這是〈備後、河內、佐渡三大船〉（《東京朝日新聞》，一九〇四年五月六日）的報導。

日本郵船暫時絕跡於歐洲航線，不過，十二艘船遭徵用，並不表示航線本身的中止。歐洲往日本的出口貨物全部停滯，報導若狹丸在歐洲航線上動向的《東京朝日新聞》，在同年三月二十三日的版面上，刊登了一則消息〈歐洲航線的雇船〉。日本郵船公司雇用了英國汽船凱爾賓號與綠洲號兩艘，前者在十日前從蘇伊士出發，後者於十一日前從倫敦出航，目的地都是長崎。日本郵船更進而與艾莉翠里亞號、克拉帕西爾號完成合約。七月，日俄戰爭開戰五個月後，日本郵船重開歐洲航線。在〈決定開始歐洲航線〉（《東京朝日新聞》，一九〇四年五月二一月）的報導中提到，日本郵船因此推動在倫敦雇用六艘船的計畫。

就算是雇用中立國的汽船，也未必能降到零風險。雇主既然是戰爭方日本的郵輪，還是很有可能成為攻擊的對象，所以風險很敏感地反應在保險上。〈雇歐洲船戰時謝絕保險〉（《東京朝日新聞》，一九〇四年十月三十一日）的報導中說，與日本郵船簽定合約的英國汽船凱索號，裝載了前往歐洲的貨物，預計於十一月五日自橫濱出港，但是外國保險公司拒絕了該船的戰時保險契約。兩個月前的黃海海戰中，俄羅斯海參崴戰艦折損了戰鬥能力，因此，俄羅斯十月決定，將波羅的海艦隊的主力編制成第二太平洋艦隊，派遣到遠東。第二太平洋艦隊一旦往東航行，就很有可能在某處與凱索號交會。

英俄之間簽下了協定，俄羅斯聲明不會攻擊中立國的汽船，凱索號的戰時保險契約問題才告解決，但是留下了戰時保險費率的問題。日本郵船歐洲航線的英國船，載貨保險費率漲至平時的兩倍。保險費提高的話，就算是能開航也不划算，直到北清海上保險公司的保險率降低，才解決了這個問題。〈歐洲航線的戰時保險費率〉（《東京朝日新聞》，一九〇五年二月一日）一文，指出一九〇五年二月二日從橫濱出港的船隻與其他中立國船，享有同樣的保險費率。

一九〇五年元旦，俄羅斯在旅順投降。隨後歐洲運往日本的出口品激增，雖然有六艘雇來專走歐洲航線的英國船，但只靠定期航班根本運不完。《東京朝日新聞》，一再報導臨時雇用中立國船的消息。在〈歐洲航線的臨時船〉一文，報導了二月六日與三艘船簽訂合約的消息。雖然定期船從六艘增加到九艘，即使如此也消化不了貨物量。一個月後，三月三日〈歐洲航線船益增加〉報導，敘述日本與兩艘英國船簽下新契約，合起來共有十一艘船。接著再根據五月二十五日刊載的〈歐洲航線船激增〉，合約船增加到十四艘。而兩天後的五月二十七日，聯合艦隊在日本海擊敗了世界最強等級的俄羅斯第二、第三太平洋艦隊。

就結果而論，日俄戰爭擴大了日本的海運實力。一九〇五年六月二十三日《東京朝日新

1　譯者注：佐世保位於長崎北部，宇品在廣島。

聞》出現一則饒富趣味的報導，標題為〈海運實力現況〉。從文中可知，開戰之後，同年五月末前產生的陸海軍用、一般海運用的船隻異同如下：在增加的部分中，採購的外國船約二十三萬噸，雇用的外國船約十五至十六萬噸，擄獲船約十四萬噸。在減少的部分中，破壞、沉沒船約五至六萬噸。加減之下，約增加了四十五至四十六萬噸。加上開戰前的海運實力，合計約一百四十萬噸。開戰前與開戰後的海運實力相比，約伸展了一點五倍。只是大多數船隻都被徵調用於戰爭，從事貿易的一般海運用船隻數量減少六成，噸數也減少七成。但是，貿易總額增加了快一成四。同年七月，三菱開設擁有日本第一座浮動船塢的神戶造船廠，造船實力也提升。

日本與俄國在一九〇五年九月五日簽訂樸茨茅斯條約，御用船的任務解除，第二年起，日本船再度回歸歐洲航線。第一艘出航的船是用於美國航線的伊予丸。《東京朝日新聞》在一九〇六年一月六日〈戰後的歐洲初航〉報導，伊予丸預計在一月二十八日左右從橫濱啟航，五月二十九日鎌倉丸從宇品回歸，戰前的十二艘歐洲航線船才終於全員到齊，恢復營運。在〈外國四大航線船漸漸到齊〉（《東京朝日新聞》，一九〇六年五月二十八日）一文中報導，十二艘船為阿波丸、因幡丸、伊予丸、神奈川丸、鎌倉丸、河內丸、佐渡丸、讚岐丸、丹波丸、博多丸、備後丸、若狹丸，與戰前的陣容相比，少了常陸丸的名字。事實上，日俄戰爭中，常陸丸在一九〇四年六月十五日，於玄界灘被海參崴巡洋艦隊擊沉。日本郵船公司在常陸丸的替代船完成之前，以伊予丸替代。

常陸丸（日本郵船編，《日本郵船公司五十年史》，一九三五年十二月，日本郵船）。常陸丸總噸數為六千一百七十二噸，一八九八年四月從長崎三菱造船廠出廠。歐洲航線的十二艘船中有十艘在英國製造，但是常陸丸與阿波丸誕生於長崎。由船長約翰．坎貝爾（John Campbell）率領的常陸丸做為陸軍運輸船，主要運送士兵、糧食。但是受到俄羅斯三艦攻擊起火，自船尾沉沒。又因天候惡劣的影響，死者超過一千人，包含九十九名船員在內。

日俄戰爭前，日本郵船一向採用外國人擔任外國航線的船長。但是，戰爭後隨著日本船的復航，也開始嘗試採用日本籍的船長。第一位被聘用的船長是松井保。〈成功的日本船長〉（《讀賣新聞》，一九〇七年一月十日）一文提到，松井保受命接下博多丸船長，平安駛回神戶，外國乘客的評價也很好，並介紹他「登上英國海事新報，頭版全篇充滿對他的讚美之辭」。《讀賣新聞》同年五月七日〈日本船長受好評〉一文，報導松井領導神奈丸駛往歐洲，四月回航。在松井大受好評之後，大野鉈太郎被選為第二位日本籍船長。

日俄戰爭後的歐洲航線迎向了新時代，其一是採用了日本籍船長，另外這也是環繞世界航線的開始。〈日本郵船的歐洲航線〉（《東京朝日新聞》，一九〇六年八月二十九日）一文，說明了環遊世界一周的路線。從日本各港先直航至西雅圖，再連接北太平洋鐵路線，到達紐約或蒙特利奧[2]。進而再取大西洋航線到倫敦，最後從歐洲航線回到日本。

歐洲航線的船隻也加大噸數。在〈新造船賀茂丸〉（《東京朝日新聞》，一九〇七年十二月十四日）一文，宣布了十二月二十四日賀茂丸將在長崎三菱造船廠下水的消息。以前日本郵船的歐洲航線，全部是六千噸級的船，這次公司決定將擴大規模，向日本的造船廠訂購九千噸級的汽船六艘。長崎三菱造船廠接到四艘的訂單，神戶川崎造船廠接到兩艘的訂單。賀茂丸是最早的一艘，總噸數號稱有八千五百二十四噸。

## 二、鎌倉東慶寺住持再訪佛教聖地錫蘭

一九〇六年（明治三十九年）七月五日，有位僧人從義大利的拿坡里坐上德國羅特公司的郵輪埃特爾費德里奇王子號，他是鎌倉東慶寺住持釋宗演。釋宗演從慶應義塾別科畢業，在福澤諭吉的建議下，一八八八年（明治二十一年）遠渡到錫蘭島，在嚴格的戒律下修行。一八九

一九〇五年六月，釋宗演於訪美前在橫濱拍攝的照片（《歐美雲水記》，一九〇七年十月，金港堂書籍）。

二年，釋宗演就任圓覺寺派管長[3]。這並非他第一次渡航到歐美，一八九三年，釋宗演就曾以日本佛教代表的身分，參加芝加哥舉行的萬國宗教大會，巡迴各國。翌年十二月，在東京帝國大學研究所就讀的夏目漱石因罹患「神經衰弱」，到圓覺寺，在釋宗演座下參禪，漱石將當時的體驗寫入他的小說《門》（一九一一年一月，春陽堂）當中。

一九〇五年六月十一日，釋宗演從橫濱出發，前往舊金山，透過鈴木大拙的翻譯指導美國人參禪。之後他計畫經由歐洲，順路到錫蘭島，所以坐上了歐洲航線的船。《歐美雲水記》（一九〇七年十月，金港堂書籍）一書中，釋宗演記述，羅特公司的船在七月二十日駛進可倫波，他在錫蘭島見到了久別二十年的高僧斯里．史曼卡拉，他已經八十一歲高齡了，但是交談

2　譯者注：蒙特利奧（Monte Lirio）位於巴拿馬。

3　譯者注：宗派的掌門人。

中，那「懾人」的銳利眼光依舊健在，「著實令人敬畏」。現在還有三名日本來的留學僧，在高僧門下學習。第二天，他乘火車南下迦勒（Galle），前往在三年的留學時代中寄宿的「阿塔巴特・摩古里奧・格拉納塔那」府。

格拉納塔那府的寺裡，同樣也有日本來的留學僧在學習。其中一人叫鳥家仁度，在這兒已經第七年了。釋宗演以前在般若勢加羅尊者的門下，進行梵行（為求解脫的修行），後來又追隨尊者，在位於阿罕岡瑪（Ahangama）的蘭威茲列・維哈拉寺研究南方佛教。二十年歲月帶來了老和死，再訪那座廟時，尊者已在八年前過世。釋宗演與鳥家在寺中漫步，不覺流下淚來。回到可倫坡後，他在托瑪斯・庫克（Thomas Cook）公司買下往內陸的船票，搭乘帕尼號汽船，前往印度南部的杜蒂戈林（Tuticorin）。

暫住在錫蘭、印度的日本佛教人士不少，七月二十七日抵達杜蒂戈林之後，釋宗演乘火車沿著印度東海岸北上，經過馬德拉斯（Madras，現在的清奈），三十日到達加爾各答。這裡住著他在成田山的徒弟池田照誓，兩年前池田來此留學，學習梵語，釋宗演便在他的住處下榻。加爾各答人口八十萬人，有「印度的倫敦」之稱，但是當地人的居住環境稱得上是「汙穢卑陋」。八月一日，釋宗演到達加爾各答西北方的伽耶（Gaya，又稱佛陀伽耶），這裡是釋迦開悟之地，也是佛教的最高聖地。他首先去拜訪修行者藤田德明，但藤田在五天前染上熱病過世。釋宗演感嘆印度的殖民地化、佛法的衰退和故人的去世。

釋宗演在佛陀伽耶塔前立下宏願，八月七日乘坐波里塔納格拉斯哥號船，第二天返回可倫坡。但是檢疫官通知，他有義務連續六天上午到檢疫所接受健康檢查，因為印度經常流行鼠疫和瘧疾。釋宗演利用這六天，拜訪了日本籍的留學僧，也去參觀了另一座佛教聖地，康提古城。康提的佛牙寺，傳說收藏了佛陀的犬齒。在寺廟前，釋宗演欣賞了獻給佛牙的佩拉黑拉祭典，在兩千年前的古老音樂與歌舞伴奏下，打扮成古代島王的人們和三十頭大象緩緩前進。錫蘭島上，除了僧侶之外的佛教信徒，都奉行禁酒令，祭祀時也維持肅靜。

在六天的檢查後，確定身體健康無虞，釋宗演在八月十七日搭上亨利茨基王子號。船上包含釋宗演在內，只有兩名日本人。可倫波港內，有些光著身子的黑人小孩，坐獨木舟划到客船周圍，乞求船客丟些硬幣到水裡。船客丟下硬幣後，他們便一同跳進水裡，競相把硬幣撿上來。有些乘客把瓦礫用紙包住丟進水裡，嘲笑他們徒勞的競爭。釋宗演記述：「歐人之無教育者將亞細亞人視待如獸，其殘忍之甚，委實可惡。」他轉身離去，不想再看到這「不快」的場面。可是到了別處，又被寶石商人圍住，他不買下就不讓他走。敵不過糾纏，釋宗演只好買下一塊寶石，但又責怪自己意志太薄弱。

一九〇八年十二月，櫻井鷗村搭乘日本郵船的讚岐丸，在回國途中於可倫坡停留。他在《歐洲見聞》（一九〇九年十二月，丁未出版社）中敘述，從可倫坡有一百多名出外人上船準備到新加坡工作。他們選擇日本的郵輪是因為若是坐上歐洲各國的郵輪，「種族觀念強烈」的

櫻井鷗村記述，於可倫坡，看見神奈川丸上的旭日旗，「心情大快」。插圖為《歐洲見聞》（一九〇〇年十二月，丁未出版社）收錄的「可倫坡女子」。

西洋人會將他們「當成奴隸」，相對的日本郵船較為親切，把他們「當作客人」。上船的不只是出外打工的苦力，一行人中也包含「受過相當教育，能用英語交談的青年」。櫻井遇到的青年，正在讀有日本風俗木版插畫的書，那是有坦米爾語與日語對譯的日語課本。

在可倫坡讓釋宗演皺眉的階級問題，並不只發生在將錫蘭島經營成殖民地的英國人與當地人之間。從可倫坡啟航的亨利茨基王子號，有五名德國籍的天主教傳教士和四名修女登船準備前往清國，他們手中持著二等艙的船票。歐洲航線的船隻本身就是依照階級架構而成的。那些傳教士千里迢迢地從歐洲來到亞洲，向當地人宣揚神的真理，然而他們的視線卻已隱含了引導者與被引導者的階級性。他們自認理應占據二等艙的客房，便象徵著將那種階級性表露無遺。

押川春浪編的《無錢冒險自行車環遊世界．中學世界春期增刊》（一九〇四年三月，博文館），全篇都由中村春吉的〈無錢旅行〉所構成，我們就來看看出發前的旅裝照片吧。他的自行車除了車輪之外，四處都綁上了旅行用具，毫無多餘的空間。包包裡放了米一斗二升、烏龍麵粉、柴魚塊、高野豆腐、梅乾、食鹽、砂糖等食材，以及碘酒、繃帶、絆創膏。此外，帳篷、蚊帳、坐墊、角燈、空氣枕等住宿用具都折疊了起來。當然，只靠這一點糧食，身無分文的話不可能達成環遊世界。所以他決定在旅行世界的過程中，接受海外居留的日本人所捐贈的船票和食物。

一九〇二年二月二十五日，中村春吉從橫濱港乘坐日本郵船的丹波丸，開始他的環遊世界之旅。由於是零元旅行，所以客房選了「最下等」。中村道：「只要能上船就行。」但實際上進房一看，卻是比「打入終身監禁的牢房」還惡劣的環境。客房位在汽船的船底，空氣流通差，聞到一股「難以形容的惡臭」。而且陽光也完全射不進來。空間狹窄到幾乎無法轉身，裡面吊了一張「養蠶棚」一般的帆布床。不對，雖然美其名為床，但比較像是用來「曬馬草的席子」。只要汽船稍微搖晃，幾乎所有的人都會嘔吐及呻吟。中村盡可能

「中村自日本出發時的旅裝」，《無錢冒險自行車環遊世界．中學世界春期增刊》（一九〇四年三月，博文館）。

都待在甲板上。

甲板上有一排「上等艙」，艙內準備了柔軟的床，還設置了鏡台，許多歐美人都住在這一層。在「極盡豪華的食堂」裡擺放著山珍海味，乘客一邊抽著雪茄，恣意的飲用香檳買醉。相對地，大多數日本人，都在「最下等的」、如「豬圈」般的船艙裡度過。伙食是類似「物相飯」（牢飯）的便當。

中村春吉體驗到的，並不只是「上等艙」給歐美人住，「最下等」給日本人住而已，他還目睹了橫濱到上海之間「最下等」的景象。歐洲航線上的停靠港，如上海、香港和新加坡，也有一定數量的日本僑民居住。而且也有不少日本人從這些停靠港往來於清國和東南亞各地，他們於日本「內地」在經濟上較貧困，付不起高額的船票，就像搭乘美國航線的移民。歐洲航線的船客中，到巴黎、倫敦的日本人，大多以富裕階層的人士為主，客房也選擇頭等或二等艙，寫在書或雜誌上的歐洲體驗，通常屬於後者。因此，歐洲航線的「最下等」自然而然地淡出在視野之外。《無錢冒險自行車環遊世界．中學世界春期增刊》採用〈無錢旅行〉的架構，是極少數揭露「最下等」的紀錄之一。

## 三、一九一〇年前後前往東南亞的移民和馬來半島的橡膠園

簽下樸茨茅斯條約的六年後，一九一一年（明治四十四年）十二月，出版了一本由朝報社編輯的《立身到富海外渡航指南》（樂世社）一書。全書二十一章的標題為〈滿洲〉、〈暹羅〉、〈法屬印度支那〉、〈印度〉、〈馬來半島〉、〈英屬婆羅洲〉、〈荷屬印度〉、〈比律賓群島〉、〈布哇〉、〈北美合眾國與濠州〉、〈英屬太洋島〉、〈英屬南亞弗利加〉、〈玖瑪島〉、〈墨西哥〉、〈祕露〉、〈智利〉、〈伯剌西爾〉、〈亞爾然丁〉、〈玻利維亞〉、〈哥倫比亞〉、〈南美及墨西哥渡航心得〉[4]，書末還收錄了〈外國旅券規則摘要〉、〈移民保護法摘要〉、〈旅行細則摘要〉。從該書標題的地區名或國名，看得出南美和東南亞特別突出，充分表現在日俄戰爭後，夢想飛黃騰達和富裕的日本人想到哪裡移民。

這本書的〈後記〉提到，它和以往移民指南或渡航指南不同，「主要根據外務省通商局的調查報告，並對各地居住者等採訪當地狀況，只舉出充分值得信賴的確切事實」。外務省通商

4 譯者注：早期日本音譯為漢字的國名很多，上述的比律賓群島為菲律賓群島，布哇為夏威夷，濠州為澳洲，英屬太洋島現在名為巴納巴島，英屬南亞弗利加，為英屬南非，玖瑪島指古巴，伯剌西爾為巴西，亞爾然丁為阿根廷。

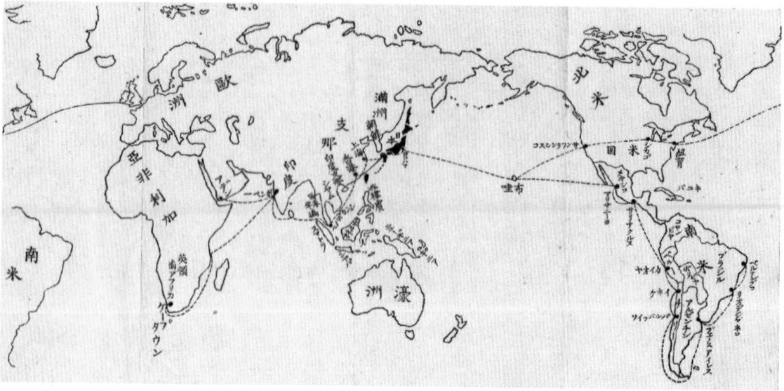


朝報社編，《立身到富海外渡航指南》（一九一一年十二月，樂世社）中刊載的移民航海目的地與航線圖。根據本書收錄的「船客運費表」，日本郵船的賀茂丸與安藝丸、常陸丸、伊予丸、加賀丸的船票稍有差異。後者從橫濱到新加坡之間，頭等票為一萬三千圓，二等為九千圓，特別三等為五千七百圓，三等為三千八百圓。移民大多乘坐三等，票價為頭等的三成。此外，在檳城以東的各港（上海、香港、新加坡、檳城）有家庭優惠。一家人中若大人有四人以上打九折，六人以上則打八五折。根據一九〇七年六月八日，外務省頒布的「移民保護法施行細則」，這項法令規定的「勞動」，指的是農業、漁業、礦業、工業、土木、搬運、建築、炊事、洗衣、裁縫、理髮、雜務及看護等。

局在一九〇七年之後，採用世界各地駐外使館寄回的數據為基礎，編纂〈海外各地居留本國人職業別表〉，刊登在《日本帝國統計年鑑》上。該書即是根據這份「調查報告」，介紹哪些地區或國家是日本人最有希望的「移居發展地」。至於漸漸傾向禁止移民的美國、澳洲，以及可能性低的印度，雖然有條列出來但並未詳述。書中並且提醒讀者，有關乘船相關資訊，需自行詢問日本郵船、東洋汽船、大阪商船。

各個地區或國家中，又以東南亞與日本郵船歐洲航線的關係最深刻。那時獨立國暹羅（現在的泰國）的曼谷，並沒有開闢直航的航線，因此，需從橫濱、神戶、長崎到香港或新加坡。香港與曼谷之間，雖然沒有定期航班，但是貨船來往頻繁。新加坡到曼谷之間每週有一班定期客船的航線。熱帶特有的傳染病、缺乏衛生設備和乾淨飲用水，是日本人移民時的一大困難。然而，根據一九一〇年一月的調查，暹羅已有一百八十四名日本人定居，主要的職業為「雜貨商、照相業、洗衣業、醫師、洋酒零售、政府雇員、遊藝場營業、農業、理髮業」，但據悉尚未有日本人在這個國家獲得可觀的成績。

法屬印度支那（包括現在的越南、柬埔寨、寮國等），有法國的郵輪直航西貢，可以搭乘日本郵船先到香港，再從那裡轉乘。據一九〇九年底的調查，日本居留者有兩百六十一人，若加入鐵路沿線各地的日本女性在內，約有三百五十人。經營農業、商業、工業的移民，只有一個和法國人共同經營的農場，和兩三間雜貨零售商。因為除了法國人以外，他國人沒有資格獲得官有地的轉讓。日本人大多是勞工移民，像是「理髮業者、僕人、洗衣業者」等。只是法國從屬地進口絲時會給予無稅或低利率關稅，所以養蠶業被視為頗有前途。

馬來半島處於英國的勢力之下，新加坡、檳城、馬六甲都是英國的海峽殖民地，為英國國王的直轄地。雪蘭莪（Selangor）、森美蘭（Negeri Sembilan）、彭亨（Pahang）、霹靂（Perak）四個地區，從一八九六年起組成馬來聯邦，是英國實施間接統治的保護國。其他如吉蘭丹（Kelantan）、柔佛（Johor）、登嘉樓（Terengganu），在二十世紀之後，也進入英國的保護之下。吉隆坡是馬來半島的政治經濟中心，殖民總督府設置於此，各國的船隻逐漸頻繁地在此出入。日本郵船的歐洲航線每隔兩週會停靠吉隆坡，往孟買的航班則是每隔十天會停靠吉隆坡。法國郵輪在隔週的星期天、英國郵輪在隔週的星期二、德國郵輪在隔週的星期五會進港，其他如荷蘭和澳洲的船也會往來吉隆坡。

馬來半島最初以錫礦的挖掘與農業較為盛行，但是橡膠的栽培則因為與移民有所關聯，迅速引起注意。森林被夷為平地，咖啡、胡椒和木薯的耕地陸續都改變成橡膠園。在這本書出版的前一年開始，在柔佛、雪蘭莪著手栽培橡膠的日本人有三十人以上，經營面積超過三萬五千英畝（一英畝等於約四千零四十七平方公尺）。橡膠園的工作，從砍伐森林、燒土、種植樹苗等初期作業起步，從事初期勞動的有馬來人、爪哇人和中國人。種植樹苗之後，需花四至五年時間，才能採集汁液，這段期間必須清除雜草，而之後的汁液採集，則需要熟練的工夫和力氣。採集後再進入凝固、消毒、壓搾和延展的製造過程。

日本經營者在語言上有很高的障礙，所以大多會雇用日本來的移民為勞工。橡膠產業的興隆，導致勞動力欠缺。這本書預測，在苗木長成成木的幾年後，將會需要四十萬至五十萬名勞工。馬來半島的氣候適合日本人居住，只是當地人和中國人的薪資極低，所以，日本人是否有競爭力是一大問題。由於工作內容也包含了需要熟練的作業，所以能夠長時間從事這份工作的人較有希望。一般來說已婚者較能持久。

英屬婆羅洲（現在屬於馬來西亞）位於婆羅島的北方，占有全島的三分之一。從日本過去

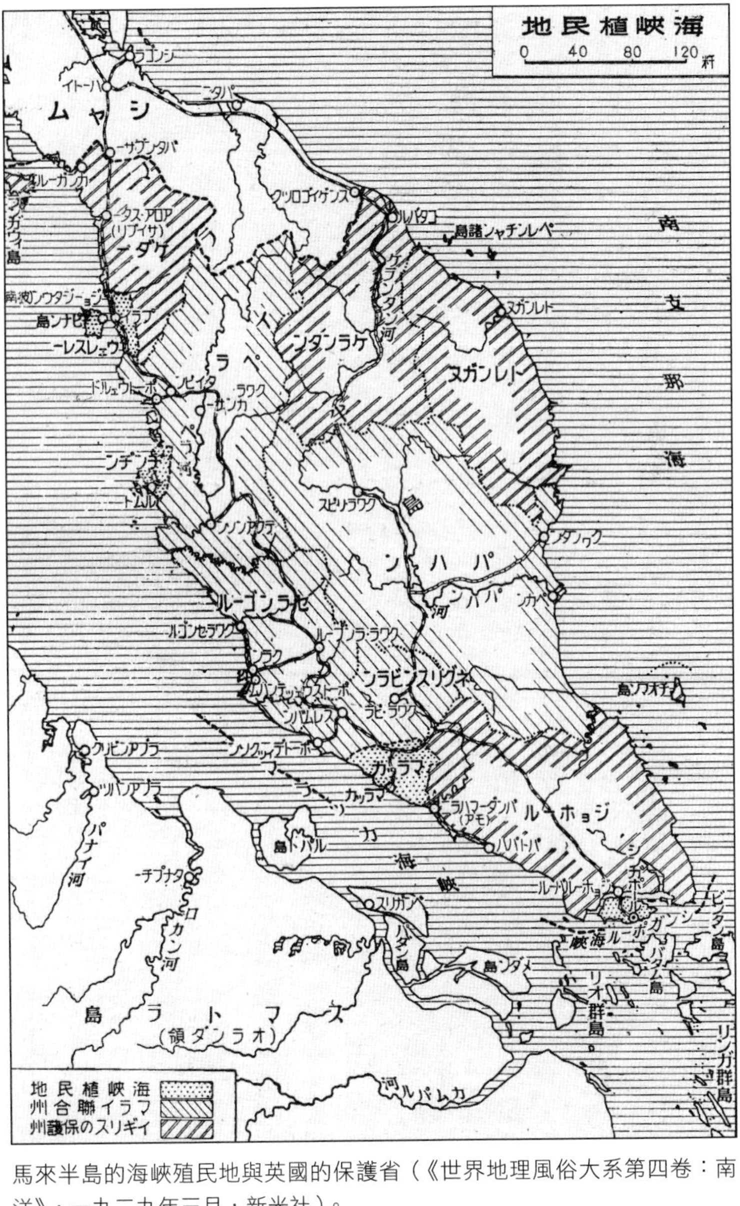


馬來半島的海峽殖民地與英國的保護省（《世界地理風俗大系第四卷：南洋》，一九二九年三月，新光社）。

的航線有兩條，一條是在香港轉船，前往山打根（Sandakan）；另一條是在新加坡轉船，前往哲斯頓（Jesselton，現在稱為亞庇）。這裡從前以菸草栽培為大宗，但是現在也開闢了橡膠園，日本人有一百五十至一百六十人，但很少有正職工作。勞動力會從新加坡方面補充，但是各農園的工人還是不足。英國的參政司對日本的資本家和工作期待甚高，聲明只要有人想創業，隨時都願意釋出土地。馬來半島與新加坡之間的航線都被英國和德國的郵輪公司獨占，但是參政司認為，如果日本的公司加入營運會帶來日本移民，所以給予日本公司和其他國家的公司同樣的優惠。

荷屬東印度（現在的印度尼西亞）的中心地，是位於爪哇島的巴達維亞（即現在的雅加達），從日本渡航到爪哇島時，必須搭乘日本郵船到新加坡，再轉乘荷蘭或法國的定期船。日本人最早在荷屬東印度開設商店是在十年前，巴達維亞也有日本旅館。只是荷蘭政府不喜歡日本勢力伸展過來，也不批准旅行。但這本書說，在美國、英國、荷蘭、法國等亞洲殖民地中，不論是氣候或當地的衣食住，爪哇都是最適合日本人的地方，只是當地人的酬薪非常低，日本勞工沒有競爭力，做為移民地沒有前途。

菲律賓群島原本是西班牙的殖民地，但是一八九八年四月爆發了美西戰爭，八個月後的巴黎和約中，美國取得了菲律賓的統治權。進入二十世紀後，菲律賓的日本人移民的身影在十年之間愈來愈明顯，美國鋪設鐵路，開闢道路，建設軍營，並雇用了日本人當工人。例如達古潘

《世界地理風俗大系第四卷：南洋》收錄的馬尼拉碼頭照片。中央右邊的圓屋頂是海關。左邊第七棧橋同時停泊著四艘一萬噸級的船。

（Daqupan）與碧瑤（Baguio）之間的道路工程，一九○三年五月在日本召募了一千名工人。這一年，日本有一千四百多人遠渡到菲律賓，第二年也有一千六百多人。工程完工之後，許多人留在菲律賓，到了一九○九年時，日本的移民數量，包含木工、農工等超過三千兩百七十七人。

菲律賓群島的中心是呂宋島的馬尼拉。日本郵船調配熊野丸、日光丸、八幡丸等三艘船走澳洲航線，每四星期停靠馬尼拉一次。馬尼拉有七百餘名日本人居住，在北區形成日本街。其中最多為木工一百九十人，其次是漁夫一百二十五人，「醜業婦」（娼妓）十一人，服務生、保母九十一人。不過，若沒有木工那種專業技術，移民生活並不輕鬆。此外，本書也提到，菲律賓群島適用美國的移民法，一旦嚴格實施移民法，日本移民便出現困難，無法確定未來是否繼續需要日本勞動人力是這個地區最大的弱點。

## 四、耶和華分開的海，摩西的十誡山

一九一〇年（明治四十三年）四月十一日，長谷川如是閑經由西伯利亞鐵路到達倫敦。他是以朝日新聞社特派員的身分，去倫敦採訪日英博覽會。但是在博覽會開幕前的五月六日，英國國王愛德華七世駕崩，長谷川萬次郎（如是閑）在《倫敦》（一九一二年五月，政教社）寫道，七日早晨才剛要在餐桌就坐，坐在對面的西班牙少年大喊：「國王死了！」把長谷川嚇得癱坐在椅子上。在葬禮之前，會先在西敏寺舉行三天的靈柩安置大典，長谷川獲得觀禮許可證，將安置大典和二十日舉行的葬禮翔實記載，並傳回日本。

在倫敦停留了四個多月，長谷川如是閑歸國時與去程不同，他取道歐洲航線。在義大利拿坡里搭乘歐隆泰斯號時，因為行李沒有送到代理店，讓他急如熱鍋上的螞蟻。旅行指南特別提醒，單身旅行義大利時，除了隨身提包外，最好不要攜帶其他行李。在羅馬時也有人告訴他，拿坡里以丟失行李聞名於世。他在甲板上來回踱步，目光追逐著駛近母船的駁船，但是都沒看到自己的行李，開船時刻迫在眼前，他想起交付行李時，兩個搬運工在交談。他們一定是知道他不懂義大利語，在談如何敲詐勒索吧。就在這時，代理店的店員，上氣不接下氣地趕來。經過英國人的翻譯，原來店員說他因為擔心行李未到而跑回去看，才知因為雷陣雨的影響，行李被擱置了。若是店員沒去檢查，行李就丟了，還好及時找了回來。

歐隆泰斯號是排水量九千噸的客船，巡航於倫敦與雪梨之間。雖然七年前已完工，但這是第一次有日本人登船。長谷川如是閑在國際都市倫敦時，並沒有感受到別人的視線。但是，一

長谷川萬次郎，《倫敦》（一九一二年五月，政教社）收錄的「號外！號外！」愛德華七世葬禮當天，街頭販賣「行列順序表」。葬禮之前，倫敦街頭的西服店只有清一色黑。店門前掛著黑框紙，寫著「全國哀悼」、「帝國哀悼」。男士的領帶、女士的帽子都換成黑色或紫色。

在這艘船的甲板上散步，幾個睡午覺的三等客或水手立刻跳起來，盯著他竊竊私語，或是品頭論足地說：「是日本人還是中國人呢？阿拉伯人還是印度人呢？」到了星期天，年輕的傳教士邀請他去社交室。長谷川表示自己並不是教徒，追問之下，對方才說：「東洋人既然多少受了一點文明教育，應該是基督徒才對。」這是大多西洋人的偏見，長谷川認為這是他們「自戀」。

從拿坡里出港的第六天，船駛抵了塞得港，這是個充滿「活死人聲音」的城市。當兩舷裝入煤炭時「嘶聲吶喊」

「拿坡里海岸」（《世界地理風俗大系第十四卷：義大利．地中海》，一九二八年九月，新光社）。南義的拿坡里，以晴空下沿著海岸線倚山而建的房屋，與海、岩礁和船、島組成的美感而聞名。長谷川如是閑於《倫敦》（一九一二年五月，政教社）寫道，他連換下傍晚濕透的衣服都忘了，從船上欣賞著拿坡里的市街。那是「油畫中熟悉的景色」，但實景「別有情趣」。

的擾攘，實在不像是世間的喧鬧。檢疫結束後的下甲板上，想攬客的當地人或行李搬運工一湧而上，「互相推擠爭先恐後地」想幫客人挑行李。英語、法語、義大利語、阿拉伯語交相混雜，互相怒罵、又抓又拉的樣子，即使站在一旁都會耳鳴轟隆，彷彿腦袋就要裂開似的。他走上街頭，在書店前停下腳步，就有人叫他進店。一起進入店裡，就要求他付帶路費。他想去日本郵船的代理店，向三名巡查打聽，卻完全沒有作用。三人都指著自己剛好面對的不同方向。

塞得港散布著一些「可疑」的日本貨。和服、陶器、象牙藝品、紫檀藝品、箱根藝品、漆器、團扇等，看起來是橫濱出口的貨物。老闆在店門前吼叫著：「日本古董！」來招攬西洋人。看上去日本產品在這裡很吃香，但是長谷川如是閑感覺，在塞得港叫賣出口用的日本貨可說「兩邊水準差不多」。為了甩開「一群阻街女郎」，長谷川冷汗、油汗齊冒，快步逃到海岸邊去。聽聞這兒有一家日本人商店，但店主已經回國。

長谷川如是閑在塞得港坐上日本郵船賀茂丸，〈加茂（按：原報載）丸的初航〉（《東京朝日新聞》，一九〇八年七月二十四日）文中提到，賀茂丸是在兩年前的七月二十九日首航歐洲航線，自橫濱出發。客房的名額為頭等八十三人，二等三十二人，特別三等十二人，普通三等一百四十人，談話室、吸菸室、待客室一應俱全，被譽為「無可比擬」的客船。在塞得港看到它通過眼前時，長谷川也感受到船體的龐大。

《倫敦》一書中，也刊載了一九一〇年通過蘇伊士運河的船隻國別與噸數。總噸數為兩千一百五十萬零八百噸，英國船為一千三百二十四萬兩千噸，約占百分之六十一點六，領先其他國家。第二名德國船三百三十七萬三千噸，約占百分之十五點七，第三名法國船一百二十萬四千噸，占百分之五點六。正木照藏在《漫遊雜錄》（一九〇一年十月，正木照藏）記載的一八九九年通過蘇伊士運河的船隻數，按順序為英國約百分之六十四，德國約百分之十點七，法國約百分之六點三。從這數據可以發現，船隻數量與噸數雖然有所不同，但是，和一九一〇年相比，順序和比例並沒有太大差別。另外，一九一〇年，日本船隻總重量四十九萬五千噸，約占百分之二點三，排第六位。

在視線不明的夜間，於蘇伊士運河上航行十分危險。只有船上探照燈的照明在一千三百碼（約一千一百八十九公尺）以上，才能獲准航行。賀茂丸在晚上十點進入運河，第二天晚上七點左右駛出運河，花了二十一小時駛過八十七英里（約一百四十公里）的運河，所以，單純計算的話，平均時速約只有六點六七公里。而且運河上設置了十六個停留站，需在此停船等待逆向而來的船隻，賀茂丸在夜間也與熱田丸、若狹丸擦身而過。需要注意的還不只有對向船隻，因為稍一疏忽，就會擱淺。因此船公司雇了領航員，領航員即使造成損失，也不會被追究責任。他們不收取航道費，只收一英鎊做為「酒錢」。

人們可能認為從地中海通過蘇伊士運河，穿越紅海的這條路線，是從「新世界」回到「舊世界」的路。經過蘇伊士進入蘇伊士灣後，左手邊廣闊的西奈半島就像是「舊世界」的象徵。摩西率領以色列人分開海水渡過的地方，一定就在這一帶吧，船客們有一搭沒一搭地如此評斷著。一八九九年九月出版的《出埃及記》（聖書館）第十四章記述道：「摩西向海伸杖、耶和華便用大東風、使海水一夜退去、水便分開、海就成了乾地。以色列人下海中走乾地、水在他們的左右作了牆垣。」埃及的馬車與騎兵追在以色列人後面進入海中的道路，但是，摩西把手向上一舉，海又復原，將軍隊完全吞沒。

不久後，賀茂丸通過蘇伊士灣，出了紅海，近藤總管事告訴他：「遠處朦朧可見的是摩西

《世界地理風俗大系第七卷：西亞》（一九三〇年六月，新光社）中敘述，紅海的名稱源自於藍藻類造成紅色的海水。海水的透明度很低，只有二十一公尺，不到熱帶海水的三分之一。海水表面的鹽分高得「驚人」，北端達到百分之四。南部的表面水溫較高，達三十一度。插圖為收錄於書中的「紅海的達吾」。「達吾」是紅海特有的船，約兩百噸，有一根桅杆。

的山。」山嵐氤氳，很難鎖定哪一座，但上帝就是在其中一座將十誡交給摩西吧。《出埃及記》第二十章的開始：「神吩咐這一切的話，說，我是耶和華你的神，曾將你從埃及地為奴之家領出來。」之後又說：「除了我以外，你不可有別的神。」由此說出了十誡。長谷川如是閑寫道：「我平素就不贊成將法律授予摩西那種殺人犯。」所以心中的感動，也只是因為看到與紀元前猶太教聖典有淵源的地點吧。

紅海的海水水溫高，蒸發快，而且沒有別條河流入，鹽分濃度高，又稱為鹽海。有個說法認為，若是把通到地中海的蘇伊士運河，與另一側通到亞丁灣的曼德海峽塞住，紅海只要一百年就會乾涸，它會成為廣大的鹽田，船內的人們評論：「那地方可就大賺錢了。」通過紅海需要六天，映入眼簾的人跡，只有孤獨佇立在岩島的燈塔。不過，這條路徑連結歐洲與亞洲，在戰略地位上十分重要，所以燈塔有四個英國人駐守。每三個月會有船駛到島上供給糧食，四個人輪流當班，每人可以獲得三個月休假回到一般社會。

自可倫坡啟航前往新加坡的途中，賀茂丸告別孟加拉灣，駛向馬六甲海峽。此時船員告訴他，此地即是二葉亭四迷過世之處。一年前的五月十日，同樣搭乘賀茂丸的二葉亭，突然病倒，在近藤總管事和船員的守護下，他在蘇門答臘島前嚥下最後一口氣。二葉亭本名長谷川辰之助，同樣在朝日新聞社上班，所以常有人問長谷川如是閑與他是兄弟關係還是親戚，其實他只在二葉亭前往俄羅斯前見過一面。但搭同一艘船，來到同一個地點時，還是讓長谷川感慨良多。

## 五、前往英皇加冕禮的東鄉上將，與乃木上將的戰爭回顧

各國的郵輪在歐洲航線等國際性航線上展開了激烈的競爭，若沒有國家保護或補助的話，

就無法具備充分的競爭力。歐洲航線第一船土佐丸自橫濱出發的一八九六年（明治二十九年）三月，政府發布了航海獎勵法。日本郵船的歐洲航線使用船，自翌年三月起便可根據該法接受補助。但是這道法律有規定，凡船齡在五年以上，獎勵金額便會減少，因此，政府研議是否將補助金支付給航線本身，而不是使用船。一八九九年三月，帝國議會通過歐洲航線、美國航線的特別補助案。一九〇〇年一月以後的十年間，歐洲航線一直以特定航線的名義獲得補助。

經過近十年後，一九〇八年的十一月五日《讀賣新聞》刊出〈航線補助決定〉，對航線補助繼續費進行報導。遞信省就這起案件提出經費要求書，再由大藏省進行檢討。最後決定從一九一〇年一月開始的十年間，對日本郵船的歐洲航線繼續補助兩百六十七萬日圓，並且列入年度預算。翻閱一九〇八至一九〇九年的《東京朝日新聞》可以發現，日本郵船副社長加藤正義與朝日新聞社記者之間，關於航線補助金額出現隔空交火的狀況。在〈航線補助案〉（再論）〉（《東京朝日新聞》，一九〇九年二月五日）一文中，加藤公開表示，若是補助太少，就得放棄歐洲航線，記者則批評「這是對政府的一種威脅」。只是國際航線的優秀船隻，在國家危急時刻都是不可缺少的資源，就如同日俄戰爭時徵用船隻一事所表明的那樣。

一九一一年六月二十三日，於倫敦西敏寺舉行的喬治五世加冕典禮，更是再次表露出船隻對國家的重要性。同盟國日本決定派遣東伏見宮依仁親王與王妃周子為代表參與盛會，隨行的有日俄戰爭中擔任聯合艦隊司令長官的東鄉平八郎上將，和指揮旅順攻防戰的第三軍司令官乃木希典上將，一行人前往倫敦時乘坐的船是日本郵船的賀茂丸。日本郵船的優秀船隻，再次用於國家的活動上。朝日新聞社為了報導加冕典禮，派遣了鳥居素川前往。鳥居在四月十五日，從神戶港搭上賀茂丸，而鳥居赫雄（素川）也在《托腮》（一九一二年十二月，政教社）描述了觀禮團的樣貌。

東鄉平八郎不論走路或談話都很從容，手拿著眼鏡展開海圖，坐在椅子上專心閱讀。而乃木希典則是從早到晚都占著吸菸室，心無旁騖地在讀書。鳥居素川有一次坐在一旁看書，被乃木「天搖地動」的大噴嚏嚇一跳。鳥居旁觀圍棋，乃木「放奇兵，試突擊」，下法非常有乃木之風。賀茂丸以時速十三英里（約二十一公里）的速度前進，據說乃木在海上，可以在二十英里（約三十二點二公里）外確認他船的煤煙，相隔十英里（十六點一公里）即可目視船體。而令人意外的是暈船謠言的真相，乃木的不諳海性因「內地各大報紙」的報導而聞名，但是在遠州灘和玄界灘一帶海浪洶湧，食堂裡人影稀疏，乃木在用餐時卻從未缺席。

新加坡也並非和日俄戰爭沒有關係。一九〇五年五月，組成波羅的海艦隊的俄羅斯第二太平洋艦隊和第三太平洋艦隊，在法屬印度支那的金蘭灣（Cam Ranh Bay）會合，往海參崴駛去。由於日英在三年前締結同盟，所以俄羅斯沒有停靠新加坡，但是英國目擊到俄羅斯艦隊從遠處的近海海面通過，於是便通知了日本。

鳥居素川在新加坡上岸，坐了一小時的火車，深入到柔佛，看到了日本人栽培的橡膠園。

鳥居赫雄，《托腮》（一九一二年十二月，政教社）中提到，長野實義的山莊位於新加坡郊外約四公里的地方。自日本出發以來，鳥居在這裡嘗到「夢想」中的山竹，讚美它是「水果之王」。早晨五點左右，聽到「鶺鴒」一起鳴啼也是種寶貴的經驗，應該可以稱牠為「南洋之鶯」。照片是收錄在該書中的「東鄉乃木兩將軍簽名」，風景明信片左端和右端，有乃木希典與東鄉平八郎的簽名。

馬來半島上，日本人擁有的橡膠園已經廣達五萬英畝。鳥居素川在長野實義的山莊住了一晚，隔天搭汽車前往海景飯店。東鄉平八郎和乃木希典也搭另一輛汽車過來。插圖是兩人簽過名的風景明信片。

從新加坡到可倫坡之間的印度洋風平浪靜，以前鳥居素川通過印度洋時，郵輪搖晃得很激烈，七個晝夜的時間，吃得下的食物只有冰淇淋和水果。這是因為夏季與冬季在海洋與大陸之間發生了溫差，颳起猛烈的季風。「月掛青空壁／俯望大海原／風平浪也靜」（乃木希典）。到了夜裡，交會的船隻燈火通明，宛如水燈籠一般。躺在甲板

康提佛牙寺收藏的「佛牙」（鳥居赫雄，《托腮》）。

的長椅上，鳥居思索著列強對亞洲長達四百年的侵略。第一個到達印度洋的是葡萄牙，但後來被荷蘭人趕走，而荷蘭人又被英國人驅逐。回顧著「白人侵襲的軌跡」，對照著海面的平靜，鳥居不禁毛骨聳然。

海象惡劣的時候，即使是日本郵船的歐洲航線也不能保障安全。《讀賣新聞》一九一〇年三月三十日報導了〈伊予丸的遇難〉。一月二十二日，自馬賽出港的伊予丸，在二月七日通過蘇伊士運河。但是進入紅海時遇到暴風雨，破壞了伊予丸的右舷輪軸，不得不只靠左舷輪軸航海。乘客、機組員和貨物都沒有損傷，但是駛進橫濱時比預定時間大幅延後了很久。

可倫坡港的「名產」烏鴉列隊歡迎使節團。這種烏鴉的體型比日本種小，據說在印度，人們會讓烏鴉啄食屍體來完成葬禮。鳥居素川與東鄉平八郎、乃木希典一起，搭乘快速列車前往康提。「婆羅門」（種姓制度最高層的祭司階級）「將佛教逐出印度本土」，所以錫蘭島成為佛教最後的堡壘，因此錫蘭奉祀著釋迦的足跡。錫蘭的高峰亞當山，在僧迦羅語中叫做 Sri Pada

（聖足跡），鳥居語帶幽默的記述：「釋迦自印度中央伸出長腳，看起來相當用力踏了下去，留下足跡至今，成為了不起的紀念。」康提佛牙寺收藏的釋迦遺齒被葡萄牙人奪去燒掉了，後來康提又準備了第二顆佛牙，它既大又新令人驚異，平素不信佛教的鳥居也「懷著誠心向它禮拜」。

賀茂丸離開可倫坡前，一名僧人前來求見東鄉平八郎和乃木希典，那位僧人來自的寺院是來可倫坡的日本人經常造訪的地方。鳥居素川認為那位僧侶「本性接近乞丐，卻披著金絲袈裟與衣裳，不如說更像邪道」。但是，由於是鳥居將「乞丐和尚」介紹給將軍，因而遭到船上的日本人的批評。鳥居感嘆，對僧人而言「道德衰微的亂世令人同情」，然而東鄉與乃木同意與「乞丐和尚」見面，並未表現出嫌惡。

鹿子木孟郎繪，〈可倫坡之所見〉，收錄於鳥居赫雄，《托腮》。

自可倫坡出港的第二天，正好是陰曆的十五夜。海面依然平靜，是個晴朗無雲的滿月夜。「波上月影清，好友把酒終夜」（乃木希典）。他們眺望著映在波間的美麗月色，一整夜飲著威士忌長談，「友人」當然是指東鄉平八郎。印度洋是尼古拉．涅鮑加多夫（Nikolai Nebogatov）率領第三太平洋艦隊，前往遠東時通過的大海，鳥居素川問起日本海海戰中涅鮑加多夫投降的經過，東鄉答：「不費吹灰之力，那個人自投羅網。」鳥居又問起著名的敵前大回轉[5]，豈不是非常危險的戰術嗎？東鄉笑道：「因為看不見啊。霧氣濃重，不論我們做了什麼，敵方都看不到。等看到時，就給對方當頭棒喝。」

從塞得港進入地中海經過兩小時，賀茂丸的後方天際出現了奇怪的「妖魔」，在雲和水平線之間，出現上下一對的市街浮在海面上。工廠煙囪的其中一支倒過來朝下，黑煙從末端冒出，橫向飄去。船隻看起來也是上下一對。此時距離塞得港已經有二十英里（約三十二點二公里）遠，所以市街不可能還在視野之內，它宛如市街的「幽靈」。以前鳥居在書上讀過，旅行在沙漠中時會出現湖水或樹木的海市蜃樓，但是海上的「妖魔」倒是沒聽說過。船客與船員也都走到甲板上，一同對這奇景議論紛紛。船長說，這種現象非常珍貴，船員中也有很多人都是第一次見到。

通過義大利與西西里島之間的墨西拿海峽時，正巧是五月二十七日日本海軍紀念日。賀茂丸的晚餐菜單開出「東鄉料理」，東伏見殿下與日本船客開香檳慶賀。同船的外國人在晚餐後開舞會，在鋼琴的演奏聲中，賓客歡樂共舞直到晚上十點左右。結束後，東鄉平八郎與乃木希典舉杯慶祝日本海海戰的勝利。在海戰中擔任聯合艦隊參謀的清河純一上尉，現在晉升為少校，也在同行的行列中。幾杯酒下肚後，清河滔滔地回憶起當年的海戰。

一九〇四年五月十五日，旅順港封閉作戰，初瀨艦觸雷，誘發火藥庫爆炸而沉沒。當時霧色濃重，東鄉無法前往救援。信州某一老人得知此事後，炒了一鍋豆子，到諏訪神社許願，然後將豆子送給東鄉，把它稱為「霧散天晴豆」。一九〇五年五月二十七日日本海海戰那天，也是一樣霧色深沉，不利於海戰。清河純一這時想到了「霧散天晴豆」，而且前任參謀秋山真之中校愛吃豆子，不時會從抽屜裡拿出豆子來吃。清河將它取出撒在海面上，過了中午，果然濃霧消散。乃木希典對這段插曲感慨良多，解釋大豆是經常用來祭神的供品，然後大夥再度一齊乾杯。

## 六、在開羅，科普特正教會的女教徒向石井柏亭示愛

一九一〇年代前期，經由歐洲航道前往「藝術之都」巴黎的美術家益發受到矚目，橋本邦助即是其中一人。橋本自東京美術學校畢業後，在一九〇七年文部省美術展覽會上嶄露頭

5 譯者注：又稱為丁字戰法。

橋本邦助，《巴里繪日記》（一九一二年七月，博文館）收錄的「上海埠頭」。該書提到，伊予丸駛抵檳城的晚上，橋本走出甲板，發現兩名穿單衣的女子，坐著舢舨（港內的交通船）來迎接「相好的水手」。目送小船划向街燈的方向，橋本在心中祈禱「今宵，希望他們幸福」。

角，《巴里繪日記》（一九一二年七月，博文館）中寫道，一九一〇年四月二十七日，他從橫濱搭乘伊予丸出發。美術家在創作上受到的刺激並非只有巴黎。五月四日抵達上海後，橋本參觀了著名的庭園「愚園」，並在茶館休息，橋本記述置身於曾經嚮往的「畫中」的喜悅之情：「點綴梧桐、芭蕉、楊柳與水竹的南畫榭亭，倚岩，北宗畫中的臨水樓台。看畫時每每心生嚮往，現在我即身在樓台中，坐在黑檀椅上，吃著同一張桌上的中國菜，飲著中國茶。我已成了畫中人。」[6]

比橋本邦助年長兩歲的石井柏亭在淺井忠門下學習油畫，也曾就讀東京美術學校。他是一九〇八年組成的麵包會會員，對巴黎嚮往已久。而準備前往巴黎的石井，是在一九一〇年十二月十三日坐上M．M公司的郵輪，從神戶出港。《歐洲美術遍路上卷》（一九一三年五月，東雲堂書店）中也包括了他的旅行記。法國船三等艙的紀錄十分少見，從橫濱上船的時候，三等客只有石井一人。但是，從神戶出港後，到三等食堂一看，增加了約十五人，「三、四個女人與一名中國人，和服洋服混雜、打扮極寒酸的人種」組成了一團，石井猶豫著「要不要加入他們」。

三等艙的環境很惡劣，若是不堅持自己的要求，就會被趕到條件更差的艙室去。一開始石井柏亭獨占左舷的小房間，住得很舒適。但是，一群法國兵在上海上船，三等艙就變得混雜不堪。小房間變成兩名俄羅斯女子專用，石井搬到十人用的船艙去。一進到客房，好地方全都被「下等的法俄人」占光了，而且自私的老人為了把自己的行李放在方便的位置，便將石井的家當堆到角落去。石井憤慨之下，將自己的家當擺在空床上，又從別的床搶來毛毯，把披風和傘掛在牆壁上。對方如果敢「輕舉妄動」，他就與之對抗，也「粗魯地」回敬過去。

6　譯者注：南宗畫與北宗畫為中國山水畫的兩大風格，北方系山水畫作以宮廷畫院為中心，稱為北宗畫，而在野的文人畫家創造的山水畫風格，稱為南宗畫，簡稱南畫。南畫以唐朝王維為宗，宋朝的董源、米芾繼承，後來對江戶時代的畫家產生極大的影響，日本也開創了模擬中國山水畫的南畫畫派。

其實，最便宜的船票並不是三等艙。有些乘客在甲板上架了帳篷下榻，叫做甲板旅客（Deck passenger）。中國女人散發「異味」，印度人吃著「用綠葉包裹的異樣玩意兒」，用手擤鼻涕，受到歐洲人的侮辱和虐待。一名中國女子在甲板的升降口附近打了地鋪，一旁擺著行李箱的法國人嫌那女子的墊子太髒，把它丟了下去。正在餵寶寶吃奶的女子大聲抗議之後，法國人把寶寶的衣服丟在地上踩。兩人扭打在一起，女人哭泣尖叫。多名船員跑出來幫女子出氣，法國人從升降口退下去，風波才告結束。

法國郵船甲板旅客的待遇並不好。石井柏亭認識從香港上船的兩名俄羅斯人，三人一起痛罵法國郵船「這種髒船爛透了」。他們說，要不是有事去西貢，必須乘坐法國船，否則一定坐日本郵船。日本郵船不僅乾淨，每天還有醫生巡診。

許多甲板旅客在新加坡下船，甲板呈現「煥然一新的乾淨」。離開新加坡，頓時沒了說日語的機會，奇妙的是，原本懵懵懂懂的法語竟然愈聽愈順。石井在船艙裡讀著貝德加的埃及指南，因為他打算經由埃及和土耳其到巴黎去。

石井柏亭對埃及文化的著迷，不下於橋本邦助對南畫及北宗畫的嚮往。石井在塞得港下船後，坐上往開羅的列車。從伊斯梅利亞（Ismailia）的民房之間，遠遠望見椰子樹後方的廷撒湖時，他感到自己心旌神搖。小小的車站裡，他看見一個穿黑長衫的村人親吻下車的老人，這景象「與基督傳插畫中〈猶大親吻耶穌圖〉一樣」，石井親身體驗了「畫中」的異文化。四個阿拉伯人跟他坐在同一個列車包廂裡，石井向他們報紙上的阿拉伯文投以「好奇的眼光」，對方告訴他那是開羅發行的《標準報》（*the Standard*）。

開羅車站的攬客仔簡直超乎想像。石井柏亭打算去阿拉伯人推薦的利物浦飯店，但是當他一坐上馬車，兩個攬客仔迅速擠了上來。兩人爭搶著要賺石井的錢，最後他聽從其中一人的建議，住進英國別墅（English Pension），但那個攬客仔一路纏著石井。他按照貝德加的地圖去開羅博物館，那個人也跟到博物館。館內的展示品，如石像、木像的「輪廓線條充滿氣魄，如同看到沙漠天際」、畫在板上的「古代民族生活圖畫紋路」，都令石井目不轉睛。當他體驗過異國文化的設計，走出博物館時，那個攬客仔還是等在那裡。

石井柏亭在《歐洲美術遍路上卷》（一九一三年五月，東雲堂書店）寫道，印度洋上「總是晴朗無雲的淡藍天空與湛青大海，單調得令人厭倦」。插圖為該書收錄的「印度洋上」，為石井柏亭所繪。

石井柏亭對觀光景點不感興趣，畫家的視線只關注在仙人掌與玫瑰的搭配、尼羅河上的點點帆影。走進開羅舊市區窄巷裡，宛如進入「灰色的單色畫」世界。他在路旁立起畫架，開始描繪「單色畫」附近的教堂。此時，幾名科普特正教會的女子聚集過來，其中一位女子在阿拉伯語中夾雜著I love you的英文，使得石井聽了臉色漲紅。她走到馬路對面，向牛奶販買了加糖的椰子奶送給石井。離開那個地方後，攬客仔對他說，「那女子要你每天都去那裡」。

插圖是收錄在《歐洲美術遍路上卷》中〈咖啡廳的女人〉。石井在開羅咖啡館裡素描埃及女子，一個土耳其女人來到一旁，交互觀察鉛筆的動作和石井的臉，整個人幾乎快貼到他身上了。不久，她出言要求石井也畫自己。石井答應了要求，開始為她素描，但她一下子嫌鼻下的鬍毛太滑稽，一下又說嘴形怪怪的，似乎有點不滿意。石井付了啤酒錢正要出店時，那個女子向他索畫。石井大叫著「拉、拉、拉」（阿拉伯語中「不行」的意思）想要逃走，但是她不放人，最後不得已只好把畫交給她。

雖然語言不通，但是，石井很想融入異國文化成為其中的人物。他買了一頂很多當地人都戴的紅色土耳其帽，讓自己看起來不像觀光客。那帽子與他的臉非常相襯，可能看起來很像土耳其人吧。一走進飯店裡，服務生便拿著阿拉伯文的菜單給他。在列車裡，當地人還向他問路。過尼羅河的鐵橋時，必須停車一個小時，等待船隻通行，石井趁著這段時間，坐在甘薯田附近，速寫起寧靜日暮的尼羅河沃野。那時，農夫也不時用阿拉伯語向他打招呼。在埃及，觀光客經常被索討「小費」，但是戴上土耳其帽，混入當地人當中後，石井再也沒有被索討過。

攬客仔名叫哈山，石井柏亭覺得托瑪斯．庫克的平庸旅行太無趣，便雇用哈山為嚮導，前往尼羅河的上游。因為有當地人的指引，遇到了一般觀光路線絕對想像不到的場面。當他們在法尤姆（Faiyum）的咖啡館裡喝了干邑，進入第二間咖啡館時，哈山吵著說他丟了筆記本。回到第一間咖啡館，對方卻顧左右而言他，不肯交出筆記本。人群聚集過來，追問發生什麼事。一名貝都因族（Bedouin）的男子用英語詢問石井柏亭的姓名，哈山誤以為對方要搶他的客人，跟男子吵了起來，風波愈演愈烈，最後向巡警繳了錢，才終於把筆記本拿回來，但都已經是深夜時分了。

在盧克索（Luxor）附近的卡納克（Karnak）與底比斯（Thebes），石井柏亭坐在驢馬背上，邊走邊欣賞古代的浮雕。石井見到有人在臨摹壁畫，便出聲叫他。那人說他就住在附近，邀石井到家裡，還請他吃了一頓飯。那個人出生在俄羅斯，在巴黎生活了四十年，因為紐約博物館的委託，花了四年時間在埃及臨摹。那人說，先用銀紙包住牆壁，再將黏土緊貼其上，剝下來後用它做為模型，灌入石膏，再用油畫顏料上色。雖然做出來的複製品長寬只有四十五公分，但是至今為止他已經做了

石井柏亭速寫的「咖啡廳的女子」《歐洲美術遍路上卷》，他去的地方是一個叫「康特利．維吉坎」的廣場，許多酒吧和咖啡館集中的地方，十分熱鬧。

數百件成品了。那人又說這陣雨從昨天下到今天，但卻是九年來第一場雨。聽了這些話，石井才知道原來壁畫水彩顏料不會脫落的原因。

## 七、三浦環橡膠林裡的歌聲，新加坡的「唐行女」

一九一一年（明治四十四年）十一月一日，與謝野鐵幹在橫濱坐上日本郵船的熱田丸前往巴黎。與謝野寬（號鐵幹）、與謝野晶子合寫的《來自巴里》（一九一四年五月，金尾文淵堂）中記述：「自橫濱、神戶上船者，大抵上在到達香港前，即已把話題說完了。」在到達香港的前一夜，頭等、二等船客與船員，在船尾甲板舉辦了第一屆熱田演藝會，這項活動對百無聊賴的鐵幹來說真是天賜的恩惠。就在眾人欣賞著勸進帳、劍舞、聲色、三味線、茶番、手品、手踊、端唄等當中，熱田丸駛進了港口，並為了節省一天的港內停泊費六百日圓，所以當晚船隻停泊在港外。在香港，同船的西畫家柚木久太所乘坐的人力車與甜點店發生了衝撞意外，看到車夫與甜點店大打出手，柚木嚇得臉色發白，鐵幹記述：「趕快回船上發行《熱田帕克》，這真是第二集的好題材。」鐵幹為打發無聊時光，大概在船上發行報紙吧。

對日本人來說，日本郵船之旅十分愜意。到達新加坡的前夕，船上供應了日式晚餐，有體魚味噌湯、鮪魚生魚片、醬燒鯛魚、醋漬章魚黃瓜、醃蘿蔔與奈良漬，再配上日本酒。愜意的不只是味覺，在總管事准許之下，眾人一同穿著夏日單衣出來吃晚餐。語言上沒有障礙，所以大家也變得親近，並想出幾年後在東京召開熱田丸紀念會的計畫，大家各自在會員名冊上簽名，會員名冊會用膠版印刷（平版印刷的一種）印製分送。船上有一位帶著一歲寶寶的女子，要去馬來投奔經營橡膠栽培的丈夫。她和與謝野鐵幹聊起本籍和地址，才發現那女子竟是晶子的遠親，鐵幹不禁嘖嘖稱奇。

在新加坡上岸的與謝野鐵幹，在三井物產分店員的引領下走進橡膠園。聽說新加坡的栽培法及採收法採用舊式，柔佛則引進了最新手法。日本人投入橡膠栽培十分積極，三井經營的橡膠園有兩萬五千英畝，而以三五公司為首，占地兩百至三百英畝的

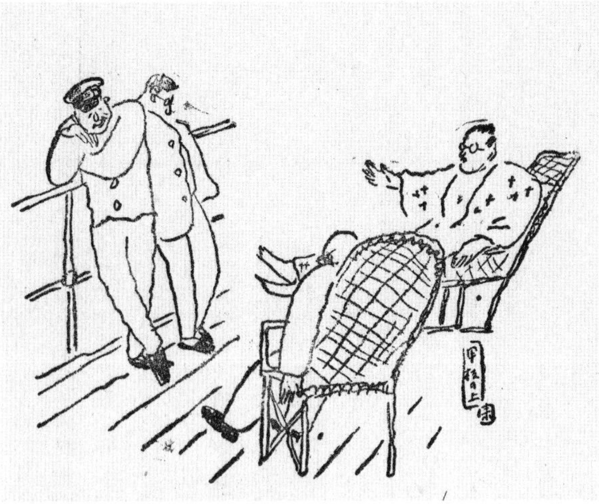

小杉未醒在《畫筆之跡》（一九一四年五月，日本美術學院）寫道，「震耳欲聾」的聲響，和「在鐵與火的威力中」持續著「巨大的單調」，從歐洲航線船的輪機室走到外面，竟然「傻」掉了。上甲板和客房與輪機室宛如兩個世界。插圖為收錄在該書中小杉未醒的速寫，「甲板上」。

經營者也有數十人。即使是現在，船隻一靠岸，就會有數名與橡膠產業相關的日本人士下船，劇作家兼法國文學專家長田秋濤，前幾年都曾經從事橡膠栽培。馬車一路飛馳，在長田夫妻當時居住的雅致宅邸前停下，這一帶鐫刻著許多日本文化人的足跡，分店員談起往事，說到二葉亭四迷的遺骨，也是在這裡火葬及開追悼會。

比與謝野鐵幹晚兩年去巴黎的畫家小杉未醒，在《畫筆之跡》（一九一四年五月，日本美術學院）中記載，柴田環子曾來「橡膠園醫生」的丈夫身邊。柴田環子即歌劇歌手三浦環，她的丈夫是三浦政太郎醫師，森三千代在《女人之旅》（一九四一年九月，富士出版社）記錄三浦在橡膠園中的身影。從柔佛的峇株巴轄划獨木舟上溯森布隆河（Sembrong），就會看到廣大的三五公司橡膠園，到了薄霧輕拂或是傍晚涼快的時間，環就會隨興地引吭高歌。當地和中國工人只要一聽到她的聲音，就會放下手邊採集的橡膠液，聽得渾然忘我。橡膠園的總管擔心作業效率的低落，還因此請環別在工作時唱歌。

十九世紀後期開始，許多日本女性遠渡東南亞賣身為妓。她們多是生於長崎縣或熊本縣的貧苦農漁村，被人口販子送進妓院，被人稱作「唐行女」[7]。與謝野鐵幹也來到因妓院密集而聞名的新加坡馬來街。到處都是一模一樣的二層樓建築，從二樓的鐵欄杆中看得到德國或俄羅斯的妓女，她們不時向鐵幹招攬，但是日本妓女似乎對被本國人看到感到「羞恥」，低頭垂眼的模樣，讓鐵幹感到「我見猶憐」。

「採收橡膠液」（《世界地理風俗大系第四卷：南洋》，一九二九年三月，新光社）中刊載的照片，工人採收從橡膠樹上流出的汁液，用水桶搬運。根據峇株巴轄日本人會編的《峇株巴轄居留日本人沿革誌》（一九三三年十一月，峇株巴轄日本人會）〈護謨園開拓方面的情況〉，一九一〇年，三五公司獲得土地所有權，一九〇九年著手開墾第一植林地，一九一一年開發第二植林地。一九三二年十二月兩地的日本員工、家庭人數有六十七人，其他工人、家庭數達兩千九百九十三人。

從歐洲航線遠渡歐洲的日本人，從明治時代開始便看得到「唐行女」的影蹤，一八八二年十一月十七日到達香港的板垣退助一行人就是其中一例。師岡國編的《板垣君歐美漫遊日記》（一八八三年六月，松井忠兵衛）中記述「日本人在此地居住者僅男子十餘名，婦女二十餘名，婦女多以賣淫為業。嗚呼東洋之不振，受其輕侮，以此足可窺其一斑也」，旅行散文中到處可見這種將「唐行女」當作國恥的觀點。新加坡的妓女數比香港多了一位數，據高田善治郎，《出洋日

7　譯者注：唐泛指日本之外的國家，唐行專指到外國當妓女的日本婦女。

記》（一八九一年三月，川勝鴻寶堂）記述，新加坡的日本人商店只有一家，但馬來街上有兩百多名的日本妓女，「本國人的信用頓時掃地」，所以高田主張「應該盡速讓彼等離開此地」。

高田善治郎造訪新加坡，是在一八八七年七月十三日，十三年後的一九〇〇年四月十八日，大橋又太郎也來到此地，大橋在《歐山美水》（一九〇〇年十二月，博文館）寫道：「問起妓女數，日本人特別多，數量約四百餘。」十九世紀最後的十多年間，新加坡的「唐行女」增加了一倍。「噫，旭日章旗之力也無能打消百鬼之橫行，吾輩海外遊者不堪慨嘆。」以「旭日章旗」與「百鬼」相對照，所以大橋肯定也是將亞洲日本妓女的存在當作是國恥。

但另外也有人從不同的觀點關注「唐行女」的生涯。文藝評論家兼劇作家的島村抱月，一九〇二年三月八日從橫濱出發，前往牛津大學和柏林大學留學。島村在他的《滯歐文談》（一九〇六年七月，春陽堂）中提到，三月二十八日，船客一行人自新加坡上岸，觀光的路途上經過馬來街。「一行人從車上指指點點，有人罵之為國恥，也有人笑稱國益。有些女子不堪恥笑，背過臉去。她們的一生既不能戀，亦不可有欲，臉頰泛紅，面露嬌羞之間，她們只能含怨熱淚，視為命運。」

到了與謝野鐵幹到訪的一九一一年，新加坡的日本妓女增加到六百五十人左右。印度、澳洲、南洋群島所有日本妓女加總起來，應該有六千至七千人之譜。鐵幹的觀點有什麼樣的特徵呢？「在內地的日本人說到國外的醜業婦，一概只見其苦難，又或認為其自甘墮落，那都是完

大橋又太郎於《歐山美水》（一九〇〇年十二月，博文館）指出紐約與亞洲文明程度的差異，力陳「我東洋今後之形勢，太多地方應感寒心」。照片為該書刊載的「新嘉坡郵局前」。

全錯誤的觀察」，鐵幹記述妓女賺到的錢與老鴇對分，除了衣物之外，包含伙食等雜費，全部由老鴇負擔。從橫濱和神戶來的婦女多「為了情夫而墜入永無翻身的境地」，相對地，長崎出身的女子意志堅定，過了四至五年，就寄回家鄉兩千至三千日圓的存款。鐵幹認為將「在內地無處可去的女子送到海外」是一種國家利益。

從馬來半島北上，靠近馬六甲海峽這側，看得到英國的海峽殖民地檳城島，這兒最有名的極樂寺（Kek Lok Si）是號稱東南亞最大的佛教寺院，與謝野鐵幹搭乘的熱田丸在檳城島停靠，一行人雇了馬車前往極樂寺。東鄉平八郎與乃木希典為紀念而簽的名字，被當成了「扁額」（掛在室內或門戶上的橫條掛額），掛在寺內茶亭上。由於與俄羅斯波羅的海艦隊一戰告捷，東鄉名鎮四方，他的到訪對寺院而言也是十分榮幸的事吧。看到安置在寺內某堂，三尊緬甸風阿彌陀佛半裸像時，鐵幹直覺，這該不會是橫山大觀〈水燈籠〉中女角的原型吧。

一九一一年九月二十九日，義大利與土耳其之間爆發義土戰爭，十月五日，義大利軍在的黎波里（Tripoli）登陸，《東京朝日新聞》刊出的〈戰爭與歐洲航線〉（同年十月四日）報導中，提到九月二十八日從塞得港駛往馬賽的平野丸，尚未發回平安抵達的電報。它寫道「航線離交戰區相當遠」，因為平野丸從塞得港出發後，朝西方前進，與靠近非洲的的黎波里有段距離。與謝野鐵幹搭乘的熱田丸，十二月通過蘇伊士運河，鐵幹也聽到戰爭的謠傳，但是並沒有記下任何緊張的情勢。倒是熱田丸的船底在水淺的運河裡，屢屢碰觸河沙，攪混了河水，令他深感興趣。不過船速降低了三分之一，碰觸並不會帶來危險。

不只是與謝野鐵幹去程的紀錄，《來自巴里》也收錄了晶子的歸航紀錄。在可倫坡時，晶子為妹妹買了兩至三顆寶石，停靠港的嚮導或商人會出示日本人的名片或帳單，以取得新客人的信任，在去程時，鐵幹也看過這情景。他們也給晶子看了「日本大使、公使、大武官、小武官、學者、實業家」的名片，寶石商還進一步向晶子要求名片。「此人做什麼買賣／情人的紅淚與白淚」晶子寫下這首詩，便逃離現場。一九一二年十月以後，在可倫坡上岸的日本人中，也許有人讀了晶子的詩買下紅或白的寶石吧。

第四章

# 第一次世界大戰與德潛艇無限制擊沉商船（1914-1921）

海軍中校日高謹爾在〈歐洲海戰的經過與其影響〉（《歐洲戰爭實記第三卷：世界大戰攝影畫報》，一九一四年十二月十五日）中指出，德國潛水艇雖然是第一次世界大戰才第一次啟用的武器，但是它的行動展現出「出乎預期的效果」，不但「潛水艇水雷擊中的物體，都在極短時間內沉沒」，而且「封鎖有其困難」。戰爭帶來了武器日新月異的發達，德國潛水艇的成功，使得日本大型船舶都被魚雷（魚形水雷）或空襲一一擊沉，預演了三十年後的「大東亞戰爭」。照片是取自《歐洲戰爭實記第十一卷：世界大戰攝影畫報》（一九一四年十二月十五日）德國潛水艇的水雷擊沉英國的船隻。

## 一、八阪丸在地中海沉沒與繞道好望角航線

一九一四年（大正三年）七月二十八日，奧匈帝國向塞爾維亞宣戰，掀起了第一次世界大戰。短短幾天內，俄羅斯、法國、德國等都發出總動員令，歐洲全土豬羊變色，這場變化對遙遠的亞洲海域也造成了影響。《東京朝日新聞》在八月六日登出了〈青筒船停船▽郵輪的單人舞台〉報導。「青筒船」指的是英國主要的定期船公司Blue Funnel Line，該公司的倫敦總店發出指示，所有的船都進入最近的港口停泊，德國與奧地利的歐洲航線郵輪也在青島避難，法國郵船則到西貢，英國船隻幾乎都在地中海停止航行。日本是在二十三日向德國宣戰，直到八月上旬都還是保持中立，所以開戰之後唯獨只有日本郵船在歐洲航線上維持通航。

開戰的影響也波及到日本。日本郵船雖繼續航行，但歐洲的市場已經封鎖，歐洲的船貨無法運達。醫療相關的進口品一旦斷了貨，事關病人的生死問題。據〈歐洲戰亂的影響〉（《讀賣新聞》，一九一四年八月十日）報導，藥品材料有六成比例從德國進口，一成從英國進口，一成從法國進口，日本製品只占了兩成。藥品進口商和醫院的庫存都不多，只能支撐兩至三個月，因而價格自然水漲船高。醫療機器也同樣停止進口。西洋書以從英國進口為最多，德國、美國、法國、俄羅斯次之，但完全看不到進貨的前景。至於定居歐洲的日本人方面，各國銀行

安特衛普港擁有通向內陸的運河和鐵路網，十分熱鬧（《世界地理風俗大系第十三卷：西班牙、葡萄牙及比利時、荷蘭》，一九二九年十二月，新光社），英語名安特衛普（Antwerp），法語為盎凡爾（Anvers），荷蘭語為安特衛本（Antwerpen）。一九一四年八月十七日，列日（Liège）遭到侵略，比利時軍退到這個港灣都市。

停止支付服務，正金銀行倫敦分行也中止匯兌，不接受匯款。

日本郵船的航運也發生各種各樣的問題。《東京朝日新聞》（一九一四年八月十二日）在〈香取丸出發〉的報導中敘述，這一天從橫濱出港的香取丸，已經訂票的頭等船客共有五十四人，其中包含六名日本人，不過大半都在上海或香港下船。歐洲陷入大戰之中，不保證可以補足返航用的煤炭，因此從長崎載了六千噸煤，也必須有人搬運，載運的貨物大多是會在終點安特衛普卸載的木材。安特衛普是比利時的港灣都市，位於斯海爾德河的右岸。但是八月三日，德軍開始進犯比利時，十月十七日的《東京朝日新聞》在〈安府失守與郵輪〉一文傳達，因為安特衛普的失陷，歐洲航線的日本郵船每次航海都將縮短約十天的日數。

德軍的威脅不只在歐洲發酵。一九一四年九月至十月，孟加拉灣的許多船隻都遭到德國東洋艦恩登號（SMS Emden）的捕獲及擊沉，其中也包含中立國的船。〈歐洲航線停運〉（《東京朝日新聞》，同年十一月四日）報導，為躲避恩登號的危險，歐洲航線的北野丸與三島丸停泊在可倫坡，伊予丸停在亞丁，諏訪丸停泊在檳城。返航的北野丸自前個月的二十二日起，一直訂不出出港的時間表，乘客只能留在客房內，既不能上岸也不能觀光。直到十一月九日，恩登艦的威脅才告解除。這一天，恩登艦在科科斯群島（Cocos）與澳洲輕巡洋艦的戰鬥中落敗。《東京朝日新聞》在十一月五日的〈歐洲航線重啟〉中敘述，自九日起，印度洋航海恢復了安全，所以日本郵船也將重新通航。北野丸自可倫坡出港，預計在十六日到達新加坡。

自年末到年初之間，歐洲航線因為船隻不足的影響呈現出榮景。根據〈歐航景氣大好〉（《東京朝日新聞》，一九一五年一月十九日）的報導，戰火之下的歐洲食物缺乏，所以頻繁的從亞洲各地輸運貨物過去，除了糧食之外再加上雜貨，日本船往歐洲的航運都呈現滿載的狀態。返程的貨物雖然不如去程多，但是中國因為出口變得興盛，購買力增加，所以十分划算。船隻不足導致運費飆高到開戰前的五倍，呈現出空前的好景氣。報導慨嘆道：「若有四、五千噸以上的貨物船，並有精於此道之輩者，即可輕易獲得豐富的利益，惜哉我海運界，無此余裕，只得徒然旁觀之，遺憾之至。」

船隻不足的問題愈形嚴重，尤以第一次世界大戰中的交戰國為主。〈海運界大躍進與前途〉（《讀賣新聞》，一九一五年六月十五日）報導，開戰之後，各國船隻失去了一千一百九十五萬噸的貿易活動力，相當於世界總船舶噸數四千七百五十萬噸的四分之一以上，細目為交戰國御用船七百六十萬噸，交戰國扣留船兩百零五萬噸，擊沉船八十萬噸等。漸漸的在歐洲與亞洲之間行駛的船隻，也從開戰前的一百七十七艘（一百零五萬噸），遽減到七十七艘（五十三萬噸）。

進口軍需品與食材成為歐洲各國的當務之急，因此日本造船廠的訂單量也呈現空前的活絡。川崎、三菱、大阪鐵工和浦賀，接到日本郵船及大阪商船等的新船訂單約二十八萬噸，只得加快速度完工。日本船舶總噸數在一九一五年為一百五十八萬六千噸，但兩年後增加百分之十七，上看一百八十六萬噸。在歐洲大戰下，日本海運界迎接了至今從未體驗過的盛況。報導標題的「大躍進」述說著接單的興奮之情。

只是，雖然印度洋上的德軍威脅暫時平息，但並不能保障歐洲航線整體的安全性。德國潛水艇不時出沒在英國、法國的沿岸和北海航線。例如，一九一五年，僅僅三月十三日一天，就有六艘英國汽船、一艘英國輔助巡洋艦、一艘法國汽船、一艘瑞典汽船遇難。〈歐洲航線的危險〉（《東京朝日新聞》，一九一五年三月十八日），就整理出一月三十日至三月十三日的一個半月間，各國船隻遇難總數：英國四十艘（汽船、貨船、郵輪、醫療船、煤炭船、驅逐艦、巡洋艦）、挪威船四艘（汽船、煤炭船）、法國兩艘（汽船）、美國一艘（汽船）、瑞典一艘（汽船），總計四十八艘。民間的汽船、貨船，甚至醫療船都成了攻擊的目標。

日本與德國如果也進入戰爭狀態，日本的船隻就會成為攻擊對象。一九一五年十一月八日，《讀賣新聞》刊載的〈德艇擊沉我船〉的報導，宣告預測的事態真的發生了。山下汽船的靖國丸成為英國邦歐梅倫公司的雇船，負責貨物運送的任務。在航行過海參崴—馬賽—紐約的旅程後，該船從大西洋轉向地中海，於十月二十三日進入直布羅陀港，翌月三日又從該港出發前往阿爾及利亞，不料在阿爾沃蘭島（Alboran）外海遇到德國潛艇而被擊沉。鎌田虎彥船長等五十名機組員平安，從摩洛哥梅利利亞（Melilla）上岸。山下汽船最初以六十萬日圓買下這艘船，但因為投保了八十萬日圓的戰爭險，所以並未受到經濟上的打擊。

歐洲航線的日本郵船被擊沉，是在一九一五年年底。十二月十六日從馬賽出發的八阪丸，二十一日在塞得港附近受到德國潛艇的水雷攻擊，四十九分鐘後沉沒。據〈八阪丸乘客皆平安〉（《東京朝日新聞》，一九一五年十二月二十四日）報導，乘客、機組員全體都被法國砲艦救起，在塞得港上岸。同報同一天的報導〈擊沉的八阪丸〉告知，八阪丸並非第一次遭到德國攻擊。半年前六月五日的深夜，當船隻航行在倫敦泰晤士河上時，就曾受到德軍飛機的攻擊。當時炸彈落到水面爆炸，外板有十七處貫通孔洞、五十個凹陷的損傷，客艙亦發生小型火災，但是這次沉沒所遭受的受害規模不可同日而語。是否應該繼續地中海的航運，日本郵船被迫面

在地中海被擊沉的八阪丸（日本郵船編，《日本郵船公司五十年史》，一九三五年十二月，日本郵船）。

位於非洲大陸西南角「好望角的末端」（《世界地理風俗大系別卷：世界風景大觀》，一九三一年八月，新光社）。

臨根本性的檢討。

日本郵船為了躲避地中海的危險，不得不變更航線。他們暫停了經由紅海走蘇伊士運河的航道，而取繞過非洲南端好望角的路線。這條航線從可倫坡出港後，會在南非東岸的德爾班（Durban）與好望角附近的開普敦停靠，遞信省也允准了航道變更。決定變更時，多數日本郵船的船隻都正在去程和返程的路上，〈全部經由好望角〉（《東京朝日新聞》，一九一六年一月三日）報導，前一年十二月三十日與三十一日，從可倫坡出航的讚岐丸與賀茂丸航向德爾班而不是蘇伊士。反之，十二月三十日到達馬賽，準備返航的宮崎丸，則穿越直布羅陀海峽，前往開普敦。

停泊在蘇伊士的香取丸，為了讓乘客換船而大費周章。船隻本身雖然是要出發前往德爾班，但是站在乘客的立場，地中海已經近在眼前，因此日本郵船自掏腰包，讓乘客轉搭其他公司的船，讓他們能夠繼續前往馬賽或倫敦的行程。

## 二、歐洲航線船武裝化與經由巴拿馬運河的轉運

日本郵船雖然避開了地中海航行的危險，但是從非洲大陸西側的大西洋北上，航向倫敦的

路線並不一定安全。尤其是開普敦以北的南非沿岸，和法國西班牙之間的比斯開灣，都是德國潛艇活動明顯的危險海域。因此，英國的保險市場很難簽訂通過這條航線的船隻保險合約。〈伏見丸的保險問題〉（《東京朝日新聞》，一九一六年五月十八日）報導，歐洲航線船伏見丸在五月十九日，從德爾班出港，預計兩天後到達開普敦，雖然已經在航行中，但是船體保險額的兩成和載運貨物的一部分都沒有簽訂保險合約，因為前不久的新聞流傳著包含日本富山丸在內的各國船隻都在比斯開灣遭潛水艇尾隨的消息。

事實上，在一九一六年（大正五年）十一月三十日，從比斯開灣進入英吉利海峽處的韋桑島（Ushant）北方，即發生運輸貨物的永田丸被德國潛水艇擊沉的事件。〈我船被擊沉〉（《讀賣新聞》，一九一六年十二月五日）報導，船上共有山本虎多船長和機組員三十九人，三人死亡，六人受傷，但獲得瑞典汽船救助，船員們又轉移到法國的水雷艇，最後被收容在布列塔尼半島西側的布雷斯特（Brest）軍港。永田丸九月十五日自香港出港，載運的都是歐洲的貨物，而在最危險的地帶遭砲擊沉沒。

歐洲航線的日本郵船船隻，雖然改走繞道好望角路線，但是還是遇到德國潛艇。〈博多丸遭德艇砲擊〉（《東京朝日新聞》，一九一七年一月十七日），報導在前一年十二月十四日從開普敦出發的博多丸，於一月十三日在比斯開灣附近遭到德國潛水艇的砲擊。幸運的是，博多丸逃出了潛艇的魔掌，算算航海的天數，它應該在幾天前就已到達倫敦。日本郵船總公司推測，博多丸很可能為了躲避潛水艇而大幅延遲了行程。

德國在一九一七年一月九日決定進行無限制潛艇作戰，《東京朝日新聞》二月三日的〈德意志不惜一切的宣言〉，說明了德國「新潛艇戰開始」與「無擊沉警告聲明」。前者是通知自二月一日起，德國會在協約國沿岸海面開始攻擊船隻，並警告封鎖海域內的中立國船隻在一週內離去。後者是對英國、法國、義大利三國海岸二十里（約三十七公里）以內的船舶，發出不問國籍、無擊沉警告的聲明。同一版面刊載的〈德宣言與我船〉中，介紹了日本郵船相關者的評論：目前尚未決定如何因應歐洲航線的危險性，但是德國「潛艇及商業破壞船」在南非方面出現的話，即使船上搭載一至兩門小口徑砲，也沒有什麼效力。

但是，面對無限制潛水艦作戰也不能束手待斃。日本郵船的船隻一再遭遇德國的潛水艇，一月十三日在比斯開灣附近逃過砲擊的博多丸，二月五日再度受到攻擊。〈真箇是千鈞一髮〉（《東京朝日新聞》，一九一七年四月十三日）中提到，駛往紐約的博多丸，在英吉利海峽的海峽群島西方受到德國潛艇的砲擊，千鈞一髮的狀態持續了三十分鐘。這時，英國的驅逐艦出現，潛艇才放棄追擊，在博多丸前後爆炸的砲彈多達十幾發。兩小時後，德國潛艇再度現蹤，英國驅逐艦則前往救援後方的英國商船，因此博多丸加速馬力逃出那個海域。

日本郵船方面也考慮過停止停靠倫敦，替代方案為通過威爾斯與愛爾蘭之間的聖喬治海峽（St George's Channel），以停靠英國西岸的利物浦。這麼做風險確實減輕不少，但是卻極不利於交易，遞信省與海軍省勸告日本郵船在歐洲航線的船隻上增加武裝。〈郵船確定武裝〉（《讀賣新聞》，一九一七年二月二十四日）一文提到，日本郵船與倫敦、紐約分店再三協議，向遞信省和海軍省回覆，不只歐洲航線的十三艘船，十三艘臨時船也將配備武裝，並為恐情報外洩給德國，所以不公布武裝狀況。二十六艘船舶回到日本時便陸續加設武裝，三月五日出航的伊予丸原本預計成為武裝第一船，但時間來不及，反倒成為最後一隻出航的非武裝船。

武裝並非沒有效果。在〈讚岐丸擊沉敵艇〉（《東京朝日新聞》，一九一七年六月二十一日）一文中，報導該船遭到德國潛艇攻擊，但隨之反擊，安全駛入浦利茅斯港（Plymouth）。讚岐丸開砲應戰，但潛艇在海面下，是否真如標題所說的「擊沉」不得而知，不過擊退倒是事實。此外〈鹿島丸砲擊敵艇〉（《讀賣新聞》，一九一七年十月二十四日）報導，九月二十七日上午，在英國西南角的蘭茲角（Land's End）與敵軍發生戰鬥。德國潛艇發射水雷攻擊，可是鹿島丸的第十六發砲彈，破壞了潛艇的潛望鏡。鹿島丸在當天下午也受到兩艘德國潛艇前後夾擊，但他們一邊應戰一邊趁隙逃走，十月二十日到達開普敦。

然而，有些船隻雖然武裝卻還是失敗。最早的武裝商船宮崎丸，於一九一七年五月三十一日，在英吉利海峽入口附近遭到德國潛艇魚雷攻擊後沉沒。〈宮崎丸遭擊沉〉（《東京朝日新聞》，一九一七年六月三日）報導，英國哨艦迅速駛到現場，救起乘客六十五人，機組員一百二十一人，合計一百八十六人。宮崎丸搭載一門四點七英寸大砲，但潛艇未曾砲擊，而是無聲

在印度洋搜索常陸丸的筑前丸與海軍軍機（日本郵船編，《日本郵船公司五十年史》，一九三五年十二月，日本郵船）。

無息的發射魚雷。海軍省副官推測，潛水艇可能已經掌握宮崎丸的航海日程和武裝配備，船上死者極少算是不幸中的大幸，然而，兩千一百五十八噸送往倫敦的貨物都隨著船體埋葬在海底了。

歐洲航線的日本郵船船隻中，常陸丸於一九一七年九月下旬在印度洋失去了音訊。《讀賣新聞》在十二月二十八日的〈常陸丸擄獲說〉中提及，謠傳常陸丸被敵艦擄獲，駛入無人島停泊，或是為敵艦收編，在大西洋上活動。由於經過了毫無音訊的三個月後，卻沒有看到任何漂流物，所以被擄獲的謠言才會不脛而走。但是據日本郵船編，《日本郵船公司五十年史》（一九三五年十二月，日本郵船）的內容，九月二十六日，常陸丸遭到德國偽裝巡洋艦砲擊，一門備砲難以對抗，後部甲板失火，乘客四十二人，機組員一百一十七人，合計一百五十九人中有十三人死亡。

德艦收容了一百四十六人後，將常陸丸炸沉。

由於自一九〇三年開工的巴拿馬運河，已在一九一四年八月十五日通航，再加上受到德軍潛水艇持續的攻擊，日本郵船訂立了歐洲航線東迴轉航計畫。〈郵船決定東迴船〉（《讀賣新聞》，一九一七年十月二十七日）一文報導，日本郵船已向遞信省申請，計畫將十三艘歐洲航線臨時船全部改為東迴轉航。去程從橫濱、神戶、門司前往舊金山，經由巴拿馬運河，如有必要，會在紐約停靠，再駛往英國。返程的路線為在紐約停靠之後，經由巴拿馬運河，直航海參崴，再回到日本。東迴第一船為龍野丸，十一月二十七日自橫濱出航，為了保護優質汽船，日本郵船決定讓巨船撤出歐洲航線，改走美國航線。在〈第二美航巨船〉（《讀賣新聞》，一九一七年十一月三

航行於英國海峽的河內丸。可以看到前方有護航的飛行船（日本郵船編，《日本郵船公司五十年史》，一九三五年十二月，日本郵船）。

平野丸偽裝船身，以躲避德國潛水艇的攻擊（日本郵船編，《日本郵船公司五十年史》，一九三五年十二月，日本郵船）。總噸數八千五百二十噸的平野丸，為長崎三菱造船廠於一八九〇年四月製造。根據該書的記載，平野丸在愛爾蘭南方受到攻擊，短短的七分鐘就沉沒了。

十日）中提到，伏見丸、香取丸、鹿島丸、諏訪丸都陸續加入北美航線。

到了一九一八年，德國潛水艇的威脅依然沒有解除。在〈兩舷畫出白浪〉（《讀賣新聞》，一九一八年二月六日）中報導了河內丸代替熱田丸航行歐洲航線的因應之策，除了有備砲，另外又根據英國海軍對防禦潛艇的研究成果，做了精心的布置。第一是將船體漆成灰色，並在船首和船尾的吃水線上畫出水花激濺的圖案，讓敵軍在判斷速力和瞄準射擊上發生困難。也許這些布置真的奏效，去程時，河內丸在千鈞一髮間逃過了敵軍的攻擊。〈河內丸逃出劫難〉（《讀賣新聞》，一九一八年七月三十一日）陳述了四月十日在南非近海交戰的過程。河內丸的砲術長射出四發砲彈，敵軍也發射水雷。水雷掠過推進機，但船安然逃出危險海域。

但是，最嚴重的損毀出現在十月四日。十月一日自利物浦出航的平野丸，被水雷命中沉沒。〈平野丸被擊沉〉（《讀賣新聞》，一九一八年十月七日）報導，生存者僅三十人，失蹤者達六百人以上。但這是在情報混亂下的誤報，船上乘客九十七人，機組員一百四十三人，共有兩百四十人，由於風高浪大，只救到三十人，兩百一十人死亡。這是由十六艘商船組成的船隊，在美國驅逐艦的護衛下航行，但還是無法防止攻擊。

## 三、宮崎丸倒數第二次航海，開普敦禁止「有色人種」上岸

一九一七年（大正六年）五月三十一日，宮崎丸被德國潛艇擊沉，但有位詩人曾參與過它的倒數第二次航海，那就是第一次大戰中，在巴黎留學的法國文學研究家吉江喬松。他在《法蘭西印象記》（一九二一年九月，精華書院）的最後，留下一段感傷的文字：「那艘美麗的船，破成了兩截，船牆橫倒，現在躺在大西洋的波浪下，永遠的停泊了吧。曾經勇敢運作的機關，在海草纏繞下再也無法作動，永久的困在水底了吧。」吉江乘住的宮崎丸，是在一九一六年十月七日從可倫坡港出海，彼時航線已經改道好望角，所以吉江看見的是與蘇伊士運河航線

不同的體驗。

在船上，印度人和荷蘭人都「帶著懷念」和吉江喬松攀談。在開普敦經營肉商的荷蘭人，在日本郵船的航線改經好望角後就經常搭乘日本郵船，荷蘭人表示原因是「對船客親切」。又有一次，一位「原以為冷漠、高傲的英國人等」，用「平易近人的口吻」問吉江在日本從幾歲開始教英文。開普、納塔爾、外瓦爾、奧蘭治等四州，從一九一〇年五月起，成立南非聯邦，陸續制定了種族隔離制度等法律。從船上看見德爾班市區的街燈很美，但是美麗的燈影下「一個亞細亞人」也沒有，吉江記述道，那裡是「專橫倨傲的英國人的獨占地」。

這一點在越過好望角之後停靠的開普敦也一樣。在漫長的航海日子裡，不斷感受到船體搖晃，聽著波浪和蒸汽機的聲音，身體會渴望陸地的平穩與安靜。但是這個氣候和煦、綠意盎然的「樂園」是「只有白人才熟悉，只屬於英國人的樂土」。居住在開普敦的日本人，只有七、八名，都是外交官、農商務省官員、古谷商會相關者等擁有「特殊關係」的人。其他亞洲人不論男女，都不准觀光。從可倫坡來的印度人，也不能離船。《世界地理風俗大系第十七卷：非洲》（一九二八年十二月，新光社）中也提到，一位研究中非礦物的九州大學教授沒有獲得在德爾班上岸的許可。若想要上岸，必須事前向領事請求。

從一九一七年四月到第二年一月居留在英國的機械技師日野根太作，出於對非洲的好奇心，決定取經由好望角的歐洲航線回國。根據《前歐洲大戰中：東半球回周記》（推測一九三八年春天發行，私人版）的記載，一九一八年一月十八日，日野根在利物浦登上北野丸，在開普敦上岸，卻發現廁所上寫著European Only（限歐洲人）。在英國時雖然也感受過種族歧視，但是殖民地如此赤裸裸的表現，讓日野根非常不快。聽當地人說，直到一年前日本人都還是被

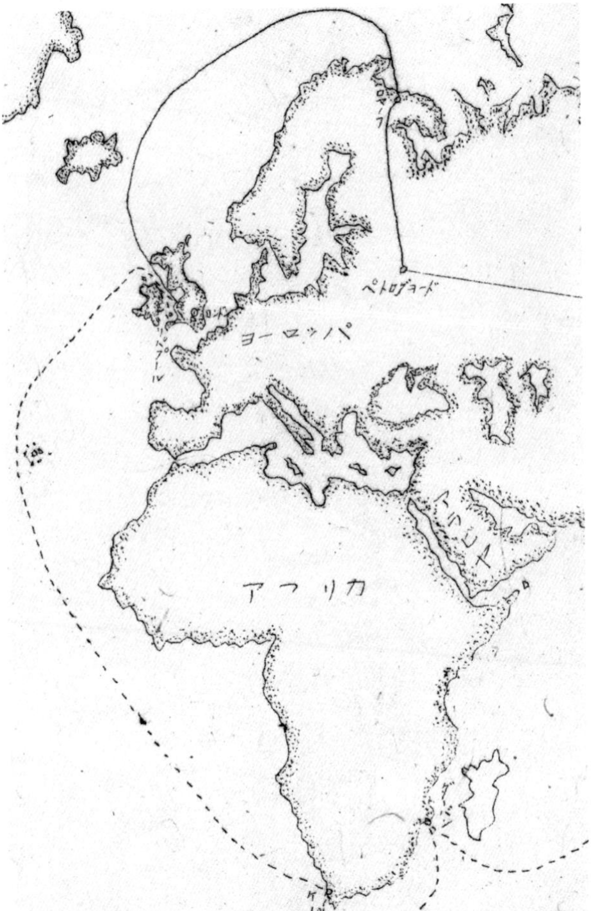


日野根太作，《前歐洲大戰中：東半球回周記》（推測出版於一九三八年，私人版）收錄的往英國部分「行程表」。去程（實線）走西伯利亞鐵路，回程（虛線）走繞道好望角的歐洲航線。

以日本人的視角捕捉開普敦，就會聚焦在人種歧視的問題上。但是荷蘭人的視角不一樣。吉江喬松，《法蘭西印象記》（一九二一年九月，精華書院）中提到，同船的荷蘭人說，不論是「英國的海峽殖民地」，還是「南阿（南亞）諸港」，散播「文明種子」的都是荷蘭人，然而現在只留下「少數幾個南洋島嶼」。該書收錄的照片，是從海上遠望好望角，看得到「桌山與獅頭山」。

歧視的對象。自從掛著日本國旗的軍艦開入港內後，「表面上」才有了改變。

開普敦位在分隔危險海域與安全海域的分界點，宮崎丸出港的第一夜，客房的服務生就告訴他們，上次航海時曾在地中海被德國潛艇尾隨，還有在比斯開灣逃過沉沒危機的故事，這些刺激了乘客的神經。航行在印度洋上，船上不再像和平時期一樣舉行赤道節，為防備遇襲的場面，每星期都要實施一次演習，將小艇放到水面讓乘客坐上去，但是那時還是留著一點餘興的味道。來到開普敦之後，港邊停泊著數艘滿載澳洲士兵的輸送船，在民眾合唱歡送中出港。直到宮崎丸沿著大西洋向北上航行時，船客才感覺到進入危險水域的不安和緊張。

吉江喬松搭乘的宮崎丸，是為躲避地中海危險而航行好望角航線的第二船，也是在船首架設砲台的第一艘武裝船。從開普敦出港後，大家更認真於每星期兩次的逃生預演，聽到令人毛骨聳然的三聲連續汽笛聲，船員與乘客便穿上「救生背心」到上甲板集合。在高級船員的指示下，船員與乘客協力將小艇放下舷側。女士與孩子優先，接著是一般乘客，最後是船員，大家接續降落到海面的小艇上。吉江在進行預演時，彷彿覺得德國的潛艇正乘風破浪向他們接近。

然而對吉江喬松而言，相當倒楣的是住在二等客房的隔壁船客，他的精神狀態在大西洋航行中不斷惡化。這名英國人到香港去討生活，因為賭馬失去了儲蓄，又與妻子死別，現在這是回國的路上。然而，隨著日子漸長，他的舉止愈來愈可疑。他不時嘴裡喃喃念著數字，在甲板上踱步，全身赤裸地走進食堂。剛開始船員以為他在耍寶，便把他鎖在船艙裡。但是那個人不是敲門、踢門，就是從圓窗伸出上半身嘶喊，整夜大吵大鬧，不得安寧。男子不斷叫著：「這種日本船一定會沉的，我來把它弄沉！」船員拿食物給他，他卻光著身子衝上來想勒住船員的脖子。

從開普敦出港的宮崎丸，在非洲大陸西端塞內加爾的達卡（Dakar）停靠。船長和船醫商量，是否應該在這裡讓「裸體瘋子」下船，但最後還是決定一邊監視他、一邊把他送回英國。法國殖民地塞內加爾與英國的殖民地相比，瀰漫著冷清和懶散的氛圍，另外還有一個極大的不同點，在英國殖民地，英國人擺出統治者的態度高高在上，統治者與被統治者屬於不同的階級，兩者之間不能通婚。但是，來到法國的殖民地，兩者之間生的孩子十分醒目。吉江喬松以「同化」、「親善」為標題，對「融為一體的樣子」感到「心安」。

自達卡出港的宮崎丸，通過加納利群島（Canary），北上危險的大西洋。夜間盡可能熄燈，用黑布遮住光線防止外洩。每個房間都拉上厚窗簾，甲板上禁止高聲談話，整艘船就像穿了喪服的狀態，乘客也都繃緊了神經。甲板的小艇直接掛在舷側，以便隨時能用，小艇上也堆放水桶和乾燥糧食。船員一再提醒，萬一發生狀況，只能帶外套和少許攜帶物，所以重要的物品一定要隨身攜帶。由於不知道何時會遭到襲擊，大家也不敢去洗澡。夜裡以救生背心當枕，穿著鞋子就寢。只有鄰室「狂人」高喊「這種日本船，一定會沉的！」的叫聲，像是要劃破緊張的空氣一般地傳來。

宮崎丸挺進比斯開灣時，英國蘭茲角的無線電局有情報傳來，船突然變更航道，往外海方面駛去，開始採取鋸齒狀的路徑，放棄直線進入英吉利海峽。難道是德國潛艇駛到附近了嗎？船上人們形色慌張。初冬的比斯開灣，在洶湧波濤擺布下，船體劇烈的上下左右搖動，幾乎無法前進。在這寒風之中，若是遭遇夜間攻擊，即使迅速降下小艇，也很難存活到援救船到來。有人說，他聽到潛水艇破浪的聲音。另一個人則說他看到潛望鏡出現在浪濤之間。有人感覺船腹有撞擊聲，嚇得哭了出來。不少人自願擔任監視海面的「守望者」。

英國海軍在最危險的英吉利海峽，架起了鐵網防禦敵襲。鐵網的斷開處設有水門，判斷安全時會讓船隻通過。水路與水門的兩側設置了連串閃爍的信號燈，吉江喬松感覺安心多了。愈往內走，英吉利海峽愈危險，經過最危險地區的夜晚，高級船員要求船客徹夜不睡。身上帶著旅費和推薦信的吉江，穿起外套，在二十二時走進食堂。在用黑布包住的電燈下，人們聊天、打橋牌打發時間。來到泰晤士河口時，許多船隻停機排隊等待。來到此地，乘客才終於有了「來到安全地帶」的放心感。

鶴見總持寺內的宮崎丸、常陸丸、平野丸「殉難船員紀念碑」（日本郵船編，《日本郵船公司五十年史》，一九三五年十二月，日本郵船）。

在如同裹著黑衣躲避空襲的倫敦待了十天，吉江喬松前往南安普頓，從這裡搭乘往法國利哈佛（Le Havre）的汽船。六小時的航行中，有英國驅逐艇在汽船兩側的遠處護衛。吉江平安地到達大戰中的巴黎，但是宮崎丸卻在回到日本後的下一次航海中，沉沒在大西洋中。

## 四、外社船船長在泰晤士河口目擊英印大型汽船爆炸

雖然每個人在第一次世界大戰中的航海體驗相同，可是乘客與船長的視角截然有別。而且，日本郵船的歐洲航線船與日本郵船之外的外社船，體驗到的事物可能也不相同。一九一五年（大正四年）十二月二十一日，尚未武裝的日本郵船八阪丸，在地中海沉沒，但是該船有配備無線電信，堆置充足的救命工具，而且也具有逃離潛水艇的速度。相對地，大部分的外社船沒有無線電，救命工具也不完備，速度又慢。幾乎所有的外社船，都是外國政府或外國商社的雇船。大戰當時，為日本商社小寺洋行的神通丸擔任船長的加藤久勝，在《魔海横越記》（一九一八年五月，大江書房），有這樣的記述：八阪丸的船長受勳表揚，但是卻從沒有聽說，後來被擊沉的十餘隻外社船機組員有受勳。

書名的「魔海」指的是德國潛艇在地中海及周邊活動的海域。加藤久勝搭乘的神通丸，於一九一七年三月十二日自神戶港出海，停靠大連後，神通丸滿載著往法國的貨物，航向印度洋。社長小寺壯吉在大連接到號外，得知德軍在印度洋出沒後十分擔憂，詢問有沒有繞道路線

戰時為通過危險地區而改變船體顏色的靜岡丸（《歐洲航線指南》，一九一九年十月修訂，日本郵船）。靜岡丸總噸數六千五百六十八噸，為神戶川崎造船廠於一九一二年三月建造。為對抗德國潛水艇，有三種方法：偽裝、武裝、由聯盟國軍隊護衛。

可走。加藤回答，只能信賴日本海軍，採取直線航線。由於戰爭的關係，船腹空蕩，運費高漲。因此拖網漁船路線上的各個港灣，都有不少日本籍的失業船員在流浪。法國的郵船、義大利郵船都拒絕搭載日本三等船客上船。可倫坡的監獄中也關了數十名以「吾等乃一等國日本人」自豪，卻在法國郵船上幹盡各種「下流無恥壞事」的日本船員。

來到塞得港，加藤久勝第一次感受到濃厚的戰爭氣息。港內停泊著戰艦，上空有飛機巡曳。五月一日，該地的海軍當局發出神通丸的出港令，船開航駛向地中海。在傍晚靜風中開航後，英國海軍的商船護衛船也結伴隨行，但船員們交相罵道，那艘船只搭載一門大砲，如同「樹葉一片」，在德國潛水艇前面連「嚇阻的威力」都沒有。英國船只護衛了五里（約九點三公里），立刻便折返港內。

從德國潛艇的角度來看，理想的破壞商船方法，是利用砲擊令商船停船，扣留匱乏的食物，再用炸藥等裝置將船擊沉。但是在武裝船前，浮出水面也伴隨著危險，所以他們會發射魚雷，然而若是潛望鏡被發現，就會受到武裝船開砲迎擊。在歐洲，除了中立國的船之外全都已成為武裝船，以定期郵船來說，船首、船尾或兩舷都設置了砲門，設備接近偽裝巡洋艦，尤其是義大利的船舶，設置了四個以上的砲眼。同樣站在德國潛水艇的立場，商船一旦發現潛艇，就會以無線電通知附近的軍艦哨艇，風險大增。以美國來說，依據法令，出入美國的船隻都有設置無線電裝置的義務，然而它有但書，即機組員五十人以上的船隻才需配備，因此日本的外社船不吻合條件，神通丸就是既無備砲也沒有無線電的船。

當神通丸到達義大利南端與西西里島之間的墨西拿海峽時，義大利海軍命令神通丸停船，詢問他們是否有將官發出的航海命令，加藤久勝回答，在塞得港時英國海軍有發給過。對方又問，需不需要義大利海軍的航海命令，加藤答「需要」，於是義大利派出兩隻水雷艇護衛神通丸在內等三艘船，直到日落為止。據這位將官說，在神通丸三天前通過的海域，有三隻船舶被擊沉。在保護歐洲商船這方面，義大利最為大手筆，他們在沿岸的主要地點都配備了水雷艇和哨艇，不過船隻會不會被擊沉，還是要看運氣，而且到了夜晚，不只敵艇駭人，海中的突起或

馬賽港（*Marselle Album Aristique*，未記載出版日期、出版社）。一八六九年蘇伊士運河通航之後，馬賽港具有前往非洲與亞洲中繼港的功能，因而快速發展起來，是地中海代表性的海港。

礁石也很可怕，而且船舶是熄滅燈火航行，正前面突然出現船影的例子也不少見。

平安到達馬賽時，運輸船上滿載的法國士兵一再高呼「賈波內」（Japonais，日本人之意）歡迎他們。執行地中海方面任務的日本驅逐艦隊停泊在馬賽，加藤久勝感到「大快人心」。但是對日本外社船來說，造成航行障礙的不是德國，而是協約國。歐洲的糧食供給全都仰賴海外的殖民地，但是造船能力趕不上德國潛水艇破壞的速度。因此，協約國的船艙調節委員會對貨物卸載之後的船，不太願意發予出港許可。小寺洋行的第三乾坤丸從大連裝載貨物，三月下旬駛

編制護衛船隊，航行危險區域的情景（《歐洲航線指南》，一九一九年十月修訂，日本郵船）

抵馬賽，之後雖然接洽了船隻雇傭的案子，但船艙調節委員會不發出港許可，所以三個月無法出港。主要是法國政府意圖將它雇用為法國的貨船。

神通丸也未能取得船艙調節委員會的許可，不得不毀棄與外國商社簽訂的雇傭合約。馬賽扣留該船長達六十天，才終於收到船主要求將船隻歸還日本的命令，勉強得到出港許可，但是法國不允許補充煤炭，若要去直布羅陀補充的話，必須排兩星期的隊。於是加藤久勝與英國海軍局交涉，取得六百噸煤炭，才終於能逃離馬賽。出港的兩天前，加藤得知信貴山丸被擊沉，信貴山丸原為美國的雇傭船，行駛於美國與義大利之間，當天在護衛艦的伴隨下，與四至五艘汽船航行過地中海時，在法國里昂灣（Gulf of Lion）誤觸水雷，爆炸沉沒。雖然當時還有充足的時間從船上撤離，但是護衛艦和同船隊的船都沒來營救，那些船「如同脫兔」般逃離現場。

神通丸希望經由塞得港回國，可是因為戰爭險無法成立而告吹，只好選擇經由好望角的航線。這條航線中最危險的地區在比斯開灣，所以船隻選擇遠離沿岸，採取繞道路線。可是一旦被擊沉，即使能降下小艇逃生，也因為離岸太遠，想要在怒濤中划到岸邊十分困難。一九一七年五月三十一日沉沒的宮崎丸只有少數的犧牲者，加藤久勝認為這簡直是奇蹟。從大西洋南下時，神通丸與四至五隻武裝汽船交會。剛開始神通丸在水平線上看到煤煙，不久後出現船影，但大汽船與神通丸距離接近到十里（約十八點五公里）時，總會來個直角大轉彎往非洲沿岸逃走。可能遠望時，神通丸的外貌看起來很像德國海軍的特務艦船吧。

對於禁止有色人種上岸的開普敦，加藤久勝與吉江喬松、日野根太作一樣，都覺得不太高興。加藤寫道，南非唯一允准居留的是「進出口商古谷氏」，其他還有幾名居留者只能以「商業見習」的名義，取得三個月的「限期上岸許可證」，到期再更新，兼松商店的前田卯之助就是其中一人。前田想去看電影，雖然買了門票，但卻不得其門而入。去理個髮，也因為店員的態度傲慢不遜而憤慨離開。神通丸入港時，移民官與警官上船調查，吩咐亞洲機組員不得上岸。為了裝載運往神戶的羊毛，神通丸駛到位於南非的德爾班與開普敦之間的東倫敦（East London），這裡對亞洲人的種族歧視比開普敦更嚴重，移民官不分晝夜地在棧橋上來回監視。

加藤久勝在《取自船頭的日記》（一九二二年一月，目黑分店）中描述了一九一六年四月在泰晤士河口目擊的景象。駛向倫敦的協約國船隻在唐斯（Downs）附近受命停船，加藤的船停下時，還只有幾艘停船，但是不久後增加到兩百艘。當第一艘船深入泰晤士河時，加藤的船才獲准通過多佛。船隻必須在泰晤士河口等待領航員。他看到好幾艘船為了營救今早剛被擊沉的汽船、或受到攻擊的船員和船體，自行駛到淺灘上。領航員會先引導英國船，然後才來處理日本船。當神通丸終於進入泰晤士河往上游溯航間，一艘兩萬噸級的英印大汽船追了過去，加藤的船在後方跟隨，不料一聲巨響幾乎震破耳膜，原來大汽船發射了火砲。

大汽船受到極近距離的砲聲和震動的影響，來了個大回轉，這時右舷爆炸了。從機關室冒出的濛濛白煙籠罩了整艘船。附近的英國艦隊胡亂地向海面掃射，但是德國潛艇巧妙地逃走了。由於大汽船與加藤久勝的船只有四至五丁（五百公尺以內）的距離，爆炸後的慘狀他看得一清二楚。甲板上的乘客和機組員，不時發出痛苦的呻吟。爆炸的四至五分鐘後，大汽船被火焰和黑煙包裹，只剩下悽慘的殘骸橫倒在水面。二十多艘救命小艇，最終放得下來的只有一艘。許多乘客和機組員因為火勢延燒到衣服，就像「撒豆子」般跳進海面，只露出頭部在水中游泳。

## 五、第一次世界大戰終了與埃及獨立運動

一九一八年（大正七年）十一月十一日，德國簽下停戰協定，長達四年四個月的第一次世

界大戰終於結束。〈歐洲航線變動〉（《讀賣新聞》，一九一八年十二月四日）報導日本郵船自十二月五日從橫濱出港的加賀丸開始，改回經由蘇伊士運河的路線。經過好望角到倫敦需要花七十天，這麼一來可以減少十五天。去程的停靠港有神戶、門司、上海、香港、新加坡、檳城、可倫坡、蘇伊士、塞得港、馬賽、米德斯堡、倫敦，回程自倫敦出發後，經馬賽、塞得港、蘇伊士、可倫坡、新加坡、香港、神戶，最後回到橫濱港。在〈商船的大繁榮〉（《讀賣新聞》，一九一九年一月二十九日）中敘述，歐洲航線中外國面孔特別醒目，占所有乘客的三分之二，也由於戰時禁止婦女兒童上船，所以掀起了歸國潮。

為了預防被擊沉的危險，轉航走北美航線的優秀船隻也都陸續歸隊回到歐洲航線。〈歐航配船決定〉（《讀賣新聞》，一九一九年二月三日）報導，北美航線的六艘船中，熱田丸和賀茂丸都回歸歐航。小野賢一郎是大阪每日新聞社的新聞記者，也是俳句詩人，他在三月二十七日從門司搭上賀茂丸。小野在《世界眺望記》（一九一九年十一月，有精堂）中轉述總管事說的話：「從來沒有這麼多日本人搭乘，包含二等艙在內，共有三十人去倫敦。」外國乘客和本國乘客都增加，船內出現客滿狀態。〈絡繹不絕的渡歐客〉（《讀賣新聞》，一九一九年四月十四日）報導，顛峰時期若沒有在六個月前訂票，無法保證有客房。四月之後稍微緩和，已經可以預約二至三個月後的船位。

晚飯後，總管事把日本乘客召集到甲板上，聊起親身經歷的奇聞異事，畢竟在船上工作，

戰場に不發彈が多くてビクビクもの

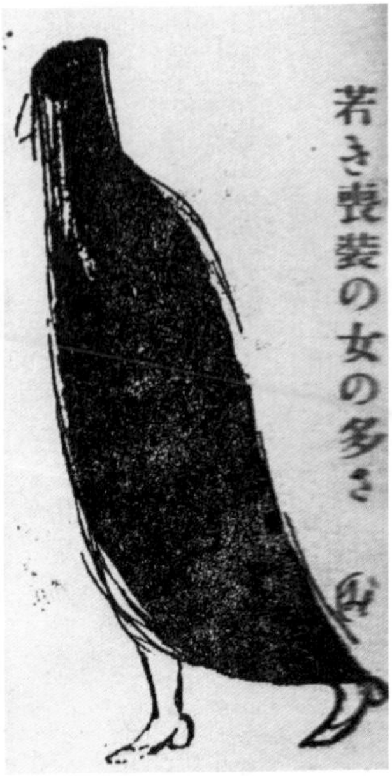
若き喪裝の女の多さ

小野賢一郎在《世界眺望記》（一九一九年十一月，有精堂）用兩張畫，記錄第一次世界大戰後的法國情況。左圖為「戰場的大量未爆彈讓人害怕」，右圖為「許多穿著喪服的年輕女子」。

總會遇到千奇百怪的事。像是一九一七年九月音訊斷絕的常陸丸，在被擊沉之前的航程中，有次在香港正要離開棧橋時，一個日本婦人衝上來求救。十一月的寒天，她只穿著一件浴衣，身無分文。啟航之後，在船內細問之下，那婦人說，她在別府當服務生時被客人的花言巧語所騙，兩人一起來到香港，香港有「出口南洋、新嘉坡方面的醜婦業市場」。在香港，她被關在類似「牢房」的地方，連上廁所都受到監視。被押上往南洋的船時，她謊稱身體不適，換了浴衣，好讓那男人安心。趁船要動時，她趁男人不注意，從二十五尺（約七點五公尺）高的甲板跳到舢板（木造小型的平底船）上逃生。後來常陸丸向乘客募集了捐款，把女子送回神戶。

小野賢一郎在搭乘賀茂丸的船旅途中，也發生了意料之外的事件。往紅海航行的途中，在從船的左舷看得到非洲大陸時，突然聽見怪異的叫喊聲。往窗外一看，有艘帆船划了過來。然後一名黑人沿著繩梯爬上來，說明事情的原委，並讓西洋人翻譯。原來帆船上坐了十二人，打算從非洲到對岸阿拉伯半島的亞丁。可是不巧風停，帆船動不了，水和糧食告罄已經第三天了，因而成了遇難船。他們向經過的外國船求助，但是對方都假裝沒看見。甲板長於是將水、白米和麵包做為救援物資，放進木箱裡垂吊下去。

第一次世界大戰結束了，但一九一九年三月九日，埃及的反英示威不斷擴大。一九一四年，大戰爆發時，土耳其倒向德國，向英國宣戰，因此英國宣布埃及為其保護國，正式切斷土耳其與埃及的從屬關係。大戰結束後，因為英國曾承諾會廢止保護國的設定，所以瓦夫德黨（Wafd Party）的薩德・扎格盧勒（Saad Zaghloul）要求埃及獨立，然而英國拒絕。一九一九年三月，英國逮捕了扎格盧勒及餘黨，將他們流放到馬爾他島，因此埃及發動革命。六月的凡爾賽條約承認英國對埃及的保護權，但是三年後，一九二二年二月英國放棄保護統治，埃及成功達成獨立。翌年四月，埃及公布憲法，瓦夫德黨在九月的選舉中獲得大勝。

小野賢一郎去歐洲是在埃及獨立運動如火如荼的時期。從一離開可倫坡，船客的心理便萌

自上空鳥瞰蘇伊士運河的照片。最下方為蘇伊士灣，遠處為地中海《世界地理風俗大系第十七卷：非洲》（一九二八年十二月，新光社）。該書敘述，蘇伊士運河長一百六十公里，寬一百公尺左右，深有十公尺餘。是人類在「烤、爛、涸」的沙漠中，開鑿出來的「一條細細的溝渠」。

生出微微的不安，因為到處流傳著埃及內亂的消息，以及外國船在地中海遇上浮動水雷爆炸，造成一百人死亡的新聞。在距離蘇伊士還有三天的時候，船上舉行訓練以預防浮動水雷的事故。一聽到汽笛的信號，船客就將木塞製的救命工具套在身體，跑到分配好的救生艇前集合，雖然因為英國的老太太嚷著要拍張紀念照，所以感覺不到戰時的緊張感。

在蘇伊士運河，小野賢一郎親眼見證第一次世界大戰的結束與埃及革命的開始。小野在《洋行茶話》（一九二〇年五月，正報社）中記述了一九一九年五月一日他們通過蘇伊士運河的狀況。英軍在右岸亞洲側的沙漠架設了連續的塹壕與鐵絲網，防備土耳其軍的攻擊，而左岸的非洲

《世界地理風俗大系第十七卷：非洲》說明，開羅有三個時代相。一是郊外金字塔呈現的古代樣貌，二是宣禮塔（清真寺的尖塔）守護的中世紀風格街道，三是歐化的現代市區。該書收錄的照片為開羅市內，左端西裝穿著和阿拉伯打扮的人混雜其中，展現開羅的風格。右邊的市內電車沒有玻璃窗。

側沙漠，看得到營帳與英國士兵的蹤影。從塞得港過來的船，大多是載運著澳洲兵與越南兵的英國或法國汽船，他們投身於第一次世界大戰的戰場上，現在終於等到回國的時間，與賀茂丸交錯時，他們「如同孩童般」開心、大叫、唱歌、拍手。

為了與塞得港來的船交會，賀茂丸暫時停船，這時，左岸出現了十四名英國士兵，他們一見到英國乘客走出甲板，便伸手討香菸。乘客在酒吧買了菸罐，丟到岸上，他們立刻一臉享受地吸起來，接著又向乘客討啤酒喝，乘客便用小艇載著啤酒瓶送過去。到了晚上，英國將官開著汽車來訪，在酒吧裡和乘客交談。長達兩年半的營帳生活，令他們快要難以忍受，很想早點回國，可是埃及情勢不穩，回國時間遙遙無期。由於獨立運動的關係，埃及人破壞了塞得港與開羅之間的鐵路，也切斷電信電話，因此郵件或報紙都透過飛機運送。小野看過好幾次大如巨鳥的飛機，朝著開羅飛過沙漠。

五月二日，賀茂丸駛抵塞得港。海軍中校松本與主計官熊尾來到船上拜訪，所以乘客得以打聽到埃及動亂的情況。主計官駐防在塞得港一年多，任務是為地中海活動的日本艦隊提供糧食用品。據主計官的說法，三月十三日，大學生待遇問題成為導火線，當地發動了電信、郵政、鐵路的罷工與破壞活動，並放火燒燬英國人經營的建築，與軍隊發生衝突。完成環遊世界一周的小說家德富蘆花，這時正好人在開羅。據《世界眺望記》所述，車站和列車都遭到破壞，所以德富只好暫時留在開羅。

小野賢一郎與中校、主計一起在塞得港上岸。小野去了這個港灣都市裡由日本人南部憲一經營的富士商會，南部在八年前來到塞得港時，認識了義大利女子，進而與之成婚，成為當地唯一的日本商人，南部銷售日本製的雜貨和受日本人歡迎的埃及產物，他的工作也包括裝載糧食給停靠在此的日本汽船。受到獨立運動的影響，城市的要地都架設了機關槍。小野雖然在飯店吃了午餐，但是食材有限，只有兩盤菜，麵包的味道也很差。

離開動亂的埃及，並非安全就能得到保障。第一次世界大戰雖然結束，但地中海仍然漂浮著浮動水雷，因此大副不再出現在食堂裡，小艇以前都繫在小艇甲板，但是一進入地中海，全都降到舷側以便隨時可供使用。小艇裡放著裝滿水的麥酒桶，一旁的木箱貯藏了一週份的麵包。客房枕頭下收納了橡木塞做的救生工具。為了預防觸雷事故，每當緊急汽笛響起時，乘客們就要穿上救生工具，跑到自己被分配的小艇前排隊並接受點名。

宮內省事務官高橋𤊹在一九一九年二月二十二日，搭乘自利物浦出發的加賀丸回國，高橋在《自倫敦到東京》（一九二〇年五月，三友堂書店）記述，這是停戰之後第一次允許女士搭船，因此女乘客很多。二月二十六日上午，他走出甲板一看，四艘汽船朝著加賀丸的行進方向靠近。若是在戰時，各船因為互相警戒都會變更航道，但是現在已經不用擔心，乘客們也興趣十足地品評各船的大小優劣及速度差距。加賀丸不滿六千噸，屬於小型船，但是在第一次世界大戰中從未遇到德國潛水艇，人們稱之為「加賀」之船，當然並不是「可喜可賀」的船就沒有危險，在地中海航行中，為了怕遇到浮動水雷，船隻會取道靠近非洲海岸的路線。

## 六、日本郵船前機組員整理的航線指南

第一次世界大戰終了的兩年後，一九二〇年（大正九年）十二月，日本郵船的前員工高山謹一出版了《西航雜記》（博文館）一書。談到執筆的動機，高山說，一是因為在日本郵船歐洲航線服務的時候，都沒有找到滿意的航海指南。雖然有停靠港的指南，但是關於航道的指南

第一次世界大戰後，西園寺公望乘坐丹波丸從神戶港出海，前往參加巴黎和談（《歐洲航線指南》，一九一九年十月修訂，日本郵船）。高山謹一在《西航雜記》（一九二〇年十二月，博文館）中，對於神戶港不顧「世界走向巨船主義的趨勢」，不免抱怨其「比小港更狹窄的突堤」和「不方便的碼頭」。

書卻付之闕如，搭船的旅客感受到不便，會向船員提出五花八門的問題。因此在船務工作之餘，高山從一九〇八年開始撰寫文章，並發表在天津出版的《北清時報》上。後來，他在旅居倫敦的幾年間蒐集了資料，一九一五年回國在東京總社工作時繼續寫作，第二年完稿。但是，第一次世界大戰時期，航線改道好望角，高山調至紐約工作後離職，大戰後航線才又改回蘇伊士運河，所以本書終於有機會面世。

序章第二十一頁刊載的插圖，是一九一九年十月修訂後《歐洲航線指南》（未記載出版年月，日本郵船）的封面。全十九頁的導覽手冊，由〈歐洲航線〉、〈渡航指南〉、〈歐洲航線航海日數及距離〉、〈停靠港指南〉、〈航道圖〉、〈乘船心得〉、〈手提行李注意事項〉、〈手提行李裝卸流程〉、〈船客手提行李的海上保險〉等九章組成。其中份量最多的是〈停靠港指南〉十一頁，占整本書的一半以上。介紹的停靠都市有上海、香港、新加坡、馬六甲、檳城、可倫坡、蘇伊士、塞得港、馬賽。其中插入〈亞剌比亞海及紅海〉、〈地中海〉、〈直布羅陀海峽與比斯開灣〉三個項目來說明航線，只是三項合起來只有一頁半的份量，比單一一項約兩頁的可倫坡還要短。如高山謹一所述，導覽手冊雖有停靠港的指南，但是缺乏航線的指引。

一九一九年十月時，行走歐洲航線的船有八千五百噸級的熱田丸、賀茂丸、北野丸、三島丸，六千四百至六千五百噸級的靜岡丸、橫濱丸，六千一百至六千三百噸級的伊予丸、因幡丸、佐渡丸、加賀丸、丹波丸，合計十一艘船。依照兩星期一班的比例，從橫濱啟航，前往倫敦或安特衛普。根據〈歐洲航線航海日數及距離〉，從橫濱出發之後，第九天到達上海，第十四天到達香港，第二十天到新加坡，第二十二天到馬六甲，第二十三天到檳城，第二十八天到可倫坡，第四十一天到蘇伊士，第四十二天到塞得港，第四十七天到馬賽，第五十六天到倫敦，第六十三天到安特衛普。但是這個數值指的並不是航海天數。停泊日數為上海兩日、香港一日，新加坡一日，蘇伊士幾小時，塞得港半天，馬賽兩日，倫敦六日。上岸時可以盡情觀光，所以導覽手冊才會花半本以上的篇幅介紹〈停靠港指南〉。

高山謹一的《西航雜記》版型雖小，但是卻是多達五百三十頁的大著，資訊量上與十九頁的導覽手冊有如天壤之別。例如關於香港的水道，後者只是短短的解說：「英人銳意拓地，開水道植樹木」。但是前者寫道：「尤其是水道方面，足堪驚奇。數個儲水池乃堰溪谷而成，貯水八億加侖，於海拔四百呎之山腹，鑿穿一哩又三分之一之隧道，築四哩水溝達市街東部，由此處連接八條水管，潤四十餘萬人口。」運用實際的數值說明水道與市民生活的關係。帶著《西航雜記》上岸的日本人，可以具體認識到停靠港的都市空間吧。

因為這本書在航線指南的記述方面，在市面上找不到類似的書，這一點讓讀者獲得更多的裨益。從上海出港進入揚子江的船，從泥水滔滔的江口駛出外海，濁流會在何時變得清澄呢？書中寫道駛近舟山群島中的大戢山島燈塔附

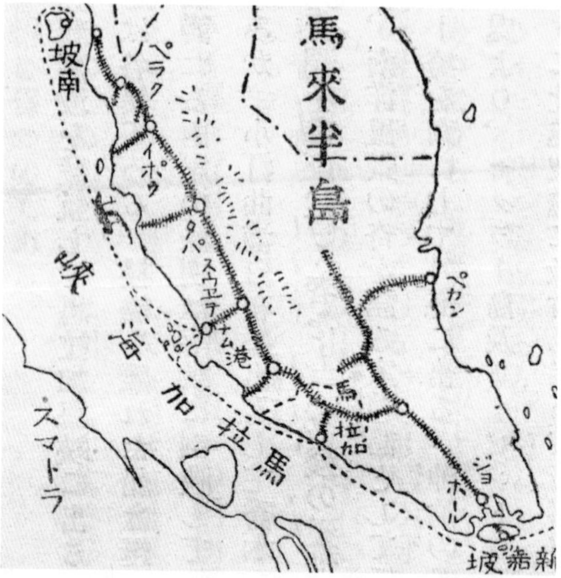

高山謹一，《西航雜記》（一九二〇年十二月，博文館）中收錄的馬來半島與馬六甲海峽的手繪地圖。

近，海面的透明度愈來愈明顯，最後海水變成了深綠色。船自東海南下，過了舟山群島之後，沿岸分布著大小島嶼，但皆為草木不生的石山，幾乎不見綠意，島的景觀和漁船的帆都為茶褐色，可以感受到「景趣」。乘客該在什麼時候更衣呢？當看到福建省外海東引島燈塔，進入台灣海峽，在這一帶氣溫急遽升高，即使是冬天也必須換衣服，帶著這本書，乘客就能做好心理準備。

## 閃電與蘇門答臘的山馬來之海

北側馬來半島與南側蘇門答臘之間，是馬六甲海峽。從馬來半島的都市馬六甲出港，朝著檳城航行時有一項特產，就是閃電。「我總是喜歡站在甲板上，凝視著瞬間閃爍的電光，其珍奇的形狀與輝映天空的幻影，真非兩國橋畔的煙火可以比擬。其光芒與其說是在日本見過的電燈光，更像是被火燒得泛紅的金屬色。」高山謹一在文中描述道。雖然此處閃電很少伴隨著雷鳴，但是一旦響起，就像是大鼓破裂般低濁的聲音，火柱如同劃破雲層般不斷發出電光的情景，真是難以言喻的壯觀。在某次航海中，高山見到了從未想像過的景象。約離水平線上「數間」（一間等於一點八公尺左右）高度的位置，烏雲密布，寶石般的星斗在雲上閃爍，雲與海之間閃電不斷地發著光，宛如「電光舞曲」。

自檳城出港朝向可倫坡時，孟加拉灣的安達曼群島（Andaman）與尼科巴群島（Nicobar）即進入眼簾。高山謹一說，無風的平靜日子裡，這片海上會出現水龍捲，他在某年的航海日誌上有這樣的記載。往南方看去，天與海之間出現了「漏斗」狀的漆黑物體，接著，連接海面的「漏斗」下方消失，形成「松茸」張開的形狀。不久，它的「莖」被摘掉，變化成黑雲，隨即驟雨如同瀑布般傾瀉在甲板上，嘗起來鹹鹹的，便知那是被捲上天的海水。像日本郵船歐洲航線這種速度快的大型船，即使駛進龍捲風的真空圈內也不需擔心，只是在日本沒見過的自然現象，足以療慰航海中的平淡。

有時去程與返程即使走過相同的地點，景觀也截然不同。最典型的例子是可倫坡，入港時從船上遠眺的可倫坡景觀，到處是充滿生命力的樹木襯托著紅色林立的民宅，去程的船客因為看慣了香港、新加坡、檳城的鮮豔色彩，所以不覺稀奇。但是返程的船客，一路上看著蘇伊士灣左右廣袤的黃色沙漠與紅海沿岸寸草不生的岩山，而且離開蘇伊士到可倫坡之間，航海約有十日餘，多日才得見的翠綠樹木與鮮明的紅色建築令人印象深刻，有人感覺它稱得上是「現代的伊甸」。船客無不急於上岸，想成為美麗陸地風景的一部分。

歐洲航線之旅，也是目睹歐洲列強殖民歷史與現在的旅程。錫蘭島從十六世紀初期開始，就受到葡萄牙、荷蘭和英國的統治。其中，葡萄牙實施的統治政策最為嚴酷，「極盡掠奪」的結果，據說即使是現在葡萄牙都受到「各地土民王族怨言的詛咒」。高山謹一的結論是，葡萄牙之所以淪為「歐洲西端的一小弱國」就是因為殖民地政策的失敗。荷蘭的做法就完全相反，他們「以和平為第一要件，尊重地方王族，每年都派大使拜會康提王朝」。這種殖民地政策的比較，肯定是植基於近代日本的國民意識，日本意圖成為遠東的帝國與歐洲列強對抗。

由於第一次世界大戰的記憶猶新，所以不論是《歐洲航線指南》與《西航雜記》中，都可見到戰爭相關的記述。前者的〈亞剌比亞海及紅海〉項中，包含了「彼之有名的『恩登艦』與『烏爾夫』二德艦出沒於此近海，令通航的商船十分煩惱。我常陸丸亦中其毒牙，化為遺跡」的記述，而後者則補充，航至可倫坡四百里（約七百四十一公里）以西處時，右舷看得到拉克沙群島與米尼科伊島。但是，有時依船長的裁決或是風向的影響而航行在島的北方。常陸丸就是在距離米尼科伊島五百里（約九百二十六公里）南方，中了沃爾夫（烏爾夫）的「毒牙」。當時，常陸丸走的航道是經由好望角，而不是蘇伊士運河，因此從可倫坡出航後，便朝著西南的方位穿越赤道。它與第一次世界大戰後的歐洲航線路徑有相當大的距離。船長富永清藏因責任感使然，在丹麥海峽從敵艦跳水自殺，而他也是高山謹一的友人。

也許是因為乘客與船員全數獲救，《歐洲航線指南》並沒有列出在地中海遭德潛水艇擊沉的八阪丸遇難地點。但是《西航雜記》記述了自塞得港出海後，八阪丸遇難的地點為「航行約六小時左右處」，相信也有乘客在船上讀著這本書，回顧大戰時的過往吧。

## 七、三宅克己攝影旅行中目睹的地中海浮動水雷

水彩畫家三宅克己在第一次世界大戰之前，去了歐美三次。三宅的《歐洲攝影之旅》（一九二一年十二月，阿爾斯）提到，第三次出洋是一九一〇年（明治四十三年）去倫敦參加日英博覽會。這一次，他走遍歐洲各國，足跡延伸到埃及，用了一年半時間，畫了三百多幅寫生，是一趟「滿足又興奮」的旅行，但一張照片也沒拍，「遺憾之極」。他無法速寫羅馬郊外遇見的羊群、快箭般急馳過地中海的帆船，和巴黎匆匆來往的婦女等快速移動的對象，也有很多須做精密描寫的建築和雕刻，光是速寫也不完全。所以，當一九二〇年二月有了第四次出洋的機會，三宅便帶著鐵拿克（Tenax）和阿格斯（Argus）相機同行。

一九一九年十月修定的《歐洲航線指南》（未記載出版年月，日本郵船），介紹日本郵船歐洲航線的十一艘船中，熱田丸、賀茂丸、北野丸和三島丸的船上，都備有談話室、吸菸室、診療室、酒吧、浴室、理髮室、攝影暗房、電燈、電扇、暖氣、製冰機、冰箱、滅火器，但是這本導覽當中，卻沒有說明其餘的七艘船有哪些設備或沒有哪些設備。三宅記述，「日本郵船公司的歐洲航線船，大多具備攝影暗房，看該公司的航線指南也都有記載。」但是他的記述並不正確。事實上，三宅去程搭乘的伊予丸和返程搭乘的加賀丸上，都沒有暗房的設備。停靠港

三宅克己在去程中拍攝的香港戎克船。攝影器材為袖珍式口袋鐵拿克（三宅克己，《歐洲攝影之旅》，一九二一年十二月，阿爾斯）。

和船內有為數眾多的攝影題材，如果可以立刻進行「底板」顯影和沖洗，想必船旅的樂趣也將大增。

不過在停靠港未必能自由的攝影。香港是英國的「要塞」，所以三宅克己認真的運鏡構圖。香港最應該拍攝的對象，是中國式的帆船，叫做「戎克船」（Junk）。無數的戎克船張開茶褐色的大帆，在港內交錯來去的光景，別說是日本，在上海或新加坡也難得一見。如果用「一般的照相機」，即使只是拍攝帆船也很招搖，容易引起「官吏視線」的關注，所以鐵拿克和阿格斯那種小型照相機比較方便。日本沒有類似景象的市區，尤其「支那町」是攝影的好題材，但是樓房層數高，加上日光就拍不到陰影的部分，三宅拍了三至四張，但都以失敗告終。

可倫坡到蘇伊士的十天之間，澆熄了他愛好攝影的熱情。單調的海面沒有可拍的題材，著名的水龍捲看起來像條黑柱，但是缺乏題材的趣味性，而且印度洋溫度高，背脊立刻被汗水浸濕。三宅乘坐的是沒有暗房的伊予丸，幸運的是輪機長愛好攝影。到了塞得港天氣稍微涼快之後，三宅借用了輪機室，試著將底片顯影。在船上無法盡情的沖洗，但是三宅寫過一本實用書《趣味攝影術：實地指導》（一九二〇年七月，阿爾斯），如果連這麼專業的人都沖洗照片失敗，哪還有臉面對船上的攝影愛好者呢。在自信與不安的交錯中，三宅終於克服萬難，順利地洗出了照片。

船自塞得港啟航之後，食堂掛出了公告，上面寫著若是觸及浮動水雷的話，乘客只能帶好簡便行李，坐進指定的小艇。掀開小艇的蓋子一看，艇內早就準備好儲存用的飲用水和餅乾。自塞得港出發的第三天，船隻航行在希臘外海時，伊予丸突然開始轉彎，正前方漂來圓形的物體，物體長了「角」，西洋人大叫：Floating mine（浮動水雷）。伊予丸在距離三百公尺處停了船，並從甲板試著發射小槍，命中了四至五發，但只發出「鏘——」的聲響，沒有爆炸。伊予丸只好用電報向義大利海軍告知，發現浮動水雷，然後駛離現場。

通過義大利與西西里島之間的墨西拿海峽時，不少人手持望遠鏡或照相機，出現在甲板上。海峽的寬度有「二十町」（約二點二公里）左右，所以即使拍照，也只能拍到山形、天空

三宅克己，《歐洲攝影之旅》中收錄了許多在歐洲航線拍攝的英國、義大利、荷蘭、瑞士、德國、法國、比利時照片。（最上圖）去程時拍攝的馬賽港；（右圖）在馬賽街頭按下快門的法國婦女；（左圖）回程從加賀丸甲板上拍攝的塞得港。

和海，肉眼捕捉到的山麓城鎮、山谷樹林、城壁般的鐵橋，照相機都拍不到。即使如此，受到琉璃色的海面、鈷藍色的山、往來白帆的吸引，轉眼間攝影家們都群聚了過來。雖然都是「山水照」，但是亞洲和歐洲的風景迥然不同，墨西拿海峽讓大家意識到自己真的到歐洲了。通過海峽，駛向斯通波利島（Stromboli），攝影師們再次動了起來，這裡有聞名的活火山，白天也看得到壯觀的火山雲。

三月二十六日，伊予丸到達馬賽，預備下船的三宅，卻在這裡犯了個錯誤。他在二等食堂聊得太愉快，直到服務生跑進來，催他快點下船。但是等他走出甲板時，垂降到岸邊的梯子已經收起，船開始動了。若是到倫敦下船，麻煩可就大了，所以輪機長建議，只要在近海搭上領航員的小船回馬賽就行了。然而，當時馬賽碼頭是出了名的不平靜，船員們也遇過倒楣事。此時他聽到岸邊操作起重機的駕駛說了幾句法文，駕駛便將吊掛貨物用的鐵鎖末端轉到甲板上，水手叫三宅抓住它，起重機將三宅吊到高空中，吊臂經過海面，最後在岸邊倉庫附近放他下來，甲板上發出「三宅君萬歲」的呼喊。

馬賽的飯店相當舒適，但是並不表示容易生活。那兒與日本的旅館大異其趣，只要鎖上門，闔上窗子，再關燈，飯店房間就成了暗房。房間裡有洗臉台，自來水也能任意使用。三宅調好顯像液後，就開始沖洗航海中拍攝的照片。完成顯像後，只要把底板放在浴缸的水龍頭下，沖洗約三十分鐘即可，最後將晾乾的底板收進和紙袋裡，記載拍攝時間、地點和標題。可能旅館裡也有類似的客人，飯店女服務生頗有經驗地給他方便，他花了三個晚上把好幾打的底板顯像完畢。三宅白天到市街上漫步，一旦看到想拍的題材就拍下來，女孩們的風姿令他印象深刻，三宅不斷地按下快門，回到房間就再繼續沖洗照片，周而復始地拍照沖洗，讓他心情愉快。

結束了約九個月的歐洲紀行，一九二〇年十一月二十二日，三宅克己從馬賽坐上加賀丸。聽說船上以「頭等船客為中心」，「就算借錢也要買頭等船位」，但是三宅還是進了二等艙。地中海的北風狂烈呼嘯，從馬賽到塞得港的一星期搖得相當厲害。三宅把自己關在房間裡，處於「半個病人」的狀態，到了塞得港才第一次走出甲板，只見不論是上甲板或下甲板，都有乘客在攝影。三宅也拿出照相機拍照，不知不覺交了好些攝影好友。不只是乘客，總管事備有名片型的鐵拿克，一等輪機員有ANGO，輪機長愛用蔡司相機。高級船員之外，服務生之間也相當流行攝影，只是技術還跟不上。三宅對攝影方法提了建議，大家半信半疑地試拍了幾次，不久後在船底沖洗間傳來了「棒極了」的聲音。

從此之後，三宅克己的客房外總是有來求教攝影的人在排隊，而且他畢竟是實地指導實用書的作者，他只要看看相機和鏡頭，就能說明如何曝光和顯像。這些人雖然自稱攝影愛好者，但實際上，許多人只是買了機器，對攝影知識可謂一竅不通。經過三宅指點之後，就能拍出「奇蹟」般照片的傳言不脛而走。連把照相機收進行李的人也都取出來，試著拍照。

「加賀丸高級船員及本國籍頭二等船客」（《印度洋演講會》，一九二一年三月，島津常三郎）。中排左起第二人是三宅克己，第三人是島津常三郎。該書〈乍僭越卷頭〉中，島津寫道，駛往印度洋時，有人建議開演講會，十二月八日起，演講會開了一個星期，並且發起「此有益之演講，若只聽不錄實為遺憾，因而付梓印行之議」，因而將之出版。

二等船客的二十四人中，包含三宅克己外在內，只有兩個日本人，而頭等船客之間有人提議舉行演講會，這班加賀丸上，「充斥著一大群學者，甚至可以說本船搭載著日本帝國的嶄新智識」。文部省派遣到德國、英國、法國的研究者，大多乘坐歐洲航線船，因此一船有多名研究者也並不稀奇。他們經常舉行船上演講會，做為慰藉長途旅行的活動，但是把講稿內容整理成書倒是少見，這班船演講會收錄在《印度洋演講會》（一九二一年三月，島津常三郎）出版。發行人島津是島津製作所的董事，該公司專門製作學術用機器，他是為了調查第一次世界大戰時X光機發達的情形，專程到德國去，回程時搭乘了加賀丸。島津也在演講會上發表了

「關於X光」的演講。

收錄於該書的演講共十五場，三宅克己的演講主題是「歐洲的繪畫」。研究者的學業領域分布得相當廣泛，有醫學、工程、商學、法學、藥學等，所以演講主題也是五花八門。從「有關毒氣戰爭」（慶松勝左衛門）、「德意志的賠償問題」（青木一男）、「英國軍艦的演進」（藤本喜久雄）等標題，可以嗅出第一次世界大戰剛結束的氣氛。在書前頁收錄的團體照「加賀丸高級船員及國人一二等船客」中，中排自左數第二人是三宅，第三人是島津，他的右邊，則是在這次航海中擔任船長的野尻百熙。

## 第五章

# 一九二〇年代旅行季節的到來
# （1921-1931）

一九二〇至一九三〇年代，觀光旅行成了一大熱潮，日本郵船為外國旅客製作發行了英文版導覽，上圖右邊的NYK *Japan-Europe Service*即是其中之一，推測發行於一九二三年，內容刊載了「一九二四年一月／六月的歐洲航線時刻表」，例如一月三日從橫濱出航的客船，預計會在二月二十三日到達倫敦。左邊的《歐洲航線乘船指南》則為日本旅客介紹了橫濱、神戶、下關、門司的上船地點，發行年不明，但是靖國丸（一九三〇年二月完工）也在使用船之列，所以，推測應該是一九三〇年代前期的導覽手冊。

# 一、視察員、觀光客、留學生激增與大阪商船加入歐洲航線

一九一八年（大正七年）十一月第一次世界大戰結束，到一九二九年十月經濟大恐慌之間，一九二〇年代是相對和平安定的環境，所以成為旅遊興盛的時期。《讀賣新聞》一九二三年四月八日刊出的〈客船航線近況〉報導，敘述了日本郵船的歐洲航線旅客滿載的新聞。在俄羅斯革命後為進軍西伯利亞，西伯利亞鐵路無法乘坐，經由美國航線需要轉乘鐵路有其不便，因此旅行客自然而然集中到歐洲航線來。法國和英國郵船雖然也都走歐洲航線，但日本郵船運費低廉，所以最為熱門。出席國際會議的人、視察員、觀光客、留學生等人數激增，歐洲航線充滿朝氣。

並不是哪個船公司都能加入歐洲航線。「歐洲遠東往航同盟」與「歐洲遠東返航同盟」不接受新公司加入，所以在日本，只有日本郵船持有定期航線。根據神田外茂夫編的《大阪商船公司五十年史》（一九三四年六月，大阪商船）的內容，大阪商船雖然並未加入同盟，但是由於歐洲軍需品、糧食需求量提高，所以自一九一五年起，也讓馬來丸和印度丸前往歐洲，同盟也因為運載空間不足，在戰時默許了大阪商船的船隻，並且在大戰結束後的一九一九年一月正式承認大阪商船的加入。在〈商船歐航發展〉（《東京朝日新聞》，一九二三年七月二十八日）

中報導了大阪商船的倫敦丸客船會於八月二十九日自橫濱啟航，前往漢堡，執行它的第一次航海。

插圖為一九二二年七月發行《歐洲航線指南》（大阪商船）的封面。這本導覽中的內容與新聞報導不同，它說明歐洲航線共有七艘船在營運，船名幾乎都以平假名標示。定期航線每月一班，但是終點站不是漢堡。去程的停靠港有神戶、大連、上海、香港、新加坡、可倫坡、蘇伊士、塞得港、馬賽、倫敦、漢堡、鹿特丹、安特衛普。報導中提到的倫敦丸，八月二十九日從橫濱啟航，十月二十日到達馬賽。日本郵船的歐洲航線船從神戶到馬賽，需要四十三天時間，但大阪商船為四十九天，多了一點點，理由之一是它在大連停靠。倫敦丸和巴黎丸的總噸數為七千四百噸，頭等艙乘客的名額為二十人。

到了翌年，歐洲航線的每艘船都還是呈現滿載的盛況，各國郵船的競爭也愈來愈白熱化。〈歐洲配船改善〉（《讀賣新聞》，一九二三年六月二十六日）提到，英國、義大利、德國、法國的郵

《歐洲航線指南》（一九二二年七月，大阪商船）的封面。創立於一八八四年五月的大阪商船，這時候包含「內地」，共擁有五十條定期航線，與一百三十六艘共四十四萬噸的船。

船都更換配船以提升速度。日本郵船也讓一萬零三百八十噸的白山丸加入營運，現在執務中的十艘船，預計依次自航線撤出，以改良蒸汽機的設備。

以往船公司認為只要把旅客從出發地（日本）載運到目的地（歐洲）就行了，但旅行時代的來臨動搖了這樣的觀念。在日本郵船一九二三年八月完成的《第二次印度佛跡朝聖旅行團企畫書（附旅程）》中記載，前一年該公司與托瑪斯・庫克公司共同策劃了印度觀光團，相當成功，所以再接再厲，策劃了第二次印度佛跡朝聖旅行。旅行計畫在十一月十九日於神戶搭乘若狹丸，十二月一日到達可倫坡，參觀過錫蘭的康提之後，渡海到印度大陸。十二月十九日到達馬德拉斯，接著到普里（Puri）、加爾各答、巴特那（Patna）、加雅（Gaya）、貝拿勒斯（Banaras，現在的瓦拉納西〔Varanasi〕）、德里、亞格拉（Agra）、加爾岡（Jalgaon）、阿旃陀（Ajanta）等古跡巡禮。一月二十四日到達孟買，從那裡搭乘丹波丸回到神戶。報名截止日期為十月三十一日。

這趟團體旅行是否有真的出團不得而知，因為這份企畫書完成的一個月後，一九二三年的九月一日發生了關東大地震，

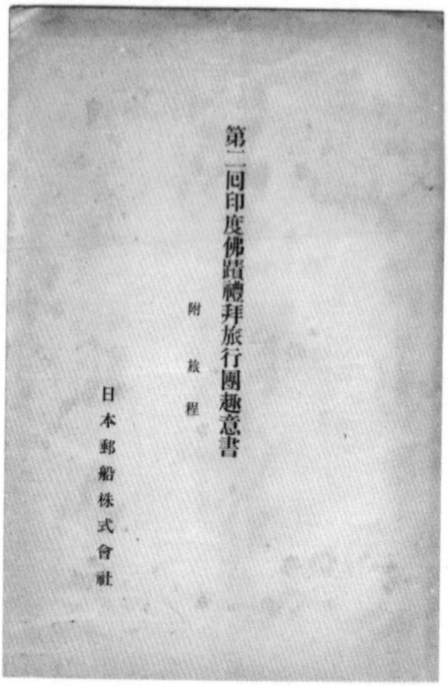

《第二次印度佛跡朝聖旅行團企畫書（附旅程）》（一九二三年八月，日本郵船）的封面。

報名處的日本郵船總公司毀損嚴重，橫濱分公司倒塌燒毀，東京與神奈川的交通中斷，阻礙了對受災者的救護行動。日本郵船編，《日本郵船株式會社》（一九三五年十二月，日本郵船）中提到，日本郵船停開長崎上海線，長崎丸與上海丸改走神戶至品川之間，每隔一日輪流出航。此外，神戶上海線、橫濱上海線也暫停，將船隻挪用於救災行動。九月三日到十月六日，日本郵船與近海郵船公司自震災中移送的避難客達到兩萬七千九百七十三人，其中大半都是免費運送。至九月二十日為止，運往京濱一帶的米穀多達四十八萬八千兩百六十六袋。

一九二〇年代中期，日本漸漸從關東大地震中恢復之後，日本郵船發行了五十六頁的《埃及觀光》（一九二五年五月，請參見附圖）小冊。該書首頁寫道：「從船上看得到金字塔嗎？是通過蘇伊士運河時船客經常會有的疑問。（中略）堅持一定要看到世界七大奇跡之一的船客，可以在從古倫母（可倫坡）到達蘇士（蘇伊士）時上岸，利用船通過運河，在坡西土（塞得港）啟航前的這段時間達成心中所願。」「金字塔」就是呈金字形的塔，也就是pyramid。這本冊子的編纂，即是為了方便遽增的日本觀光客使用，日本郵船每船的日本人數，已經不再有不滿十人的狀況，人多時超過六十人，大部分的人都是想去開羅觀光。旅行正夯的時代，埃及觀光成了歐洲航線的一大賣點，日本郵船也與托瑪斯．庫克公司合作，規劃了當天往返或兩天一夜的小旅行。《埃及觀光》中刊載的托瑪斯．庫克廣告中記載「詳情請詢問日本郵船公司歐洲航線總管事」，不論是當天往返或是兩天一夜，都依到達蘇伊士的時間來決定，前者為七點

③

①

日本郵船為歐洲航線的旅客，發行了各式各樣的導覽手冊。相對於經由西伯利亞鐵路或美國的路線，歐洲航線的最大賣點，就是參觀埃及的金字塔與人面獅身像的小旅行。（圖一）的《埃及觀光》發行於一九二五年五月，四年後的一九二九年十二月，又發行了（圖二）的再版。自此六年後的一九三五年八月，又發行（圖三）的三版。義大利龐貝城的古跡之旅，與金字塔同為一大賣點。（圖四）是下位春吉編，《造訪死城龐貝（附拿坡里市區與郊外觀光）》，出版於一九二六年十月。（圖五）的二版發行於一九二九年八月。除此之外，還有（圖六）《郵船的世界一周》於一九三二年八月發行三版。（圖七）的《歐洲大陸旅行日程》在一九三六年二月發行第四版。世界一周的有效期限為出國的兩年之內，不需要持續的旅行，也可以在美國或歐洲公務之餘進行。

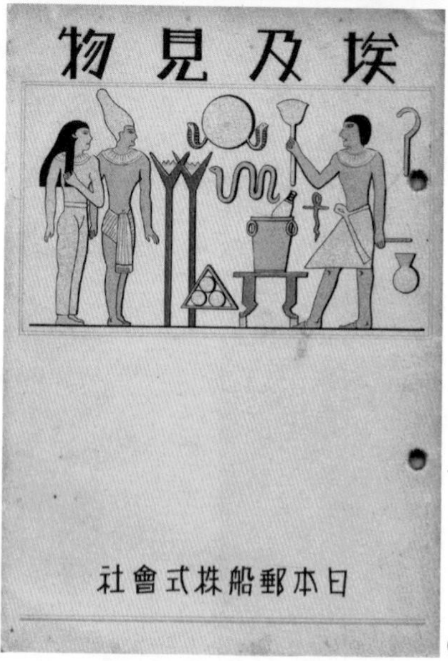

②

死都ポンペイを訪ふために
日本郵船
⑤

死都ポンペイを訪ふために
日本郵船
④

歐洲大陸旅行日程
日本郵船株式會社
⑦

郵船の
世界一周
日本郵船
⑥

在蘇伊士站搭乘列車，中午十二點四十分到達開羅站，參觀金字塔、人面獅身像和清真寺，傍晚六點十五分自開羅出發，晚上十點三十分回到停在塞得港的船。後者為傍晚五點自蘇伊士站出發，晚上十點十五分到達開羅站，在開羅停留一夜後，翌日觀光，再回船上。塞得港的南部兄弟商會也在冊子上登出「開羅觀光指南」的廣告。

若是參加當天往返的行程，從蘇伊士站搭三小時列車，然後在伊斯梅利亞換車，不久就可望見吉薩金字塔出現在遠方。若是兩天一夜的行程，夜晚參觀金字塔更富情趣。開車走過尼羅河上的長橋時，心中不免湧起「若是沒有尼羅河，會有埃及嗎？」的感慨，之後在利比亞沙漠的一角下車，騎在駱駝背上搖來晃去走到金字塔。內部探險雖然有趣，但爬上金字塔看到的三百六十度全景，將會令你「終生」難忘。接著到清真寺體驗「莊嚴專注的禮拜」感受伊斯蘭教「神祕的力量」。不過編者坦白自己只去過塞得港，並沒有實地勘查過，那份感慨也許是抄自參考文獻。

歐洲航線的賣點不只有吉薩金字塔和開羅，各地都有世界史或地理教科書上耳熟能詳的景點。一九二四年八月三十一日，在《東京朝日新聞》上出現一則〈日義航線開航〉的小新聞，報導翌年一月三日從倫敦出航的熱田丸，將會停靠拿坡里。在「看過拿坡里再死」的宣傳文句吸引下，不少旅客希望在此下船。停靠拿坡里可以到龐貝城觀光，龐貝城的遺跡位在拿坡里近郊維蘇威火山的東南側。

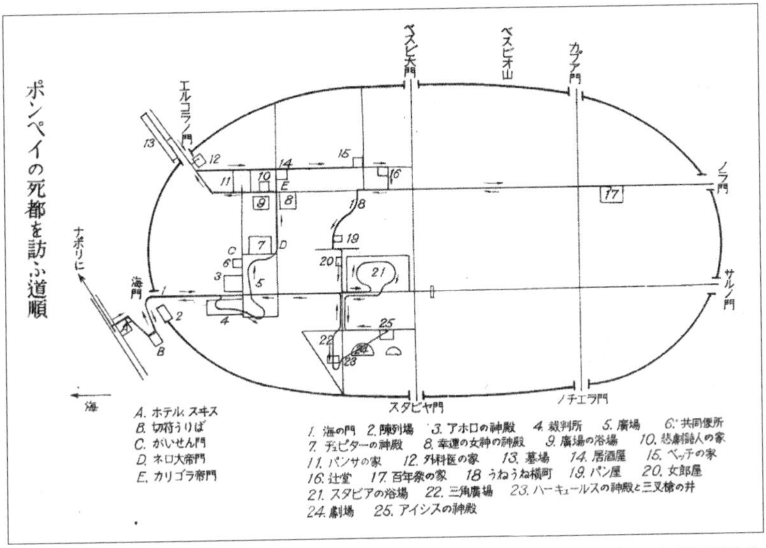


「造訪死城龐貝的順序」（下位春吉編，《造訪死城龐貝（附拿坡里市區與郊外觀光）》，一九二六年十月，日本郵船）。

停靠拿坡里的一年九個月後，日本郵船發行了下位春吉編，《造訪死城龐貝（附拿坡里市區與郊外觀光）》一書。下位是在航向義大利的船中寫的草稿，最初他把草稿收藏在香取丸的書架上，但船長建議將它印刷成書，於是出版成全書一百三十三頁的手冊。「附拿坡里市區與郊外觀光」介紹了十九世紀前期詩人賈科莫・萊奧帕爾提（Giacomo Leopardi）的墓地、因歌曲聞名的聖塔盧西亞教堂等名勝。另外還有魚市場、博物館導引和名產的介紹，完全是拿坡里觀光導覽的架構。

不過，這本手冊最精采的還是龐貝城的介紹吧。龐貝城在西元六二年的大地震中受害慘重，不料西元七九年維蘇威火山大爆發，又將漸漸復興的龐貝埋沒在地裡。經過了十七世紀，到了一七四八年，人們在田裡發現大理石像，於是展開挖掘。挖掘物全部留在現場，碎片用水泥接上，梁和柱根據斷片復原。即使到了手冊發行的時候，還有三分之一尚未挖掘出來，但已能體會到昔日的龐貝。龐貝的入口處有許多導遊在等著，但下位春吉誠懇地忠告，他們沒有考古學的知識，還是別雇用為宜，讀過手冊把該看的地方記在腦中，自己去走一遭就足夠了。人數太多時，如果能在拿坡里與日本人專業導遊安東尼歐簽有合約的話，便可以不用承受「囉嗦嚮導的圍攻」。

## 二、國畫創作協會同好「藝術巡禮」，速寫停靠港的景致

在一九二〇年代的旅遊季節中，走歐洲航線到歐洲的視察員、觀光客、留學生當中也不乏美術家。一九二一年（大正十年）十月六日，從門司啟航的賀茂丸上，坐著國畫創作協會的小野竹喬、黑田重太郎、土田麥僊、野長瀨晚花。這行人的紀錄出版成大阪時事新報社編、黑田重太郎記述的《歐洲藝術巡禮紀行》（一九二三年八月，十字館）。序文中記述：「國畫創作同好以這次的藝術巡禮，做為畫家組隊觀摩各地世界藝術之濫觴。」為抵制傳統的文部省美術展覽會，國畫創作協會在旅行的三年前成立，旨在摸索西洋與東洋美術的融合。對日本畫家小

土田麥僊，〈馬拉加的泊船場〉（大阪時事新報社編，黑田重太郎記述，《歐洲藝術巡禮紀行》，一九二三年八月，十字館）。馬六甲在一八二四年的英荷條約中成為英國的領土，但因為海灘平淺，無法發展為港灣都市，日本郵船歐洲航線於一九二七年不再停靠。該書也記述「因為平淺，船在外海」停泊，乘小蒸汽船登陸「不需三十分鐘」。

野、土田和野長瀨而言，直接面對異文化是開拓新藝術世界的契機。

一行人在香港時沒有什麼創作成果。入港時正要拍攝中國帆船時，船員提醒他們，這裡是要塞地帶要特別小心。因此上岸後，他們也不便提筆作畫。壓抑太久的小野竹喬在客房裡，透過窗口為港內速寫。然而，由於潮汐的關係，船會漸漸轉動，畫到一半時，原先的對象從視野消失了。出港時才有人告訴他們，只有山上軍營附近禁止攝影、速寫，但港內沒關係，但是已經錯過了時機，賀茂丸早已轉向新加坡開航了。

他們在新加坡停留了一夜，第一天坐汽車繞了一圈，看好寫生的地點。但是第二天再去時，卻又不想畫了。黑田請司機留言給旅館，說他們決定在附近重新勘景，而土田麥僊、小野竹喬、野長瀨晚花在這時雇了人力車，先走一步。落單的黑田叫了人力車追趕，在一英里（約一點六公里）以外的地方，終於發現了寫生中的三人。專心作畫的四人在中午一度回到賀茂丸，但又到碼頭附近繼續寫生，直到出港的一小時前才回船。

尋找異文化的作畫題材並非一時的興趣。船在馬六甲只停泊幾小時，所以放棄在這裡寫生。若是想上岸，可以坐小蒸汽船。黑田重太郎拿了照相機跑上甲板獵景。回船前，他們走回碼頭搭乘蒸汽船的時候，發生了一個小意外。從水岸連接船的木板因為體重的重量，折成了兩半，四人中有三人都上了船，只剩土田麥僊還在岸上。但是不知道這算不算是幸運，離最後一班小蒸汽船出發前還有三十分鐘，土田利用這僅有的時間，將碼頭附近兩至三處的景色都畫在寫生簿上。插圖即其中的一張，題名為〈馬拉加（馬六甲）的泊船場〉，右下可見他的簽名、地點和日期的記載。

繼續海上的航行，美術家們閒得慌，眼前所見只有一大片海和天，沒有可速寫的對象。從可倫坡到蘇伊士的一星期，是最無聊的期間，四人每天度過「單調且乏味的時間」。呆望著飛魚躍起，黑田重太郎把牠們想成是「尊貴的大人」正「前往遙遠的西歐旅行的半途中」。海上的某個晚上，被船燈吸引過來的飛魚躍進甲板，許多報紙都登出這個消息，認為是「吉兆」。

不只是報紙，這個小插曲也出現在詩人溝口白羊整理的《東宮御渡歐記》（一九二一年七月，日本評論社出版部）中。東宮即是皇太子，指的是後來成為昭和天皇的迪宮裕仁親王。一九二一年三月三日，裕仁親王自橫濱登上皇家用戰艦香取號，率領隨侍戰艦鹿島號，展開巡迴歐洲各國的旅行。正當艦隊行經宮古島附近航向香港時，兩艦的前板上，幾乎同時各跳進三條飛魚。溝口寫道：「東方的水平線上，赤紅的太陽沉靜地劃開海浪浮出水面的莊嚴景象，賜予一種神祕的吉祥暗示，展現在人們面前。」船舷的高度有二十尺（約六公尺），一行人大喜，認為跳進戰艦甲板的一定是「祥瑞」。侍從長入江相政

香港到新加坡之間，從鹿島戰艦拍攝的香取艦（溝口白羊，《東宮御渡歐記》，一九二一年七月，日本評論社出版部）。

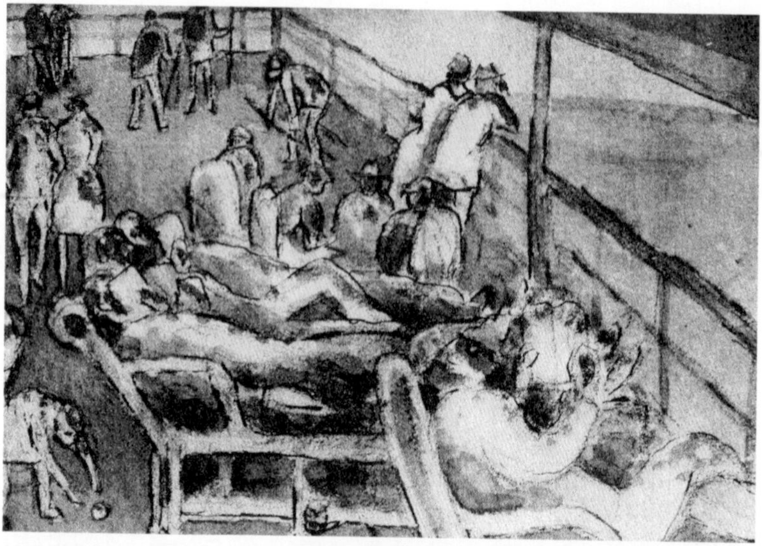

野長瀨晩花，〈賀茂丸甲板〉（大阪時事新報社編、黑田重太郎記述，《歐洲藝術巡禮紀行》）。這張畫在書中提及在印度洋航行一星期的那節。畫中描繪出那段期間百無聊賴的樣子，人們只能「躺在甲板的籐椅上」看小説，玩甲板高爾夫，或是呆望碧藍的海水。賀茂丸總噸數八千五百二十四噸，為長崎三菱造船廠於一九〇七年十二月建造。

吟道：「此乃多福之兆，今晨魚躍香取及鹿島。」

這個小插曲，因為成為裕仁訪歐吉兆而聞名一時。在二荒芳德、澤田節藏記錄的《皇太子殿下御外遊記》（一九二五年十二月，大阪每日新聞社，東京日日新聞社）中，也記載三月七日清晨，三條飛魚幾乎同時跳進二艦內，艦內一齊為「飛躍」的吉兆而歡喜不已。不過入江相政侍從長的詩略有相異，這本書中記載「看見多福之兆，今晨魚躍香取及鹿島」。

黑田重太郎想起了五年前的訪歐之旅。蕩漾著寒冬氣息的十一月，自神戶到新加坡的兩星期間海象都相當惡劣，船上一點了燈，就有數尾飛魚跳了進來。同行到可倫坡的日本畫家石崎光瑤把前一晚在甲板撿到的飛魚，放進洋餐盤，認真的畫了寫生。其他船客中，有人將這「吉兆」做成鹽烤魚，配上日本酒高談闊論。冬季海象凶猛時，湧起的海浪相當接近日本郵船的甲板高度，飛魚很容易就跳進甲板，雖然黑田並不是在對「吉兆」吹毛求疵。

十一月九日到達蘇伊士，一行人中有二十幾人利用船離開塞得港前的時間，到開羅去玩。在日本郵船發行《埃及觀光》（一九二五年五月）的三年半前，這段旅行路線就已經存在了。參加者大部分是日本人，此外還有美國人與法國人各一名。乘小蒸汽船上岸後，日本郵船代理店派了一名「眼神可怖、留著長鬍子的彪形大漢」來迎接。當地人只要圍上來，嚮導就拿起粗洋傘把他們痛打一番，黑田重太郎本來覺得他是個「惹事的傢伙」，但後來理解了，因為「不那麼做，那些人就沒完沒了」。一行人在伊斯梅利亞車站的咖啡廳裡等駛往開羅的列車時，有個小男孩妄自上前幫他擦鞋，而當他看到列車冒煙站起來時，有個男人從他腋下搶過他的皮包幫他提，事後他們都要求「過分的小費」。

在開羅預約了汽車，一行人穿過燈火通明的街道，駛向吉薩。汽車在小廣場上停下，幾個拉著駱駝的阿拉伯人湊上前來，像吵鬧般大聲嚷嚷。大家聚成一團不敢散開，因為萬事通早就提醒過，那些人「與強盜無異」，一定要小心，嚮導揮起洋傘，只要駝夫想把誰拉出去，他就打下去。不久後，一行人按著嚮導的指示，騎到駱駝背上。由於駱駝是後腳先起，一手拿包、一手拿杖的黑田重太郎，差點從前面栽了跟頭。

日本郵船後來發行的《埃及觀光》中呼籲，去埃及的旅客一定要小心當地的小販和金字塔的駝夫。前者聚集在開羅的名勝或塞得港市內，一開口就「敲竹槓」，後者以勒索酒錢聞名，不論哪一種語言的埃及導覽書都提醒讀者要注意。只要一開始與駝夫議定價格，即使他後來怎麼強迫要求，也要裝作沒聽見，讓他自己放棄。一行人能不能遵守書中的提醒，備受考驗。

首先是去程。駝夫問黑田重太郎說英語還是法語，黑田回答法語，他就開始介紹金字塔，正當感嘆它的巨大時，話鋒一轉，駝夫便開始索討酒錢。對方問：「你有沒有忘了什麼？」黑田回答：「沒有。」那駝夫便三番兩次的伸出手來。來到人面獅身像前時，沙漠的空氣變得澄明，存在四千年以上的巨大雕像，在明亮月光照耀下的情景，令黑田心蕩神馳。嚮導為了讓他看清楚，燒起了鎂粉，燒完之後，又走向古代墳墓區，嚮導在此又點火燒鎂粉，開始另一番說明。

接著是回程。駝夫索討酒錢更加激烈了，有人受不了糾纏給了錢。黑田重太郎沒給，但回到廣場下駱駝時，他被帶到了陰暗的角落，幾個粗暴的男人從兩側抓住他的手腕。黑田死命地掙脫了他們，但後來想想寧可給錢了事。有人遭到駝夫威脅，若不給錢就要鬆開馬蹬（掛在馬鞍兩側的腳靠）讓他摔下來。對美術家來說，古代藝術趣味無窮，所以只要時間上夠寬裕還會想再訪。但是黑田想，實在沒有勇氣再去那個「充斥厚重塵土與乞丐特質者」的地方。

雖然對東南亞的異文化、和埃及的古代美術充滿興趣，但四個美術家的主要目的，還是書名所標示的「歐洲藝術巡禮」。十一月六日清晨，一行人到達馬賽，前一晚，黑田思考著「過去的往昔、今後的未來」幾乎難以成眠。太陽升起，濃霧散開，看見聳立在山丘上的聖母教堂，四十餘天的航海結束，黑田感受到內心的悸動。那應該是「嚮往之地」法國正出現在自己眼前的喜悅吧。

## 三、漫畫家近藤浩一路初訪歐與彌次喜多珍道中

漫畫家兼水墨畫家近藤浩一路，首次出洋是在一九二二年（大正十一年），在巴黎，他與東京美術學校西洋畫科的同學藤田嗣治重逢，在西班牙，他欣賞到艾爾·葛雷柯（El Greco）及法蘭西斯科·德·哥雅（Francisco José de Goya）的畫作。一九一〇年代前期，近藤考進讀賣新聞社，岡本一平在朝日新聞社，池部鈞在國民新聞社，三人都是聞名一時的新聞漫畫家。岡本與池部也是東京美術學校西洋畫科的畢業生。近藤的出洋體驗，整理成《現代幽默全集九·近藤浩一路集·異國膝栗毛》（一九二八年十二月，現代幽默全集刊行會，以下簡稱為

〈午餐的銅鑼〉（《現代幽默全集九・近藤浩一路集・異國膝栗毛》，一九二八年十二月，現代幽默全集刊行會），畫中的三個人，左為「鈴本」，中為「大寺」，右是近藤浩一路。

《異國膝栗毛》），這本書以出洋相為中心，全書充滿了想逗笑讀者的意圖。1

一月十四日，近藤浩一路在神戶坐上日本郵船的三島丸，同行的有「大寺」與「鈴本」二人。第一次世界大戰後的歐洲航線大客滿，他在〈午餐的銅鑼〉中寫道，三人擠在一間兩人客房，以沙發權充床，相當於起居的空間只有一坪半左右，連個立足之地都沒有。他在船上第一次出糗是來自午餐的信號，聽說按規定，銅鑼響兩聲就要去食堂，三人「自以為很懂的」等著鑼響，可是第二聲鑼一直沒響，三人狐疑之下走到了食堂一看，就像插畫中的景象，背後的餐桌已經一個人都沒有了。服務主管對三人解釋，午餐在第一聲鑼響時就要到場，正當他們覺得丟臉、不知如何是好時，服務生送來外語的菜單，上頭寫些什麼也完全看不懂。

近藤浩一路本來就不愛洋食，他的妻子和母親也不熱中，所以平時洋食從沒上過餐桌，但為了準備出國，近藤連續五個月進行「吃麵包練習」，現在吃麵包沒問題，但洋食還是不習慣。他在箱根的富士屋旅館，因為看不懂外語菜單，隨便亂點，以至於上菜的順序反了，逗得女侍應咯咯笑。他把菜單帶回房間，以備未來之需。可是有個單字，不論是英語、法語還是德語字典都找不到，他向人一問，才知道 sawara 就是「鰆魚」[2]，大為喪氣。若是心靈少了閒情，味覺也會心不在焉，那些菜像精養軒般豪華，本來他認為一定會很美味。走到甲板，他遇到畫家久米桂一郎，久米已經是第四次出洋。「不好吃」，他對餐點小小抱怨了一番，其他三人一聽大感意外。

第一次晚餐的三十分鐘前，銅鑼響了第一聲。按照禮儀應換上燕尾服，然而聽說近來的歐洲航線，頭等艙的船客也可以穿便服了。三人決定穿西裝，近藤浩一路沒有穿西裝的習慣，唯獨的一件西裝是過世岳父留下來的，已經十年沒人穿過了，不但樣式老舊，尺寸也不同，再加上他根本不知道打領帶的方法。所以後來在回國之前，他在德國的西裝店訂做了一套。〈化妝〉的插圖是三人去食堂前的模樣。由於不習慣洋服，光是打領帶就花了不少時間，而且只有兩面鏡子，三人雖然擔心會遲到，但還是結伴同往。

1　譯者注：栗毛即是栗色的馬，「膝栗毛」的意思就是以自己的雙膝當作馬，也就是徒步旅行的意思，一八〇二至一八一四年日本作家十返舍一九出版了滑稽本，《東海道中膝栗毛》，描寫主角彌次郎兵衛與喜多八在東海道旅行的故事，因為翔實記述了江戶時代東海道的實況，因而成為珍貴的紀錄。

2　譯注：鰆魚即馬加魚，日語本就念成 sawara。

〈船中的浴缸〉（《現代幽默全集九．近藤浩一路集．異國膝栗毛》）「我」開始懷念、羨慕在日本錢湯「悠閒地浸泡到像煮熟的章魚般腦門發紅」。

〈化妝〉（《現代幽默全集九．近藤浩一路集．異國膝栗毛》）。雖然還在瀨戶內海，但是身在歐洲航線的船上，三人都很緊張，即使是便裝，也要「在外國人面前不丟臉，在服裝上盡善盡美」。

至於洋式的浴缸，他早已先在名古屋飯店和富士屋飯店見習過了，只是飯店的浴缸和船上還是稍有不同，後者在船停泊時不能用，此外洗澡的時間和順序也有規定。在神戶一上船，服務生便拿了入浴時間表過來，請他們寫下希望洗澡的時段，一人最多十五分鐘，所以不可以泡長澡，近藤浩一路指定了清晨六點半開始的十五分鐘。而且船上浴缸裡的熱水是海水，海水洗起來會黏黏的，必須小心地擦乾淨。我們來看〈船中的浴缸〉插圖，因為熱水量不多，所以背脊和腳尖都會露出來，腳邊的洗臉盆裡放的是煮沸的淡水，只有這盆淡水，所以必須用少量的淡水有效率地洗去身上的海水。

從門司出港後，來到航線第一個難關，玄界灘。第一次去海外的人，因為不清楚自己會不會暈船，出港後就會開始在「甲板上繞圈圈走路」，不論西洋人或日本人都在甲板上健走，這是種「增強抵抗力」的嘗試，以便「讓胃更健壯」。以「優秀的猛將」著稱的中校，也因為不適應船上，而在甲板上繞圈子，最後還放了一把藤椅，進行障礙物散步，但是在對效果存疑的人眼中，愈是熱中此道，恐怕愈顯得滑稽吧。三島丸八千五百噸，從門司至上海之間，船艙嘎吱搖晃，八十人當中只有十人左右能走進食堂吃飯。「暈船這檔事」的插圖，畫的是久米桂一郎散步的模樣，由於船在搖晃，姿勢都歪成了く字形。雖然久米自稱不適應搭船，但是食堂裡總是能見到他的身影，不知是不是習慣出洋的關係。

〈暈船〉（《現代幽默全集九．近藤浩一路集．異國膝栗毛》）一行人搭乘的三島丸，由神戶川崎造船廠，於一九〇八年四月建造。總噸數雖然大，但是海象凶猛，船身便會搖晃。如果畫中的「く字形」表現出「搖晃的程度」，那應該搖晃得十分嚴重。同室的「大寺」、「鈴本」不論早餐、晚餐都缺席。

時差的調整是近藤浩一路前往歐洲時最深有所感的事，在接近上海的某一天，時間要調慢三十分鐘。〈調慢時間〉插圖，畫出三個男人在調整自己時鐘的樣子，聽到時差的常識時，近藤感覺晴天霹靂。在東京時他

〈熱帶植物〉（《現代幽默全集九．近藤浩一路集．異國膝栗毛》）。新加坡位於赤道以北一百三十七公里，從船長室的植物生長可以認識到異國風土、氣候，也是歐洲航線之旅的特徵。

〈調慢時間〉（《現代幽默全集九．近藤浩一路集．異國膝栗毛》）。離開日本短短一天，三人的意識中，就已經形成「經度」的世界地圖概念。

從未意識到時差，一直根據日本的標準時間生活。但是這時候，他才真正體會到以格林威治天文台子午線為經度零度，日本位在東經一百三十五度的事實。第二天，時間又再調慢十五分鐘。

船長室是船內特別的所在，備有船長專用的沙龍、臥室、浴室、廁所。三島丸船長的興趣是畫畫，雖然一年前才開始學習，但已經有了長足的進步，「那也是應該的」近藤浩一路在〈熱帶植物〉中寫道，第一次世界大戰後的日本西畫家紛紛前往巴黎，不論去程還是返程都是搭船，所以船長永遠有優秀的家庭教師在旁指導，擔任第一位家庭教師的是「巴里春之沙龍會員小島老師」，「小島老師」指的是一九二一年到巴黎，第二年入選秋季沙龍（Salon d'automne）的小島善太郎吧。船長只要一有閒暇，就會立刻拿起調色盤，在停靠港可以取得珍稀的水果畫靜物畫，插圖是為新加坡買的熱帶植物寫生的場景，但這時他犯了個錯誤，因為一時忙碌，幾天怠忽了寫生，植物超出預期的成長，構圖全都白忙一場。

歐洲航線中可倫坡與蘇伊士之間的印度洋航程，時間最長，而且因為靠近赤道下方，天天酷暑難耐。船上為了打發無聊，積極地推出運動會、化裝遊行、舞會等企畫。近藤浩一路被任命為運動會的日本幹事，為企畫的討論傷透腦筋。日本人與西洋人的文化出現很大的差異，從近藤的眼光看，西洋人偏向物質主義，重視獎品，此外，對女性過分尊重。運動項目當中最受好評的是吃麵包競走，我們可以看到插圖中，比賽者的雙手被反綁，盤子裡盛著麵包粉，埋住餅乾大小的麵包。比賽者把臉貼在盤子上，被滿嘴的麵包粉嗆到，觀賽者看了哈哈大笑。

〈吃麵包賽跑〉（《現代幽默全集九．近藤浩一路集．異國膝栗毛》）。只有頭等、二等船客參加運動會，從這樣的活動也能看出船上的階級性。

選擇日本郵船的西洋人，大多對日本文化感到興趣，音樂會上只八大

〈自彊術的宣傳〉（《現代幽默全集九．近藤浩一路集．異國膝栗毛》）。外國人「不喜歡裸體」，所以他們剛開始只在夜深人靜時活動。

受歡迎，演奏完後，西洋人一臉稀奇的把尺八筒拿起來，像看望遠鏡般對著光看。同樣引起西洋人好奇的還有自彊術，自彊術是一九一六年中井房五郎自創的健康操，一九一〇年代後期至一九二〇年代初，中井和十文字大元、松平康國出版了入門書。高齡但作風洋派的醫學專家川本，操著英語和德語努力宣傳，近藤浩一路也成為「追隨者」之一。由於客房太狹窄，從〈自彊術的宣傳〉插畫可知，大家都在甲板上做起半裸體操，原本旁觀的西洋人，最後也穿著襯衫來參加。在歐洲航線的日本郵船真正踏上歐洲土地前，初次出洋的近藤已經漸漸習慣了異文化。

二月二十五日船隻到達馬賽，脫離一個半月的船中生活和來到嚮往之地法國的喜悅，讓近藤滿懷激動。馬賽的棧橋上出現了和田英作的身影，他是來迎接久米桂一郎，和田是近藤在東京美術學校的恩師，看到恩師精神奕奕的樣子，近藤不禁眼角泛淚。〈愛流淚的國民〉插畫，畫著停在棧橋旁的三島丸。近藤在船上伸開雙手，揮著帽子的姿態，如實地表現出他的心情吧，而在棧橋舉起左手的帽子回應的，也許就是和田，畫家的身影在此時十分引人注目。三島

〈愛流淚的國民〉（《現代幽默全集九．近藤浩一路集．異國膝栗毛》）入港前的乘客在「恍惚」間看到山坡上的聖母寺院。畫裡也描繪出寺院。

丸入港不久，箱根丸如同交班一般的出港了，箱根丸的乘客中也有畫家青山熊治與小出楢重。

近藤浩一路走遍了歐洲各國，最後從馬賽搭乘榛名丸踏上歸國之路。《異國膝栗毛》就在榛名丸出航的場面中劃下句點。近藤返航時的動向不明，只有同船者留下紀錄，那是荒木東一郎的《歐美環遊夢之旅》（一九二三年十一月，誠文堂），荒木留學美國，當時剛視察完歐洲準備回國，後來成為經營顧問的他，在一九二二年五月二十一日於馬賽搭上榛名丸。榛名丸一萬零四百二十一噸，是日本郵船最新的船隻，聽聞這次航海是返航處女航，荒木大感興趣，自三月上旬就訂了位。他對近藤的甲板高爾夫球，寫下這樣的感想：「浩一路近藤君儘管擔心著妻子，但高爾夫的進球技巧，已進臻到雙組對抗的大關等級。其緊閉單眼，以奇妙的眼神瞄準一點將球揮進，而且經常進球，亦可稱之為漫畫之揮吧。」

## 四、巴黎奧運會選手的船上訓練

從蘇伊士下船前往埃及觀光時，有些團體會委託給南部兄弟商會。這家商會和托瑪斯·庫克曾一起在《埃及觀光》（一九二五年五月，日本郵船）登廣告，而在手冊發行前一年，也就是一九二四年（大正十三年），石津作次郎於七月二十日在神戶港搭上筥崎丸。石津的《歐羅巴之旅》（一九二五年十二月，內外出版）中提到，船進入紅海之後，蘇伊士的托瑪斯·庫克與南部商會便利用無線電推銷開羅觀光。自可倫坡出港後，暑熱漫長，所以在到達蘇伊士的前一天，八月二十三日清晨石津到船上的游泳池泡水。那一天在酒吧，包含兩個中國人和一個丹麥人在內，二十六名乘客都在討論埃及觀光。為了能用日語表達需求，他們向南部商會雇請了

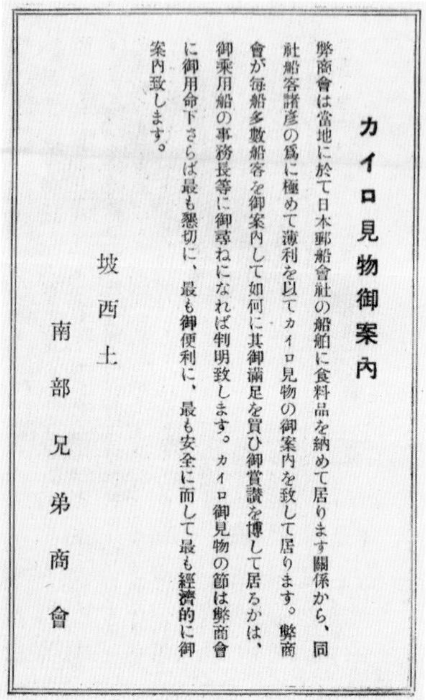
カイロ見物御案內

弊商會は當地に於て日本郵船會社の船舶に食料品を納めて居ります關係から、同社船客諸彥の爲に極めて薄利を以てカイロ見物の御案內を致して居ります。弊商會が每船多數船客を御案內して如何に其御滿足を買ひ御賞讃を博して居るかは、御乘用船の事務長等に御尋ねになれば判明致します。カイロ御見物の節は弊商會に御用命下さらば最も懇切に、最も御便利に、最も安全に而して最も經濟的に御案內致します。

坡西土

南部兄弟商會

塞得港南部兄弟商會在《埃及觀光》（一九二五年五月，日本郵船）刊登的「開羅觀光導遊」廣告。

導遊。

第二天清晨六點，在大廳準備出發時，筥崎丸的總管事過來對他說：「石津先生，麻煩你了，請你擔任今天的領隊。」於是石津成了領隊。這段插曲顯示了埃及觀光並不是乘客個人的旅行，而是由日本郵船從中牽線的團體旅行。書中提到，南部在十幾年前開店，娶了義大利女子為妻，所以這位南部，就是一九一九年五月，小野賢一郎在塞得港光臨富士商會的那一位吧。來到蘇伊士海關，負責人南部憲一在一名當地人的陪同下前來迎接。一行人坐上七點發車的列車，列車奔馳在「灼熱閃耀的沙漠」中，沙塵飛進車內，「燠熱的蘇伊士夜晚，火熱的沙漠火車更加悶熱。」

前面提到國畫創作協會同好的埃及之旅是兩天一夜的旅行，但石津作次郎的旅行是當天往返。在南部憲一交給石津的行程表上，到達開羅站的時間是下午一點，「為了縮短時間，得塞點錢給火車頭的駕駛。這麼一來，就可以提早若干時間到達開羅。」南部在車上這樣告訴他，事實上，到達開羅的時間是十二點四十分。吉薩的駝夫們不論早晚都一樣纏人，不斷叫著「先生、先生」，若是裝作恍若未聞的樣子，他們就會繼續用英語、德語、法語、義大利語說。在石津的一年半前，航行過歐洲航線的守屋榮夫也去參觀過吉薩。根據他的《自歐美之旅》（一九二五年三月，蘆田書店）敘述，守屋騎在駱駝背上時，駝夫一手抓住他的腳，一手向他索錢。發現沒有效果後，他便放開韁繩，讓駱駝自由的吃草。守屋一氣之下，從駱駝身上跳下來走路，後來參觀人面獅身像時，突然聽見哀求的哭聲。一個貌似頭頭的人，鞭打剛才那名駝夫，據說是因為他向別的觀光客一再討錢的緣故。不過後來一問之下，同行者幾乎都遇到同樣的場景。

至於石津作次郎玩水的船上游泳池，在一九一九年十月修訂的《歐洲航線指南》（日本郵船）中如此宣傳道：「在上甲板裝填熱帶航海中的清新海水，設置一大游泳水槽，體恤船客的需要，無微不至。」一九二八年三月十五日搭上鹿島丸，從神戶前往歐洲的詩人竹中郁也是享受過船上游泳池的人之一。收錄於詩集《象牙海岸》（一九三二年十二月，第一書房）的詩〈紅海〉，是這麼寫的：「早晨六點／紅海的太陽升起／我臉也沒洗便走出甲板／一條水管將紅海的水引至水池。越過邊緣的水，形成始終美麗的噴泉／（中略）／我躍進映著大朵白雲的水池，游起蛙式、自由式、仰式。此時享受的喜悅此生無可比擬／水池屬於我／哦不，不只是水池，這片紅海也屬於我／我與追逐在船舷的大鯊魚，競游了半小時。鯊在海中，我在甲板上的水池裡。」

在陸地的泳池游泳與在船上的泳池游泳，完全是兩回事。泳池的水用的是紅海的海水，水面上浮映著上空的雲，泳池和紅海融為一體，表徵著「我」的「生命」浸淫在非日常時間與地點。船上的泳池並非只有歐洲航線日本郵船的一般乘客體驗過，一九二四年四月二十七日，參加第八屆奧林匹克大賽的選手團於神戶搭上香取丸，他們也使用了游泳池。據大阪每日新聞社編，《奧林匹克紀念品》（一九二四年九月，大阪每日新聞社、東京日日新聞社）的敘述，除了滯留海外的代表選手之外，從神戶上船的有游泳選手石田恒信、小野田一雄、齋藤巍洋、高石勝男、野田一雄、宮畑虎彥等六人，以及田徑選手織田幹雄、上田精一、金栗四三、田代菊之助、谷三三五、納戶德重等六人。另外從門司上船的還有網球選手太田芳郎與馬拉松選手日比野寬。

歐洲航線中可以使用田徑設施的停靠港也是選手的練習地。在門司，田徑選手到老松町公園練習時，附近的中小學生發出驚嘆聲。三級跳的織田幹雄，尤其讓觀眾驚奇不已，他跳出七點零九公尺，破了自己的全國紀錄（七點零八五公尺），造成轟動，第二次跳躍更達到七點一零公尺。他們不只在「內地」練習，到達上海後，田徑選手到新公園跑道，游泳選手到美國人經營的北四川路泳池進行練習。自門司出港後，海象很差，大半的選手都暈船了。由於大家都不在狀況內，所以第一天的練習只到熱身的程度就結束，從第二天的練習開始留下紀錄。

在第二個停靠港香港，他們與維多利亞休閒俱樂部舉行對抗賽。該團體是由英國人、中國人、印度人混合組成的隊伍，日本方派出的是奧運選手，不免有些小看對手，認為「香港這種地方能出什麼選手？」但同時也擔心，萬一日方比輸的話，恐怕就不能去巴黎了。田徑比賽日本方獲得壓倒性的勝利，但接力賽時卻接棒失敗，因而輸給香港，游泳比賽則大獲全勝。高石勝男在四百四十碼（約四百公尺）比賽中，刷新了自己在前年五月遠東大賽時留下的紀錄。

在新加坡，日本人俱樂部幫他們預約了英國人組織的新加坡板球俱樂部運動場。到達的當天下雨，在當地算是涼爽的一天，但是日本選手還是熱得快昏過去。那座運動場通常用作板球、足球和網球場，但為了選手臨時增加了跑道和「沙坑」（跳遠賽場）。淋浴、浴缸設施也無可挑剔，於是田徑選手在必須戴墨鏡才能抵擋的強光中，在熱帶植物旁運動了一個小時左右。

日本選手在停靠港之外並沒有減少練習，船旅的大半時間都在海上，若是船內不設置鍛鍊用具，運動能力會退步。香取丸從門司出港，進入玄界灘時，穿著制服的選手跑到甲板上開始練習。奧林匹克大賽每四年舉行一次，而且日本選手才第三次參加，所以練習景象本來就很罕見，許多船客興味十足地旁觀運動選手的動作。其中最受注目的是標槍，槍的後方繫著一根兩百英尺（約六十一公尺）的繩子，將繩子另一端綁在甲板上，上田精一把槍一丟出，只見槍「如同脫弓之箭，高高地往前飛去，在那湛藍的大海中，激起一束白花花的水煙」後落下。觀眾們紛紛拍手叫好。強風和繫繩的重量，使標槍拉不出夠遠的距離，但是朝著大海劃出弧線的軌跡，卻是連選手都沒看過的景象。

田徑跑道競技的選手在甲板做跑步練習，由於是甲板上，不能練習全力短跑或是大步伐快跑，所以以暖身體操和雨天踏步為主。附圖是香取丸船上田徑選手的練習景象。一周一百三十公尺的B甲板，金栗四三跑了一百圈。田徑運動不只有跑道競技，丟鉛球的選手在墊子上，用室內十二磅鉛球作投擲練習。跳遠選手也鋪了地墊，一心放在姿勢的研究上。

田徑選手在香取丸船上的練習（大阪每日新聞社編，《奧林匹克紀念品》，一九二四年九月，大阪每日新聞社、東京日日新聞社）。游泳選手在香取丸上練習（同上）。

上海出港後，香取丸在C甲板完成了長二十五英尺（約七點六公尺）的泳池。前頁附圖右下的插圖，是準備躍入船上泳池的選手。光從這張照片即可發現，它和一般的泳池不一樣，看左下的插圖即可充分了解它的窄小。泳池的長度為二十三英尺（約七公尺），寬度僅有十八英尺（約五點五公尺），跳下去立刻就到另一側了。即使如此，選手還是利用它的短距離，進行翻身的反覆練習。此外，他們在選手的腹部綁上帶子、繫上繩子，讓泳池旁的人抓住繩子進行姿勢的練習。即使飽受暈船之苦，但游泳選手一跳進池裡便恢復精力。水溫在清晨時就有二十三度左右，到了中午上升到二十六度。

## 五、船艙的階級性與印度甲板客

一九二八年（昭和三年）二月，在日本郵船出版的《渡歐指南》中登載了各艙等的乘船運費。橫濱到馬賽間，頭等A艙為一百零二鎊，頭等B艙為九十七鎊，二等艙六十六鎊，特別三等艙三十九鎊，普通三等艙二十七鎊。頭等艙有什麼樣的設備呢？一九二三年十二月二十三日在神戶搭乘鹿島丸的商業教育家下河內十二藏，在《東西萬里》（一九二五年十二月，此村欽英堂）中讚譽道，頭等艙的設備好極了。房間約有三坪，容納雙人用客廳、臥室和化妝室，有

一九三六年四月，日本郵船發行的*JAPAN-EUROPE SERVICE TOLD IN PICTURES*是英文攝影集，介紹歐洲航線的照國丸、靖國丸、伏見丸、諏訪丸、箱根丸、榛名丸、筥崎丸、白山丸、鹿島丸、香取丸的照片。插圖為收錄於該書的「伏見丸頭等艙餐廳沙龍」。

大沙發、全身鏡和櫥櫃，懸吊式鋼鐵床鋪不太感覺得到船的搖晃，床的欄杆有折疊式擱板，暈船時可以在床上進食。另外也有防寒用蒸氣管、散熱用電風扇和緊急時用的馬桶。

船內共用的空間有食堂、浴室、談話室、吸菸室、診察室、酒吧、理髮室等，根據《渡歐指南》，日本郵船聘請數名曾在歐洲一流飯店累積資歷的教師，以培養廚師提供西餐。上船前，下河內十二藏為了是否要準備食堂用燕尾服而十分傷神，因為他聽說，歐洲航線的頭等船客與「眾位大人物」在沙龍裡用餐，早餐或午餐可以穿便服，但晚餐必須穿著燕尾服。自從幾個月前的關東大地震之後，下河內一直向學生倡導節約，並不想置辦新的燕尾服。下河內出席第一次晚餐時，緊張得像參加入學考試，七十至八十人當中半數為外國人，男士全都穿著西裝。後來他問船員，船員說若無特別尊貴之人在場的話，大家的穿著有簡略化的趨勢。尤其地震的記憶還很鮮明，外國客也忌穿華麗的服飾，不過有些外國郵輪明文規定要穿著燕尾服。

一九二四年七月六日，東京市議員瀧澤七郎在神戶坐上伏見丸。食堂每餐都會分發印好的菜單，在《旅券在手》（一九二六年四月，明文堂）中，瀧澤坦白表明，對這種奢侈感到訝異。伏見丸的機關長問瀧澤，菜色並不是「純日本式」會不會不方便，十幾年前日本的頭等艙船客極為稀少，只限「大富豪或特別知名的人物」，因此頭等艙船客的服務會以西方客人為主。上船幾日後，食堂的服務生掌握瀧澤的口味，準備了他愛吃的食物，不但三餐都有味噌湯和白飯，還有「海膽、鹽漬魚腸、福神漬、鮭魚、海帶熬的佃煮、鯊魚佃煮、烏魚子」的配菜，為道地的「純日本式」。學習歐洲口味的廚師也只有在瀧澤面前才有大展手藝的機會。

從三等艙船客的角度，又是怎麼看待頭等艙船客呢？《揮灑彩筆縱橫歐亞》（一九三〇年十一月，文化書房）中提到，畫家八木熊次郎在一九二五年十二月二十一日從橫濱搭上賀茂丸出航，熟悉船旅的前輩建議他選頭等艙，妻子也建議頭等艙，認為送別的人們也有面子，但是八木拒絕了提議，事實上八木想搭乘貨船，費用便宜，在停靠港滯留的時間也久，可以接觸異文化的風俗和人情。但是成為「低級船員」必須經過繁瑣的手續，如發給海員證明等，而且「不良歹徒眾多，檢舉罪犯頻繁」，所以最後他放棄了貨船，訂了特別三等艙的船票。

特別三等艙是通鋪，從神戶出港時，八木熊次郎的房間已有聲樂家照井榮三、畫家松田忠一等其他兩名旅客。三等艙的客層與頭等艙不同，看得到在南方橡膠園打工的日本工人，而大量去香港或新加坡討生活的中國人都在上海上船。食堂依據等級區分，頭等至特別三等艙供應西餐，三等艙提供和食，不過在西餐的食堂也可以請服務生拿一些喜歡的和食出來。浴室為頭等、二等艙共用，按每個人決定的時間入浴，特別三等和三等艙是八人共用的公共浴缸。給服務生的小費也不相同，頭等艙約為運費的一成，二等艙約三十日圓，特別三等艙在二十日圓以內，三等艙約為五至十日圓。

八木熊次郎在三等艙與頭等艙之間來回，到了晚上就到統艙的三等客房，恣意喝酒、配合三味線或太鼓一起跳舞。聽到服務生把頭等艙船客稱為「上等客」時，他感覺自己是「下等客」，心頭有些不快。但是三等客房充滿人情味，八木找了照井榮三和松田忠一到頭等船客的房間裡舉辦年終聯歡，回來時經過三等艙的廣場時，討生活的工人們也正在舉辦年終聯歡活動，他們穿著浴衣和紅褲跳起安來節[3]，大家彈著三味線，敲著太鼓、盒子、白鐵罐，邊唱邊

3　譯者注：島根縣安來市的民謠，也是民俗藝術之一，其中也包含泥鰍舞等滑稽的舞蹈。

跳又喝酒，簡直就像是「百鬼夜行」的場景，比起在頭等艙的滿足感更有趣，八木和他們一起鬧到半夜兩點。

船艙的階級性不只是《渡歐指南》中介紹的頭等、二等、特別三等和三等艙的區別。第二次世界大戰後，當選眾議院議員的今村忠助，於一九三〇年十月整理了《世界遊記》（帝國教育會出版部），書中敘述：「貧窮書生的我，從法國馬賽到日本的四十五天，做了所謂的四等船客。除了埃及人、印度人、馬來人之外，只有我唯一一位日本人。」遊歷朝鮮半島、中國、美國、歐洲各地時，今村都是搭乘「最低等」的交通工具。「從來沒有經歷過像日本人鄙視低級船客那麼討厭的感覺，尤其是三等或二等客對四等的態度」，光是回想就令人作嘔，今村回憶道。他從馬賽搭乘的是日本郵船筥崎丸，「被鄙視」的人會「鄙視」更下等的人，以獲取心理的平衡，也不足為奇。

船艙階級性的這面鏡子，照出的不僅是個人的貧富，也反映出國際情勢的變化。一九二二年十月，前往歐洲旅行的西洋史學者煙山專太郎，將去程的體驗寫成《觀歐美重生》（一九二八年六月，實業之日本社）。煙山在橫濱坐上法國郵輪阿澤麗多號，那是第一次世界大戰後，法國從德國手中取得的賠償船。頭等與二等船客約三十人，三等與四等船客有一百三十三人，後者包含一百一十二名波蘭人與俄羅斯人。一九二二年十月，日本軍自西伯利亞撤退完畢，十二月，蘇維埃社會主義共和國聯邦成立。大部分乘客都是因為布爾什維克黨堵住了陸路，才從

西畫家川島理一郎於《綠的時代》（一九三七年十一月，龍星閣）中寫道，歐洲航線上的印度甲板乘客豐富了他的速寫簿。未訂購客房不只是為了經濟上的原因，還有「食物的選擇」、「口與手的清洗」、「日常坐臥」等繁瑣的規定，一行人中也包含了「富人」和「貴婦」。插圖為該書收錄川島理一郎對甲板乘客的速寫。

海參崴坐船前往歐洲。四等船客的船票票價只有二等船客的五分之一，他們都近乎「只剩身上一件衣服」的狀態。

不過，四等船客還不是歐洲航線的最下層，在石津作次郎，《歐羅巴之旅》（一九二五年十二月，內外出版）中，有一節名為〈甲板旅客〉，文中敘述道：

> 從新加坡上船的甲板旅客有馬來人、印度人、希臘人，一大群人坐在頭等和二等艙之間的甲板上。（中略）。這些往來可倫坡與海峽殖民地之間的特別乘客，在甲板上豎起營帳就地而眠，船上只供應水和

煤炭。做為無利可圖的客人，船隻卻認為可以獲得相當的收入，所以相當歡迎。一次航海可以運載百人，甚至貳、參百人，完全把他們當成貨物處理。他們用自帶的炊事工具，在甲板上自炊，用手抓取咖哩飯吃食。其他外國船，對此等乘客不是踩就是踢，所以他們很樂意選擇日本船，令人不勝憐憫。

甲板旅客在甲板上生活，但並非完全不使用船內的設備，船方允許他們使用三等船客用的廁所。船公司的對應之道依國而異，日本郵船會為他們設帳篷，但也有外國船不歡迎他們，也不設帳篷。日本人對甲板旅客的眼光也各不相同，有的日本人嫌臭，用手帕捂著鼻子快步走過，也有人看到驟雨襲來，為他們驚慌失措的樣子而寄予同情。只不過像田子靜江在《為愛兒走訪歐美》（一九二五年十二月，東京寶文館）中所記述，感到「雖然因為語言不通，無法對話，但是彼此心靈相通」的日本人應該不多吧。田子把煎餅交給服務生，要他「給黑人的小孩當點心」。

田子靜江是在一九二四年六月二十一日從神戶上船，在船上湊巧遇到了一位意想不到的人物，那是詩人泰戈爾（Abanindranath Tagore），他不但是亞洲第一位諾貝爾文學獎得主，也支持甘地等人的印度獨立運動。田子得知她在日本女子大學的同學和田富子正與泰戈爾一起，便去拜訪二人。泰戈爾早晨五點就在甲板上讀書，弟子隨侍身邊接受教導。見到泰戈爾時，田子

泰戈爾（田子靜江，《為愛兒走訪歐美》，一九二五年十二月，東京寶文館）。見到泰戈爾時，田子想起「蘇格拉底與耶穌基督」二人。

十分感恩能與他同船。泰戈爾的目的地是新加坡，分別的前一天，泰戈爾在船上演講說「吾等東洋人必須以尊貴的精神文明戰勝物質文明」，想必在田子的眼中，甲板旅客與泰戈爾都處在同一條地平線上吧。

## 六、縮短航海日數來對抗外國汽船與西伯利亞鐵路，以及各種導覽書的發行

一九二〇年代前期出現的旅行熱潮，到了一九二〇年代後期搶奪旅客的競爭更加激烈。日本與歐洲之間的主要交通路徑為歐洲航線和西伯利亞鐵路，一九二五年二月，日本自西伯利亞撤軍的兩年四個月後，日俄恢復邦交。日本郵船對這個消息反應十分敏銳，《東京朝日新聞》（一九二五年三月十七日）以〈縮短郵船歐航〉報導，「有鑑於與外國汽船的競爭以及西伯利亞鐵路的全線通車，歐洲航線各船將加快速度，使航海日數縮短三天。」四月十三日自橫濱出

航的箱根丸為新政策的第一船。航海日數的縮短，並不是靠著削減停靠港的停泊日數來達成，因為在停靠港必須卸載貨物和補充煤炭，也是旅客上岸的寶貴機會，所以他們是以增加燃料炭的方式，也就是藉由提升速度來縮短三天的行程，而不採取影響業務或服務的方式。

當然，縮短三天行程，並不意味著能與西伯利亞鐵路競爭。依據一九二六年六月，鐵道路運輸局發行的《西伯利亞鐵路旅行指南》，從東京經由莫斯科到巴黎、倫敦需要的日數為十六天。相比之下，一九二八年二月，日本郵船發行的《渡歐指南》記載，第四十三天到達馬賽，第五十一天到達倫敦，兩者相差了近一個月，在速度上根本無法競爭，而且運費方面也以西伯利亞鐵路較便宜。只是西伯利亞鐵路的難處是，受到俄羅斯革命或西伯利亞出兵等情勢變化的影響，鐵路時不時會中斷，而且資訊的傳達又不充分。在〈西伯利亞的不安導致歐洲航線興盛〉（《讀賣新聞》，一九三〇年九月十日）這則報導發出時，俄羅斯因為糧食缺乏以及高額的旅館費，使得旅客避走西伯利亞鐵路，日本郵船的各船都呈現客滿狀態。走歐洲航線的話，不但資訊豐富，而且因為是坐日本郵船，到停靠港都可以只用日語交談。

歐洲航線上體驗到的異國文化與西伯利亞鐵路體驗到的異國文化，在本質上就不相同，不少旅客在去程與返程時分別採取不同路線，體驗兩者的風情，這麼想來，減少三天航海行程，可說是著眼於與外國汽船競爭所採取舉措。一九二四年八月二十六日《東京朝日新聞》的〈德船活躍東洋海面〉報導，指稱德國的三家汽船公司都增加了東洋定期航線的配船。另外，一九二九年九月十四日《讀賣新聞》〈來了來了放眼太平洋〉，則指出義大利將配置總噸數兩萬至三萬級的巨船二艘在遠東線上。各國的郵船都懷有沿襲過去的經營模式就無法在國際競爭中取勝的危機感。

日本郵船策劃了第二次造船計畫，欲新造一萬噸級的船隻替換歐洲航線的八千噸級船。在〈郵船訂定二次造船計畫〉（《東京朝日新聞》，一九二七年三月十三日）的報導中指出，預計新造兩艘船取代熱田丸、北野丸、賀茂丸。翌年七月二十八日的《讀賣新聞》也刊出〈郵船建造歐航二船〉的報導，指出由於三菱長崎造船廠的定製價格比向英國定製高，所以三菱決定降低訂單價格的一成，新貨客船照國丸於一九三〇年五月三十一日在長崎竣工。

隨著旅客的增加，日本郵船發行了各種導覽書，一九二八年二月的《渡歐指南》就是代表性的一冊，以及一九一九年十月修訂的《歐洲航線指南相比》，質與量都大幅提高，後者包括封面在內，共二十頁，但是前者有六十六頁，多出三倍，目錄有十二節，分別是〈一、從日本到歐洲的路徑〉、〈二、歐洲航線的使用船與停靠港〉、〈三、乘船運費〉、〈四、渡歐船客一般心得〉、〈五、渡歐船客的優待〉、〈六、歐洲航線預計航海日數及距離〉、〈七、停靠港指南〉、〈八、乘船注意事項〉、〈九、行李裝卸方法〉、〈十、法蘭西入出海關及馬耳塞市稅〉、〈十一、旅客行李保險及旅行傷害保險〉、〈十二、歐洲航線里程表〉。其中第五節分成以下四個小項：〈香港以東各港口間轉乘他船的班表〉、〈內地鐵路免費乘車班次〉、〈低廉的白天周遊券〉、〈經由印度的便利〉。

其中一至三項在舊版已有記載，第四項是新版新增加的，為了運輸錫蘭島到印度的乘客，日本郵船與B・I汽船簽定了契約，在日本郵船新加坡至可倫坡之間，乘客可以轉乘特約公司新加坡至加爾各答之間的船。加爾各答之後的行程需要自掏腰包，但是公司提供了三種行程：一、加爾各答至可倫坡間八十六小時的火車；二、加爾各答至可倫坡之間七天的汽船；三、加爾各答至孟買之間四十小時火車，選擇三的人，可連接孟買至可倫坡之間的火車（六十三小時半）旅行，或是汽船（約六日）的旅行。日本郵船歐洲航線沒有直接連結日本與歐洲的交通工具，「經由印度的便利」說明船公司正致力於充實旅行的附加價值，如停靠港附近的觀光等。

日本郵船其他停靠港的指南也在一九二〇年代後期增印（參照本書頁二〇至二五）。一九二五年五月初版的《埃及觀光》於一九二九年十二月再版，內容雖然相同，但更換了扉頁的照片。一九二六年十月初版的《造訪死城龐貝》也只更換卷頭照片於一九二九年八月再版。以整個歐洲為對象的《歐洲大陸旅行日程》在一九二五年十二月發行初版、一九二七年二月再版、一九二八年九月發行三版。最新出版的書是《郵船環遊世界》（一九二九年十一月），乘客可以搭歐洲航線到英國，橫渡大西洋踏上美國的土地，再航行太平洋回到日本，當然也可以逆向前進。

一九二〇年代後期發行旅行指南的並不是只有日本郵船。富田鐵夫在一九二三年五月編纂了《東京起點最新歐美旅行指南》（太洋社），全書一百六十六頁，但在一九二六年六月重新編輯成七十三頁，《（B）東京起點最新歐美旅行指南（附渡歐通信）》以第八版出版。卷頭的〈日本郵船歐洲航路線〉開宗明義說道：「如讀者諸君所知，歐洲航線必須借用日本郵船公司所屬的船班。那麼要在什麼狀態下搭乘為宜，首先看看該公司船客課長永島先生的談話，就絕不會白費工夫。」這一節清楚明瞭地告訴我們，該書引用了日本郵船的數據，編輯成給廣泛讀者閱讀的一般書籍。

從上村知清的《歐洲旅行導遊》（一九二七年四月，海外旅行導遊社）中，亦可捕捉到日本郵船的導覽手冊變成一般書籍的過程。這本書共三百三十六頁，從三條路徑（西伯利亞鐵路、歐洲航線、經由美國）來介紹歐洲觀光。上村的想法是，去海外視察或遊覽的人需要「正確的旅遊指南書」，在日語書普及化之前，日本人最寶貴的指南是德國貝德克爾出版（Verlag Karl Baedeker）的旅行指南書。上村在〈序〉中也敘述，他是以「日本的貝德克爾」為

上村知清，《歐洲旅行導遊》（一九二七年四月，海外旅行導遊社）的盒子。海外旅行導遊社內設置了代理部，處理旅券、查證、代辦票券的服務，另有辦理旅行、移居的調查部，以及從事導遊的導遊部。

目標。歐洲航線的解說中也出現了永島的名字：「日本郵船公司船客課長永島義治，任職多年，其人格與方策聞名於世，他曾如此說道。」記述的內容與《東京起點最新歐美旅行指南》有部分重疊。

瀧本二郎與德・布雷斯特夫人（Madame de Brest）的《歐美漫遊留學指南》（一九二八年二月，歐美旅行指南社）在〈序〉中提及了貝德克爾，「以英、法、德三國語言出版，但是竟然分成四十幾冊，而且每冊厚達四、五百頁」十分不便，而這本書以三百七十四頁解說歐洲各城市，以及西伯利亞鐵路和歐洲航線，所以不必攜帶許多本書，對日本旅客來說應該會很有用吧。這本書記述的基礎來自他與法籍妻子瑪莉德雷斯・德・布雷斯特三次的歐美旅行，以及貝德克爾的指南書和旅行蒐集的資料，在歐洲航線的說明上也應用了瀧本二郎個人的體驗。

在指南書出版的支持下，個人旅行與團體旅行都變得十分流行，一個八十人的歐洲觀光旅行團就是其中一例。這團人於一九二八年八月二十日在拿坡里登上白山丸，據大阪每日新聞社編的《歐洲觀光記》（一九二八年十月，大阪每日新聞社、東京日日新聞社）記述，這是一個由報社主辦，長達九十餘日，遍訪歐洲、亞洲十幾個國家的旅行，旅行團的亮點在於聲援第九屆阿姆斯特丹奧運會。去程走西伯利亞鐵路，回程利用歐洲航線。企畫公司為托瑪斯・庫克。搭乘白山丸時，他們有段出乎意料的奇遇，歌舞伎演員市松羽左衛門（第十五代）也在船上，一行人可以在表演會時看到羽左衛門的舞蹈。羽左衛門在《歐美歌舞伎紀行》（一九二九年二月，平凡社）中補充道，因為他在航行中受到委請，所以配合留聲機〈家元的北洲〉表演了一段舞蹈。羽左衛門配合留聲機舞蹈，可以說空前絕後。

日本旅客變多，在旅途中遇到熟人的機會也增加。小說家吉屋信子在《異國點景》（一九三〇年六月，民友社）中寫道，她從馬賽到拿坡里時，搭乘了日本郵船，那艘船在去程時從日本搭載了小說家久米正雄夫妻，船長和船員都記得久米，於是與吉屋暢快地聊起了久米的話題，日本人士之間的交友圈子意外地很小。吉屋在下位春吉的介紹下，在羅馬郊區拜訪了諾貝爾文學獎得主格拉齊亞・黛萊達（Maria Grazia Cosima Deledda），而春吉正是《造訪死城龐貝（附拿坡里市內與郊區觀光）》（一九二六年十月，日本郵船）的編者。

## 七、和辻哲郎感興趣的風土、氣候與文化的關聯

一九二七年（昭和二年）二月十七日，哲學家和辻哲郎於神戶乘坐白山丸，前往德國。和辻是以文部省外派研究員的身分前往德國，他將在旅居地寫給妻子阿照的書簡，整理為《給故國的妻》（一九六五年一月，角川書店）。歐洲航線的體驗成為《風土：人類學的考察》（岩波書店，以下簡稱為《風土》）這本書思考的養分，《風土》出版於八年後的九月。當白山丸駛

近地中海的義大利時，一種在印度或埃及都未見過的「特殊綠色調」進入視野中，山腰處有著點點突出的岩石，長著和平地一樣的草。《風土》中提到，當時同船的大槻正男（京都帝國大學農學部副教授）說「歐洲沒有雜草」，與日本不同。那句話如同「啟示」一般響在和辻的耳邊。

就在這年初夏，和辻哲郎在「啟示」的引導下，認真的開始思考風土的問題。和辻在柏林讀了海德格（Heidegger）的《存在與時間》（*Being and Time*），雖然海德格把人類存在的構造用時間性來詮釋的思想十分吸引他，但是和辻也思考，為什麼空間性不能運用在思考根源性的存在構造上面呢？和辻在歐洲航線旅行之後留在心中的風土印象將他引導至這種思想，或者是說相反過來，因為有這種思想讓和辻開始思索眼前的風景。

和辻哲郎應該是抵達新加坡之後，強烈體會到外國與日本迥然不同的風土。不論在上海或者香港，船一進港，就有人叮嚀他要小心竊賊，停泊時人們可以自由進出，所以必須把窗戶關閉。在上海或香港，關窗並不會造成多大影響，但是到了赤道下方的新加坡，就很難忍耐了。《世界地理風俗大系第四卷：南洋》（一九二九年三月，新光社）中列出了新加坡全年的氣溫表。和辻到達時正是三月，最高氣溫為華氏九十點五度（攝氏三十二點五度），最低氣溫為華氏七十一點五度（攝氏二十一點九度），平均氣溫為華氏八十一點八度（攝氏二十七點七度），一年四季氣溫平均，與日本大不相同。在三十度上下的氣溫下關上窗戶，風進不來的話人就會開始流汗。

和辻體會到的風土，肯定不只是氣溫的不同。他在《給故國的妻》中記述，坐著汽車繞了一圈新加坡，從城市獲得了「蒼白」的印象。氣溫高的地區，為了降低日光造成的溫度上升，會將屋牆塗成白色。白色經久變化，部分會灰黑髒汙，髒汙的狀況與上海和香港不同，感覺很

シンガポール一年間の溫度と雨量の一例

| 月次 | 最高溫度 | 最低溫度 | 平均溫度 | 雨量 | 降雨日數 |
|---|---|---|---|---|---|
| 一月 | 九〇、〇 | 七二、〇 | 八一、三 | 五、五六 | 一九 |
| 二月 | 九〇、〇 | 七二、〇 | 八〇、五 | 一三、三一 | 一九 |
| 三月 | 九〇、五 | 七一、五 | 八一、八 | 九、一二 | 一五 |
| 四月 | 九〇、八 | 七一、五 | 八二、九 | 八、四三 | 一九 |
| 五月 | 九一、五 | 七二、六 | 八五、三 | 六、八五 | 一三 |
| 六月 | 八九、八 | 七二、〇 | 八二、六 | 六、六〇 | 一四 |
| 七月 | 九一、〇 | 七三、四 | 八三、一 | 六、四八 | 一六 |
| 八月 | 九〇、〇 | 七二、〇 | 八一、八 | 七、七四 | 一〇 |
| 九月 | 九〇、〇 | 七二、五 | 八二、五 | 一〇、九〇 | 一六 |
| 十月 | 九一、〇 | 七三、〇 | 八一、五 | 一三、九三 | 一二 |
| 十一月 | 九一、六 | 七三、〇 | 八二、四 | 九、〇六 | 一二 |
| 十二月 | 九二、〇 | 七二、〇 | 八〇、九 | 八、〇七 | 一二 |

最高溫度はその日の或る瞬間で毎日かく高いのではない。

新加坡全年氣溫表（《世界地理風俗大系第四卷：南洋》，一九二九年三月，新光社）。

漂亮，和辻把原因歸於熱帶「猛烈的驟雨」，一天一至二次，驟雨伴隨著雷鳴、強風席捲而來。驟雨冷卻了熱氣，使綠意鮮活起來，帶來了清涼感。他在《風土》中寫道「建築房屋方式的固定，是在於風土的人們自我了解的展現」。不只是房屋，和辻認為，服裝和菜肴的風格也是「民族長時間在風土中的自我了解」。新加坡的白與髒汙的方式，是引導他做出上述思想過程中一個具體的觀察。

馬來半島跟隨新加坡漸趨繁榮，檳城給人的印象稍有不同，它的城市並不像新加坡給人白色的印象。檳城的建築塗著淡黃或淡藍等淺淺的顏色，同樣在熱帶卻有如此的不同，這讓和辻相當驚訝。只是和辻在觀察都市景觀和風土、氣候關聯的態度上卻是一致的，在新加坡，不到郊外看不到椰子樹，但在檳城，它卻生長在都市的正中心。和辻將兩者的不同，歸因為土質的差異，新加坡為泥土，檳城則是岩石上覆蓋著沙。

東南亞到印度最具特徵的氣候是季風（monsoon）。在大陸較為寒冷的冬季，季風從大陸吹向大洋，反之，到了夏天，大洋較為低溫，季風便從大洋吹向大陸。東南亞到印度地區，季風成為最明顯的現象。所以monsoon這個詞在狹義上，就被當成這個地區氣候的名稱。和辻哲郎通過印度洋時，大海十分平靜，但是印度洋海象凶險的時候並不少見。漫畫家岡本一平在一九二一年環遊世界一周，並將之出版為《紙上世界漫畫漫遊》（一九二四年十月，實業之日本社）。附圖的〈印度洋〉就是其中一節，一旁還附上文字解說：「船一進入印度洋，便遇到季

岡本一平，〈印度洋〉（《紙上世界漫畫漫遊》，一九二四年十月，實業之日本社）。

風剛起，大浪打進船裡，甲板上的器具開始漂流，正擔心船會不會沉時，看到船員笑嘻嘻地撿起器具就放心了。」

白山丸走在亞丁灣、紅海，到進入蘇伊士灣時，觸目所及的自然景觀給和辻哲郎留下鮮明的印象。在《給故國的妻》中，和辻說：「在可倫坡之前，一路上各港口看到的自然都還是東洋風格的色調。」即使從日本人的眼光來看並沒有極端的變化。但是，通過亞丁灣時看到的阿拉伯半島，山巒由岩石和沙漠形成，完全沒有一絲綠意。濃濁褐色的山，有些地方深如黑墨，如同「屍」一般駭然。經過紅海進入蘇伊士灣，左側看到的非洲大陸山色，也有相同的印象。

氣候有時會展現出不可思議的世界。一九二二年六月十九日，地理學家山崎直方在紅海觀測到畸形的太陽。依據《西洋又南洋》（一九二六年二月，古今書院）記載，山崎在神戶搭乘日本郵船的諏訪丸，進行第三次歐美巡遊之旅。他看著亞丁燈塔，船身緩緩前進，通過曼德海峽進入紅海，空氣明顯變得乾燥。傍晚的太陽徐徐地落在水平線上，不久，太陽的外緣產生了

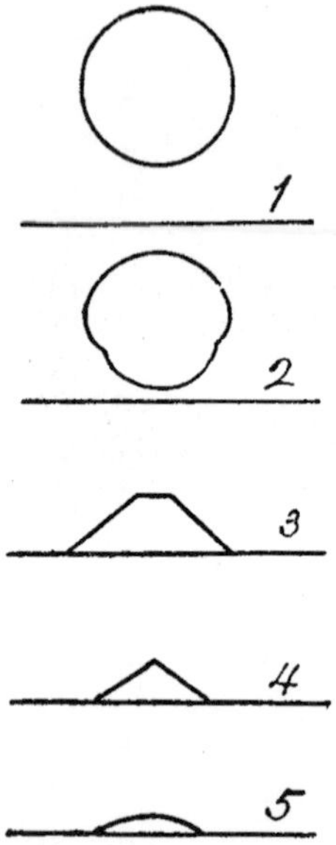

山崎直方眼中，紅海太陽的變化（《西洋又南洋》，一九二六年二月，古今書院）。

圖2般的曲線。然後像圖3一般，頂部變成了平頂的山形。歐洲人驚訝的喊道：「富士山！富士山！」接著又如圖4，山頂部分變成尖三角形，山崎回應道：「金字塔。」

到達蘇伊士的和辻哲郎，坐著汽車走在沙漠道路到達開羅。沙漠並不像陸地一樣固定，卻是浮動如同大海。另一方面，大海是活生生的，但沒有植物的沙漠，看起來卻像是死亡的世界，他覺得沙漠是「大海與陸地混血」的地方。沙漠中有白色的建築，這人工物體孤立於周圍，給和辻留下「人類與大自然對立」的強烈印象。從數千年前駱駝即已馴養成家畜，搬運柴薪和水，若不從外地搬運進去，沙漠中幾乎不存在火和水。

開車行進沙漠的體驗，對當時歐洲航線的船客來說並不是希罕的體驗。英文學者金子健二在一九二四年二月九日到達蘇伊士，在《歐美遊記：馬的噴嚏》（一九二六年九月，積善館）中，他描述了汽車行駛在商隊道路的經驗，行駛距離為七十五英里（約一百二十點七公里），預定在三至四小時內走完。但是，開到三十三英里之處，兩輛汽車中有一輛就這麼在沙漠中央拋錨了。一看時間，下午三點半。大家討論的結果，就是先載一輛車的客人到開羅的飯店再折

《世界地理風俗大系第七卷：西亞》（一九三〇年六月，新光社）收錄的三張照片，傳達出阿拉伯的風土與當地人民的樣貌。（右圖）「紅海岸的混血族人」有一段文字說明：「混血族的婦女與小孩們。紅海岸除了純粹的阿拉伯族人外，也住著少數與黑人混血的民族。古時代阿拉伯人與外地送入的黑人奴隸混血，直到現在形成混血族。」（下圖）駱駝隊走在傍晚的沙漠中。（左圖）是亞丁的貯水池。

返，於是金子有了在沙漠中等待的珍貴體驗，這讓他重新體會到自己置身沙漠。三十三英里的路程中，只見到三個當地人，別說是人家，就連河流、湖泊和樹木都沒看見，只有駱駝的屍骸橫陳堆積在「沙漠之海」，等汽車修理好可以發動時已經是晚上七點，他們開了約三十分鐘，來接人的車從對向駛來。

十九世紀後期至二十世紀前期，有不少日本人利用歐洲航線往來歐亞，但是像和辻哲郎這樣，從自身體驗出發，將風土視為「人類自我了解的方法」並以此為理念的例子，卻是絕無僅有。和辻的思考充滿魅力，但是那個魅力與危險看起來卻互為表裡。就以季風帶來說，在《風土》中，和辻將包含中國、日本在內的東亞沿岸一帶都歸入季風帶當中，關鍵詞是「濕潤」，和辻論述：「一般來說，可以將季風帶的人類結構解讀為容忍而順從的。」他又用「類型性的濕潤」來解釋南洋和印度，他寫道，南洋因為沒有讓生產力發展的「機緣」，所以「南洋的人」顯示不出「文化的發展」。亞丁所見則正好與之相對照，他將草木不生的陰森岩山解讀為「人類存在的方法」，並不只是「自然的特質」。在這裡，整個世界是「乾燥」的，和辻評論，這種「乾燥」不僅形成陰森的石山和沙漠，也形成了「阿拉伯的人」。

日本郵船於和辻哲郎歐洲行的隔年出版了《渡歐指南》（一九二八年二月），其中說明停靠港的停泊日數為新加坡一天、檳城半天、亞丁只有幾小時。此外從橫濱出發，第三十七天到達蘇伊士的船，會在第三十八天到達塞得港，然後在那裡停泊半天。到達蘇伊士之後，在船從塞得港開航前，是允許乘客到埃及觀光的時間。和辻和其他乘客一樣，上岸後只能用少許的時間觀光，如果說《風土》的思想有危險，可能正是因為他沒有田野調查「南洋的人」和「阿拉伯的人」，真實性太稀薄了。

## 八、船醫的視角：暈船、心理異常、優秀客船的印象

載送旅客到海外的客船或貨客船，必須設立船醫診療的系統。長期航海的旅途中，若是出現病人，當務之急就是船上的救治，也必須判斷是否要在停靠港下船或住院。在一般的疾病之外，還有暈船的問題。當了三十年船員的加藤久勝，在《船員夜話》（一九三一年六月，祥光堂書房）敘述，體質對暈船缺乏抵抗力的人，不適合當船員或海軍軍人，他從體驗中得到一個結論，日本人屬於「暈船人種」，尤其是女性的抵抗力特別弱。政治家床次竹二郎有個「只花一個晝夜便從日本航行到美國」的傳說，傳說船離開日本的港口後，他會倒頭就睡，抵達美國的港口時才醒來。但是抵抗力是相對的，加藤自己也坦承，直到現在他也會暈船。

礦山技師倉田龜之助為了到德國亞森大學留學，於一九二六年（大正十五年）七月二十二日從神戶坐上箱根丸。《歐美行腳》（一九三四年一月，杉野龍藏）一書中提到，從上海出

港，航行在東海時，他身體不適，出現了腹瀉和嘔吐的症狀。到了診療時間，他請船醫來診察，吃了藥，並用懷爐溫暖腹部。這時候，船醫告訴他出航後的十天內，半數乘客都出現「不明原因」的腹瀉。

從船醫的角度看到的船內景象，又是怎麼樣的呢？在日本郵船歐洲航線擔任船醫的戶田一外，將十年間的見聞整理成《船醫風景》（一九三〇年七月，萬里閣書房）。戶田敘述，經過長時間的航海，船客和船員的心理上都會出現變化。尤其是蘇伊士與可倫坡之間，不論去程還是返程，都會發生事故。有一次，一對打算回英國的夫婦在香港上船，船內有個大摸彩（sweep）的遊戲，每個人都要抽個號碼，該號碼對中船一天航行的海里數，就可以拿獎。那對夫婦挑戰了三星期都沒對中，決定不再參加遊戲，但是丈夫在一位高雅的美國女士招攬下，再次參加遊戲，他的妻子因而陷入歇斯底里狀態，在紅海入口附近打算投海自殺，還好被水手拉住。

船不會在停靠港停留太久，根據〈歐洲航線預定航海日數及距離〉（《渡歐指南》，一九二八年二月，日本郵船）的記載，從橫濱出航後，在終點站安特衛普之前，共有十四個停靠港，其中除了倫敦破例停留五日，特別長之外，神戶停留兩日，門司、上海、香港、新加坡、可倫坡、馬賽停留一日，檳城、塞得港半日，亞丁、蘇伊士、拿坡里、直布羅陀只停留數小時。船員與港都女子之間短暫的愛情故事，透過歌謠傳揚各地，船員「品性惡劣，所到之停泊港耽於玩樂，滿足卑劣的嗜好而感染性病等」都只是單一的印象，戶田一外在《船醫風景》中寫道。船員中花柳病患者只有百分之八的程度，實際上比陸地生活者還少。

歐洲航線的船醫任務，並不只是為病人診療，當頭等艙船客在用三餐與在甲板遊戲時，船長、輪機長、大副、總管事、船醫五人會輪流接待。擔任接待員需要滿足幾個條件，第一要會說外語，其次是學習西洋的禮儀，再來是服裝雅致，不會讓人不悅，另外，船上遊戲的基本常識也很重要，必須有能力陪客人下西洋棋或打橋牌，有時也要擔任甲板高爾夫的解說員。如果懂得社交舞，具備音樂素養的話，那就更完美了。

淺間丸甲板上舉行的甲板高爾夫（戶田一外，《船醫風景》，一九三〇年七月，萬里閣書房）。戶田在這本書中，介紹此種運動為日本郵船中「有趣的遊戲之一」。

附圖收錄於《船醫風景》，是甲板高爾夫球的一幕，該書也做了英文的說明，記述「英人尚不知此種遊戲」。甲板高爾夫球，是一種在甲板上設九個

鋼版油印說明書*DECK GOLF*（未記載發行日期，美津濃）。比賽場地的面積與配置圖沒有特別的規定。比賽以兩人一組或三人一組進行，由裁判審定，所以只要有五個人就可以開始。

洞，以圓板代替球，以桿子將圓板打進洞的遊戲。這套遊戲的規則是日本郵船賀茂丸的外國船長與輪機長兩人想出來的，插圖的*DECK GOLF*是美津濃發行的鋼版油印說明書，未記載發行日期。

即使會說英語、習得西洋禮儀、懂得船上遊戲，還是有可能犯下大失誤。插圖是運動會時，在甲板舉行「豬尾巴」的遊戲。擅長畫畫的人在寬敞的甲板中央，用粉筆畫出一隻沒有尾巴的大豬，若有知名的畫家在船上，就會出現唯妙唯肖的豬。比賽者站在距離豬三至四間（約五點五至七點三公尺）遠的地方，蒙上眼睛轉個三圈，然後往畫的方向走去。別人會把粉筆交給他，他要畫出豬的尾巴。

戶田一外也參加過這個遊戲，由英國的外交官夫人，「船中氣質最好的美麗」女士擔任評審，坐在豬畫像旁的籐椅上。比賽者走到錯得離譜的地方畫出豬尾巴，逗笑了周圍的觀眾。不久，輪到戶田上場。他發下豪語，一定要拿到一等獎，他目測評審旁的大箱子邊角到豬尾巴應在位置的距離，然後瞄準箱子前進。他用左手觸摸甲板，然後從下朝上伸出右手打算去摸

戶田一外在《船醫風景》中記述，比賽「畫豬尾巴」時，會有數名乘客或機組員在周圍觀看。最好的觀賞位子會擺放幾張籐椅，做為女士席。照片為收錄於該書的比賽風光。但是，這張照片中，婦女們站在右側，左手邊的籐椅坐著打領帶的男士，可見並沒有嚴格的規定吧。

箱子時，原本吵鬧的觀眾，突然鴉雀無聲，他沒意識到不對勁，一伸手卻摸到輕薄柔軟的衣物觸感，隨即聽到女士的尖叫聲和倒地的聲音，原來戶田把手伸進了女士的裙子。戶田趕緊逃回房間，閉門反省到晚上。

因為長年從事日本郵船歐洲航線的船醫工作，戶田一外對許多艘船都有著不同的回憶，印象最深的船之一，是服役於一九二〇至一九三〇年的伏見丸。伏見丸於一九一四年六月在長崎三菱造船廠完工，重一萬零九百四十噸。建造時，戶田就以「點交員」之一的身分被派遣到長崎，監督醫務室與病房的設備。同年在長崎完工的姊妹船諏訪丸裝潢走的是英國風，神戶川崎造船廠完工的姊妹船八阪丸走德國風，而伏見丸則是日本風。三菱為了伏見丸的裝飾，特地派遣技師到京都周邊考察桃山時代的裝飾和雕刻，技師們從西本願寺奧書院和桂御殿發想出船內的設計。

戶田一外結束醫療相關設備的監督後，採陸路回東京。在路上瀏覽的報紙中，他得知淨土真宗本願寺派第二十二世法主，亦是探險家的大谷光瑞將搭乘伏見丸的處女航到可倫坡，去印度視察。戶田早就想去西本願寺參觀奧書院，便在京都下車，請法主特別通融讓他一見。兩星期後，伏見丸從神戶港出港，航海中，戶田聆聽大谷的演講，請他喝茶，一起下圍棋，交情漸深之後，又向他求字畫。法主回答，返航時他會在新加坡登上伏見丸，到時候再畫吧。然而戶田得了傷寒，不得不在倫敦下船。

幾年後，戶田一外受命接掌常陸丸的醫務工作，那是常陸丸於一九一七年九月被德軍偽裝巡洋艦擊沉的前一次航行，正巧大谷光瑞也從門司上船到香港。戶田帶了他想要的胃藥過去，大谷對此奇遇大喜過望，而戶田也再次求字畫。大谷當場揮毫《放浪漫記》（一九一六年二月，民友社）中的一節，還在另一幅額面上寫下「是我廬」三字。大谷崇敬德富蘇峰，其別墅的大門上便掛著「愛吾廬」。常陸丸船長富永清藏也獲大谷贈以「無量壽」的字，「無量壽」是佛教語，有「永遠的生命」之意。但是富永船長在次班航海中，攬下沉船的責任，引咎自盡了。

日本郵船編，《日本郵船公司五十年史》（一九三五年十二月，日本郵船）中大大推薦淺間丸、龍田丸和秩父丸等配置於桑港線的「淺間丸型客船」，記述「最近建造廠的優秀設備一般」。三船的設備幾乎完全相同，淺間丸全長一百七十八公尺，船寬二十一點九五公尺，船深十二點九五公尺。有十間廚房，可同時料理一千人份的伙食。診療室有兩間，其中一間可以做手術，另有四間病房，備有不會搖晃的病床。照片為淺間丸的游泳池（戶田一外，《船醫風景》，一九三〇年七月，萬里閣書房）。

一九二八年十月，一萬六千九百四十七噸的淺間丸在長崎三菱造船廠竣工，成為國內一大話題。戶田一外也受到親友的央求，希望能參觀一下新船。於是，當淺間丸準備開航前往舊金山，停在神戶港防波堤時，戶田招待七名親戚上船。淺間丸設計為純客船，並不是貨客船，因而與以往日本郵船的船隻大為不同。旅客名額為頭等艙兩百三十九人，二等艙九十六人，三等艙五百零四人，加上機組員三百人，船內容納超過一千一百人。頭等客房九十六間中，三十五間備有浴室。插圖為淺間丸的游泳池，四周圍豎立了義大利產的大理石圓柱，是以「古代羅馬浴場」的概念所做的奢華設計。

連結歐洲與美國的北大西洋航線，從進入二十世紀時即出現兩萬噸級的客船。一九一〇年代前期，也出現了五萬噸級客船，如四萬六千三百二十八噸的英國豪華客船鐵達尼號，一九一二年四月十五日撞冰山而沉沒，當時的機組乘客據說有一千五百一十三人。在這時代，客船早已不再是單純的交通工具，客船發揮海上巨型飯店的功能，而日本郵船的歐洲航線也嘗試迎接新時代的來臨。

## 九、船上的異文化性：法國、英國、德國、日本的郵輪

置身於異文化當中，透過與他者的交流，就要面對自己是誰，他者又是誰的問題。但是，並不是踏上歐洲土地時才會湧出這樣的疑問，最初面對這個疑問的機會，是在歐洲航線上。一九二八年（昭和三年）四月，搭乘箱根丸旅歐的英文學者本間久雄，在《滯歐印象記》（一九二九年十二月，東京堂）中記述，「吾輩離開日本遠赴國外，其實也許是為了看清楚日本。」本間在吸菸室的一角，發現了老留聲機和長歌等的唱片。唱片已經刮傷，幾乎是難以入耳的程度，但每天晚上，幾個同好之士還是會聚在一起，入迷地欣賞。伴隨著離開日本，日本文物反

而鮮明地浮上心頭，這無非是因為在異文化的對比下，凸顯了日本的輪廓。

除了日本郵船之外，英國、德國、法國的郵輪也加入歐洲航線，搭乘外國的船隻時，客房的規格也不一樣。一九二一年八月四日，在神戶坐上克萊斯托丸的西畫家小出楢重，於翌日寫給石濱純太郎的書簡（匠秀夫編，《小出楢重的書信》，一九九四年五月，形文社）中如此記載：「不管怎麼說，克萊斯托畢竟是德國船，鏡子的位置對日本人來說太高了，只能微微照到眼睛而已。」德國人一般來說身高都很高，透過鏡子的高度，小出應該深切感受到自己正走向未知的歐洲。

各國的歐洲航線停靠港，大多是殖民地或租界地，自然而然，不少人在選擇搭乘哪一國船時都會與目的地結合在一起。長年工作於橫濱正金銀行里昂分店的散文家瀧澤敬一，在一九二八年春天，帶著一家人從馬賽到橫濱旅行。瀧澤在選擇船班時，曾在日本郵船或法國船之間猶豫了很久。據《法國通信》（一九三七年五月，岩波書店）中述及，若是歐洲航線的英國船，他在待遇和餐點上都吃過苦頭，所以一開始就不予考慮。德國、荷蘭、義大利船都必須轉乘，所以也從選項中剔除。討論的結果，瀧澤訂了插圖中的法國阿拉米斯號，對瀧澤而言，坐法國船有六個優點。

第一，可以看到日本郵船不停泊的吉布地（Djibouti）和西貢。吉布地位於連接紅海與亞丁灣的曼德海峽海岸，是個港灣都市。瀧澤想親眼看看，法國殖民地與可倫坡、新加坡有什麼

法國郵輪阿拉米斯號（瀧澤敬一，《法國通信》，一九三七年五月，岩波書店）。從該書得知，阿拉米斯號停靠的吉布地是個「燠熱單調的港口」，有很多「白金字塔」，推測應是鹽田，也可看到法國投下巨資興建通往阿比西尼亞的鐵路。船在當地採購大量牛肉和蔬菜，到達西貢後，大部分法國人都下船了。他們在這裡接受殖民省的指令，獲知調任地與職務，所以港口裡上演著悲喜交錯的景象。

不同。第二是餐點美味。日本郵船提供的西洋料理，「遠比外國船高級」，但是食材的進貨，去程只在神戶，返航只有安特衛普。相對地，法國船在每個停靠港都會購進新鮮的肉、魚、青菜，製作成法國料理，所以日本郵船被他評價為「遠遠不及」，另外紅酒可以當白開水無限暢飲也是一大魅力。不過這個說法必須有點保留。例如，近藤浩一路在《現代幽默全集九．近藤浩一路集．異國膝栗毛》（一九二八年十二月，現代幽默全集刊行會），便記載「古倫母（可倫坡）一帶進貨」的鮮魚生魚片和鰻魚，大小和色澤都令人作嘔。

第三是孩子的玩伴多。法國船載運往來於殖民地與本國之間的軍人和官吏家庭，船上常常看得到孩子，多的時候可達七十至八十人，也會準備兒童菜單。第四是船費差距不大，但設備較好。法國船的客房有兩張床，不是上下層，備有帶鏡的櫥櫃、沙發、電風扇、自來水的設備。第五，兩名大人、兩名小孩訂兩間客房的話，日本郵船收取三人半份的費用，而法國船只收三人份的費用。第六是小費較低廉。

從瀧澤敬一的比較可以看出，選擇不同國家的船，體驗到的異文化也不同。當然，選擇法國船也伴隨著固有的問題，對像瀧澤這樣長年在法國生活的人，自然沒有問題，但是最好要有心理準備，船上只說法語。語言的障礙在生病時會造成一大困難。雖然不論哪一國的船，船醫都有一定的技術水準，但是法國的治療方法，與德國及跟隨德國系統的日本大不相同。此外，客房的服務生人數少，召喚之後，也未必能馬上到來。打掃也不如日本船那麼面面俱到。在停靠港出發、抵達的時間不準時，也不積極推動觀光。

另外，船上也販賣棺材這一點，連熟悉法國文化的瀧澤敬一都覺得異常。當然它不是紀念品，而是船客罹患傳染病亡故之時，會將遺體放進棺材，保管在船內直到回國。若是不想在大洋中海葬的話，倒是方便的選擇吧。船內設置了郵政分局，因為是法國的郵局，所以即使航行在神戶至橫濱之間，若想郵寄到東京，也收取國際郵資，反之若是郵寄到巴黎，卻以國內郵資計算。最令瀧澤驚喜的是澡堂，他視為意外的好運。在日本郵船上規定每人只能入浴十五分鐘，但法國人沒有每天洗澡的習慣，因此除了下午茶前後，任何時間都可以洗澡。

曾任職三井物產，後轉到東洋棉花的企業家塚田公太，從一九〇七年起到一九二一年，在印度工作近十五年。一九二七年七月，塚田久違的再訪印度，並且搭乘英國船、法國船和義大利船，將旅行延伸到東非和義大利。各國的郵船在塚田眼中是什麼樣的呢？塚田搭乘英國船卡拉帕拉號，從印度西海岸的孟買，到非洲東海岸的英屬肯亞的蒙巴薩（Mombasa），他在《外遊漫想葦之髓》（一九二九年十二月，淺井泰山堂）這麼寫道，客房老舊不便，二十幾日的航海卻沒有洗衣服務，伙食難吃到匪夷所思。第一次世界大戰前亞洲地區的英國船都十分優秀，孟買至上海之間的船，不論設備、規矩、清潔、伙食的評價都很高。但是近年來，他國船都在進步，英國船卻是退步。

若以印度為起點，英國船往東亞需與日本郵船競爭，往西方歐洲則要與法國船、義大利船競爭。身為海運國，英國的衰退跡象，在有二十年以上搭船經驗的塚田公太眼中可以說歷歷可數。從非洲東海岸的三蘭港（Dar es Salaam）到塞得港之間，塚田第一次坐上了法國船。習慣英國船的塚田，對於兩者文化的差異可說點滴在心。英國船的船員訓練精良，法國船從船員到服務生都十分親切，前者流行甲板上的運動，後者以桌牌遊戲為主流。後者對人種的偏見比較淡，但最大的不同則是伙食，法國料理遠比英國菜好吃得多。

在亞歷山大港視察完棉花市場後，塚田公太搭乘義大利船到拿坡里。埃斯佩利亞是兩萬噸

《世界地理風俗大系第五卷：印度》（一九二九年八月，新光社）說明，孟買為印度西海岸的要港，人口有七十八萬人。市區「由歐洲人開發建設」，所以不太感覺得到「印度的氣氛，與印度內地的城鎮大為不同」。照片是該書刊載的孟買現代都市景觀，中心地在最下方的市政府一帶。

的客船，設備之豪華令塚田目瞪口呆，宛如走進一家「大飯店」。當然，如果走連結歐洲與美國的北大西洋航線，這種「大飯店」級的客船並不少見。但是，除去北大西洋航線，塚田評價埃斯佩利亞號「就算從全世界來看，也是最優秀的客船之一」。

如果說各國船隻展現該國文化的話，日本人選擇日本郵船的最大理由，應該就是熟悉的日本文化。雖然因人而異，但是衣食住當中，食文化最暴露出日本人的保守性格。大丸吳服店常務董事大石喜一，結束歐美百貨店的視察後，於一九二六年十月八日，從塞得港登

亞歷山大港（《世界地理風俗大系第十七卷：非洲》，一九二八年十二月，新光社）。從該書得知，亞歷山大港有日本棉花公司的分店，因此，橫濱正金銀行也設有分店。該書比較此地與塞得港的不同，說明塞得港為「日製雜貨的卸貨場」，但亞歷山大港處理「九成埃及的貿易」，發揮「通往日本之輸出口」的功能。

上鹿島丸。他選擇日本郵船的理由，是因為想吃日本菜。大石在《新國家老國家》（一九二七年六月，吉村重輝）中寫道，九日的晚餐菜單，有他所期待的鰻魚飯，一行人久違的拿起衛生筷享受蓋飯。之後船上陸續提供凸顯日本味的親子蓋飯、壽喜燒、茶飯、雞肉飯、麻糬紅豆湯、和菓子等。

第二次世界大戰之前，日本男士就算穿著西服外出，回到家也會換上和服休息。在船上，去食堂就相當於外出，回到客艙就等於回到自己家。只是客房的空間狹窄，所以船客希望在客房外也能休息，小說家木村毅即是其中一人。一九二七年五月二十一日，木村從橫濱搭上白山丸，前往歐洲。從上海離港開始，他就覺得穿著西服太彆扭。《巴里情痴傳》（一九三一年二月，千倉書房）中提到，木村穿著浴衣走出甲板，與甲板服務生商量。服務生回答，如果西方女士接受的話，就沒有關係。想穿浴衣走動的不只木村一人，木村寫道，當他告訴其他日本船客已獲得女士的諒解後，大家都十分歡喜。不過因為木村搭乘的是日本郵船，這種交涉才有可能成功。

## 十、金子光晴、森三千代花了一年時間到達馬賽

詩人金子光晴與森三千代，是在一九二八年（昭和三年）九月一日展開經東南亞到歐洲的旅行。如果搭乘日本郵船走歐洲航線，從橫濱到馬賽只要四十三天，但是，他們沒有準備好旅費，於是花了一年以上時間才到達馬賽。金子是在十一月從長崎到達上海，在這裡停留了近半年，翌年五月到達香港。金子在《髑髏杯》（一九七一年五月，中央公論社）中提到，他在日本人俱樂部舉辦繪畫個展，以籌措旅費，近兩個月中，他在畫仙紙上畫了六十幅水彩畫，但是所得的收入連旅館的住宿費都不夠。兩人陷入「四面楚歌」的狀態，最後討價還價地付了旅館費，前往新加坡。

到了新加坡，金子光晴也繼續寫生，熱帶植物的色彩、郊外紅土都太強烈，很難用水彩顏料表現那種激情。好不容易在日本人俱樂部參加展覽會，但是賣況依然不佳，籌不到去巴黎的旅費。二人於七月十日，買到荷蘭船公司KPM的二等船票，搭船到爪哇（現在的印尼）的巴達維亞（現在的雅加達）。一八五四年以後，爪哇被納入荷屬東印度群島，巴達維亞是它的首都。付了船資，二人的荷包也見底了。

金子光晴在《馬來蘭印紀行》（一九四〇年十月，山雅房）中描述了這趟船旅的窘況。這艘小汽船名曰MIJR號，客房中雖然設置了電風扇，但也只是攪動悶熱的空氣而已。受不了高溫的M（森三千代），躲在房間裡避光。翌日出來吃午飯，端來的是荷蘭口味的烤肉和堆成小山的馬鈴薯。在十月中旬回到新加坡前，兩人就在荷屬東印度群島四處流浪。回到《髑髏杯》的記述，金子在泗水的日本人會開了畫展，得到了一筆錢，他們在KPM船上當甲板旅客，從巴達維亞回新加坡。當他吩咐搬行李的馬來服務生，把行李搬到甲板時，服務生扔下行李大笑，他在新加坡談起這件事，有日本人批評他「一等國的國民與印度人一起睡甲板，這已經不是沒常識，而是國恥。」

森三千代回憶爪哇時代所寫的《女人之旅》（一九四一年九月，富士出版社），與金子光晴的《馬來蘭印紀行》正好成套。收錄其中的〈巴達維亞日記〉八月十七日的內容記載：「上午，背誦法語單字。什麼時候才能去法國，現在這景況還說不準。法國好遙遠，而日本好像更

泗水市區。熱帶地區人們大多穿白衣（《世界地理風俗大系第四卷：南洋》，一九二九年三月，新光社）。〈昭和六年七月現代・社團法人泗水日本人會基本規則（翻譯版）及內規》（泗水日本人會）寫道，該會創立於一九二七年二月四日。金子光晴開展覽會時，應是該組織成立的兩年後。

遙遠。」傳達出去不了巴黎的憂心。在泗水，金子得到的錢還不夠支付新加坡到馬賽的兩人份船費。因此，他們決定森先走一步去馬賽，留下金子賺足了錢再追去。十一月半，森獨自上船，《髑髏杯》裡寫道：「凝視著船底圓窗裡的她，隨著船的遠去而逐漸變小，從未流過的淚水流了出來，但不是出於悲傷的情感。」

送別了森三千代，金子光晴開始沿著馬來半島的西海岸，朝著北方縱貫前進，他從檳城過海，到了荷屬東印度群島的蘇門答臘。住在棉蘭的日本人，有新舊兩種類型，金子在《馬來蘭印紀行》中寫道，

停泊在檳城的諏訪丸（《西洋又南洋》，一九二六年二月，古今書院）。諏訪丸一九一四年三月由長崎三菱造船廠建造，一萬一千七百五十八噸。根據一九二八年二月的《渡歐指南》（日本郵船），從新加坡到馬賽之間的三等運費為二十二鎊，是頭等A艙的約四分之一。

新型是「日貨貿易的領頭者」，他們「攜帶著充滿算計的野心和資金，強勢登陸」，相反地，舊型是「幾乎身無分文過來的人」。前者是頭等艙船客、二等艙船客的階層，後者相當於三等艙船客的階層。隻身在馬來半島、蘇門答臘旅行後，金子終於賺到了前往馬賽的船費，他從檳城回到新加坡，十二月搭上諏訪丸前往巴黎，買的當然是三等船票。

金子光晴在荷屬東印度群島與馬來半島的生活，長達五個月，他以期間的見聞為本，穿插了以自然為主的人事，寫成《馬來蘭印紀行》。雖然他與和辻哲郎一樣，都是書寫前往馬賽的旅行體驗，但內容卻互成對照。金子描寫的主題雖然是移居這兩地區深處的日本人，但他卻藉由田野工作將季風區域風土與人的關係，定調在語言的世界。他的敘述在昇華為觀念之前，傳達出實地考察過的真實性。然而金子是在迫於無奈的狀況下觀察當地人和風物，畫成繪畫來賺取船票，所以才可以達到那樣的境地。

金子光晴放低了視線，這也一貫表現在歐洲航線的描寫上。從這層意義上，《沉睡巴里》（一九七三年十月，中央公論社）在旅行時代的歐洲航線紀行文中，算是一個異數。日本郵船諏訪丸的三等客房是八人房，金子上船時已有四名日本人在房內。「令人想吐的油漆味，和用熱水洗東西時人身上的汙垢和碎屑升起的蒸氣，籠罩在屋內，形成一種難以名狀的腥臭味。」但是他還是躲在屋內。打開圓形的艙窗，涼風就會吹進來，但是因為房間在船底，只要船猛烈搖晃時，海浪就會打進來，弄得一身濕。

三等客房的伙食水準與不舒服的臭味半斤八兩，「難吃到幾乎難以下嚥」。但是船票的費用包三餐，到馬賽不用餓肚子了。對身上沒有多餘金錢的金子光晴來說，算得上是可以放心的狀況。金子有一樣東西非買不可，那就是鞋子。從新加坡到爪哇、馬來半島各地、蘇門答臘流浪多日，鞋底已經破得無法再補。但他沒有餘錢到百貨公司買英國製的鞋子，只能買中國製的便宜貨。看準了檳城是南方華僑最後的大市場，金子在靠岸時上岸，拚命殺價用定價的三分之一買了新鞋。

另一間三等客房住了四個中國留學生，航行在檳城至可倫坡之間的印度洋時，金子光晴突然向領班詢問，是否可以搬到那個房間去。他們也是八人房，還有空床，也就是說他想要闖入中國人和睦生活的空間。金子不理會領班的狐疑眼光，把行李收一收便搬到那間客房去。中國人十分驚訝，艙內的氣氛冷到極點。在那個時間點，不論到哪個殖民地去，日本人與中國人的關係都很尷尬。闖進他們房間的金子帶著「狂妄的想法」，認為「即使是代表個人，我這也算抓住了兩個民族和解的契機吧」。不過，兩個女乘客中，金子對「身材豐滿、穿著中國服，長相現代的十七、八歲女孩」有興趣也是事實。

中國留學生所在的三等客房，照明的圓窗在印度洋上也一直鎖著，沒有打開換氣，所以充滿了「異樣的體味」和「奇妙的發酵味道」，彷彿身體在「變質、腐敗」。金子光晴的闖入，在船中成了一個大話題。領班佩服的說：「金子先生可真不含糊啊，（中略）這艘船上最有風情的，就屬這間房了。」金子與中國人開始透過筆談溝通，其中一組已經是未婚關係，但另一組並不是一對。前者的女方，畢業於魯迅擔任校長的上海女學校，金子有興趣的是後者，一位姓譚的小姐。雖然語言不通，但是金子想過，當「情人」的話「很有趣」。

在可倫坡上岸時，金子光晴去了「供應船隻食材的N三兄弟其中之一」的店。歐洲航線的N家評價很好，據說其他兄弟也在新加坡和塞得港開業，「N」指的就是南部吧。金子享受著與譚之間的微妙關係，航行在可倫坡至亞丁之間，深夜他甚至在譚熟睡時摸過她的肚子。到了

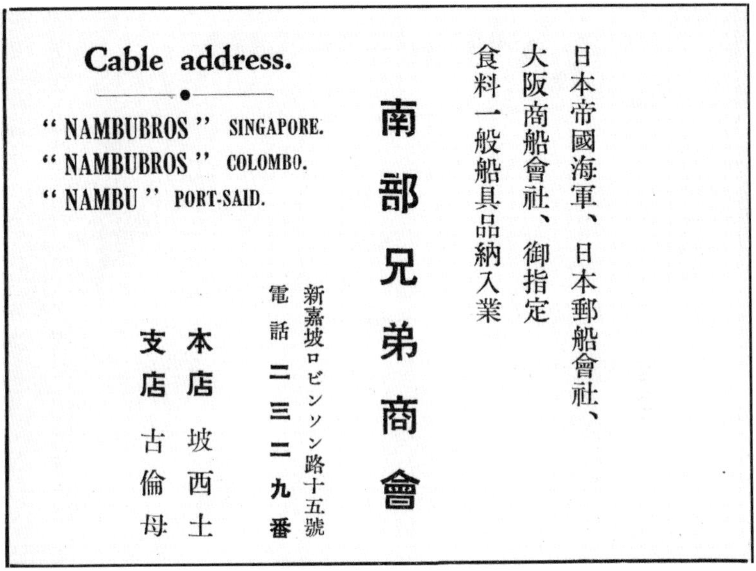


南部兄弟商會的廣告。從內容可知，它的總店在塞得港，另於新加坡和可倫坡都設有分店（新嘉坡日本人俱樂部編，《前進赤道》，一九三九年十月，新嘉坡日本人俱樂部）。根據該書的記載，英屬馬來地方全境日本人數，在一九二九年金子光晴與森三千代造訪時有八千七百二十八人。一九二〇至一九三七年的人數變動約為五千多至八千多人。

馬賽，還握著譚的手一起走。金子感覺「如果有一星期的空間，即使我們倆一句話也不通，但是心靈與身體自然能夠交流」。但是，歐洲航線之旅的終點馬賽，兩人之路也走到盡頭。

金子光晴約好與森三千代在巴黎碰頭，森在一個半月前經過馬賽，嚮導還記得她這個人。航行到印度洋時，森得了發高燒的病，到達馬賽時，雖然已漸漸轉好，但還是有近四十度的高溫。馬賽的日本人很擔心，建議她休養一個月再去巴黎。但是，森說「就算是死，也要踏上巴黎的土地再死」，她留下這句話便搭夜車離去。現在已經不是和譚玩耍的時候，金子也坐上夜行火車，於第二天到達巴黎。他到日本大使館，從居留日本人名冊上找到森的住址，終於，在盧森堡公園附近圖爾農街的包租小旅館裡，兩人順利地重逢。

## 第六章

# 法西斯的跫音與第二次世界大戰（1931-1945）

一九三一年九月發生的九一八事變，到了第二年一月，發展成海軍陸戰隊與中國第十九路軍交戰的上海事變（一二八事變）。這一年，居留在上海的日本人口有兩萬五千零九人，上海有許多日本紡織工廠，如內外棉、上海紡織等，占中國全紡織工廠的約三成。虹口一帶日本商店雲集，形成日本街。漸漸地港口湧入了逃難的民眾。照片是日本郵船長崎丸，準備從上海載運撤回長崎的民眾（《週刊朝日臨時增刊上海事變寫真畫報》，一九三二年二月二十二日，朝日新聞社）。戰爭把客船變成了逃難船，而約十年後爆發的「大東亞戰爭」則將徵用的客船陸續逼入死境。

## 一、輸送九一八事變、一二八事變出現的逃難民眾

一九二〇年代興起的旅行季一直持續到一九三〇年代，出現了大量歐洲航線的紀行文，同時戰爭的黑影也逐漸加深，就像是要往下一次世界大戰前進。法學家松波仁一郎在視察歐洲各國近半年後，於一九三一年（昭和六年）八月九日，在拿坡里坐上榛名丸。松波第一次到歐美留學是在一八九七年，他在著作《明眼人的牆外觀察》（一九三六年九月，大日本雄弁會講談社）中提及，到達香港時，他深切感受歲月已經過了三十年，以前英國治理的領域集中在香港島，小部分租借的對岸只是一片平野。但現在對岸已轉變成擁有二十萬人口的市街，加上香港島，人口超過八十萬人，碼頭停泊著巨船。

松波仁一郎不只是從市街的繁榮，感受到今昔的差距，一八九七年八月，他搭乘兩千噸級英國船安可那號到達香港時，一艘掛日本國旗的船都沒有，一九三一年九月三日再訪香港，港內停泊著十艘以上的日本船，總噸數超過十二萬噸。日本郵船的美國航線，有個船班是以香港為起迄港，這次除了榛名丸之外，也看到筥崎丸、龍田丸、長安丸的身影。大阪商船也有以香港起迄的船班，港內停泊著凡爾賽等四船。除了郵輪（在固定區間往來的定期船）之外，不定期船也會停靠，所以，港內停泊十艘以上的日本船乃是稀鬆平常的景象。

在香港感受到日本勢力的壯大，到了上海依然如是。九月七日來到上海時，除了日本郵船和大阪商船之外，有多艘日本船入港，分別隸屬於國際汽船、川崎汽船、大連汽船、日清汽船等。有些日本船有船名，但擁有者不明。不只是民間的貨客船、貨物船，在平戶軍艦的帶頭下，也有數艘日本砲艦停泊，加強「日本人的居留意願」。經濟發展與軍事發展有連動性，各國都在「虎視眈眈」，松波記述，絕對不能「掉以輕心」。

若讀過市河三喜、晴子夫婦的《歐美各隅》（一九三三年七月，研究社），就會知道市河晴子十分嚮往十九世紀的海外行。她在一九三一年十月二十一日，比松波仁一郎晚了兩個月，於塞得港乘上諏訪丸。這本書裡收錄了晴子所寫，〈印度洋的焦躁〉，十一月三日，晴子在印度洋上收到了企業家澀澤榮一病危的消息。市河晴子娘家舊姓穗積，母親穗積歌子的舊姓澀澤，也就是說晴子是澀澤榮一的外孫女。在甲板上懷念外祖父的種種，她流下淚來。這時天空開始下雨，彷彿在呼應晴子的眼淚。她抬起頭，整個

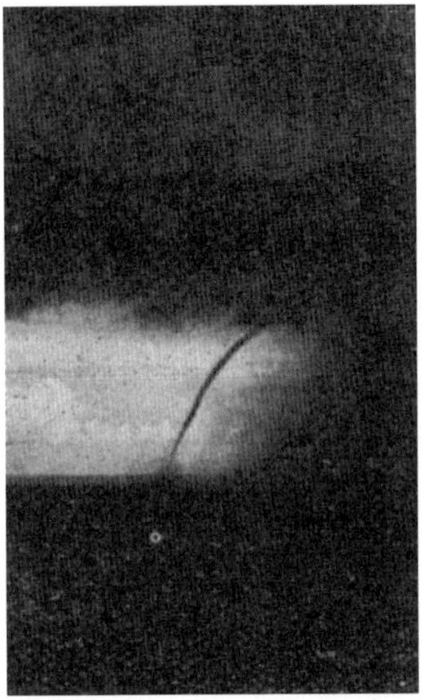
照片「印度洋的龍捲風」下半部黑色處是海面，中央的黑色直線是龍捲風（市河三喜、晴子《歐美各隅》，一九三三年七月，研究社）。晴子稱這龍捲風「連接天空與地球的雲之臍帶」，空氣濕涼。

天空有一半黑如墨汁，一部分黑雲變成細長狀流到海面，原來是印度洋的名產龍捲風。上頁插圖是收錄在該書中的龍捲風照片。八天後，澀澤過世的消息登上了媒體。

市河晴子決定把孩子留在日本，隨著英語學者市河三喜出洋的時候，晴子曾經去找澀澤榮一商量，而澀澤也把自己出洋的經驗告訴晴子。從前澀澤以德川慶喜的家臣身分，在一八六七年（慶應三年）擔任慶喜之弟德川昭武的隨從，前往巴黎參加拿破崙三世舉辦的萬國博覽會。當時日本郵船連個影子都還沒有。二月十五日，一行人從橫濱搭上法國郵輪出航，在香港轉搭另一艘法國郵輪。澀澤與杉浦靄人的《航西日記》，在一八七一年由耐寒同社出版，晴子興味盎然地讀過。日記第一卷寫的是去程中「錫蘭」到「亞丁」的沿途見聞，六十四年後，晴子在回程時經過同一片印度洋，卻在這裡接到外祖父的死訊。晴子回憶外祖父告訴她的故事和書中的內容，想像著他的出洋經歷。

松波仁一郎在一九三一年九月十日回到神戶，他在香港和上海感受到的日本壯大勢力，歸國後卻變成歷史的轉折點。九月十八日，關東軍在奉天郊外柳條湖炸掉滿鐵軌道，指稱是中國軍的行為而下令發動總攻擊，成為九一八事變的開端。市河晴子在維也納聽到九一八事變的消息，原本打算取西伯利亞鐵道回國，有些驚疑，但是再擔心也沒有辦法，還是按照計畫往布拉格去，東歐的報紙焦點都放在蘇聯的動向。她去公使館打聽的結果，判斷還是走歐洲航線較為安全，於是改變了回國的路線。中日戰爭在大陸持續擴大，晴子回國後過沒多久，一九三二年

一八六七年（慶應三年）澀澤榮一在法國拍攝的武士裝照片（澀澤秀雄，《攘夷論者渡歐》，一九四一年九月，雙雅房）。

一月二十八日，日本海軍陸戰隊在上海與中國第十九路軍發生衝突，引起一二八事變。

一二八事變對日本的船公司影響極大，一九三二年二月四日，刊登在《東京朝日新聞》的〈國人陸續從動亂的上海撤退〉一節，報導三日自上海出航的日本郵船生駒丸，載送了主要為婦孺的一千兩百名難民。航行於上海至神戶間的長崎丸與上海丸，也以二十一節全速行駛，馬不停蹄地將難民運送回鄉。每航班可容納一千五百人，也讓多位醫師和護士登船。日本郵船到七日為止運送的日本人數，預估有六千五百人。另一方面，歐洲航線的香取丸、桑港（舊金山）航線的大洋丸，孟買航線的加賀丸，也因為事變的關係，對停靠上海持觀望態度。但是，他們也做好準備，以便在必要的時候停靠上海，接納避難的民眾。大阪商船連結台灣基隆與上海的兩艘船，也分擔了收容難民的任務。

戰爭對船公司的影響，不只限於難民的運輸，〈郵船優秀船建造計畫止步〉（《讀賣新聞》，一九三二年二月二十五日）的報導中說，事變開始後，除了難民之外，幾乎沒有船客搭乘郵

一二八事變中，日本軍艦的大砲對準上海市區（《滿洲事變上海事變新滿洲國寫真大觀》，一九三二年四月，大日本雄弁會講談社）。一月十八日，中國民眾在陸軍特務機關的教唆下，擊斃日本籍僧侶。該書提到，二十一日，日本海軍派遣大井等五艘巡洋艦，自吳港駛往上海。中國方面組織敢死隊，十九路軍宣布武力支援。二十八日，兩軍開戰，日本人居留地區成為戰場，難民蜂擁而出，尋找安全的處所。

船，貨運也中止了。日本郵船的日中連絡線（長崎丸、上海丸）以外的船隻，暫停停靠上海，大阪商船也在觀望狀態。但問題不只在上海航線、歐洲航線或美國航線，而是貨主都避諱將貨交給日本船。保險業者特別針對日本船，要求增高載貨保險金，結果造成貨量顯著減少，以往通行的配船變得不再需要。日本郵船原本打算建造四艘八千噸級的優秀貨船，以因應紐育（紐約）航線的配船計畫，最後也只好取消。

這一年歐洲航線持續蕭條，〈歐洲航線嚴重萎縮〉（《讀賣新聞》，一九三二年八月十三日）

指出大阪商船的六艘配船無法再維持下去。八月，亞馬遜丸撤退，到了十月，安德斯丸也撤退，兩船一向為山下汽船的雇傭船，簽約三年。不再是定期船的亞馬遜丸，進廠維修後，計畫在八月裝載滿洲大豆往歐洲方面出航。日本郵船的歐洲航線也萎縮，倫敦分店探問減船的可能性，只不過因為去程收支已經核算過，所以總公司暫不實行減船。

到了兩個月後的十月，可能受到大阪商船減船的影響，日本郵船的業績稍有起色。〈郵船的歐洲去程航線活絡〉（《讀賣新聞》，一九三二年十月三十日）報導，出口品增加，停靠港貨物的集運順暢，去程出現榮景。但是，返程因為來自歐洲的進口劇減，中國產品不交由日本船載運，貨物量只有兩至三成的程度。但在去程的新加坡出現載不完的貨量，日本郵船有意增船。歐洲航線的配船數，是由內外二十二家公司組成的歐洲運費同盟決定，想要增配臨時船，必須獲得同盟的理解，但是載貨量少的不只是日本船，外國船也一樣，因此，增船之路困難重重。另一方面，如〈商船歐洲航線全廢？〉（《讀賣新聞》，一九三二年十二月八日）所報導，大阪商船決定保留航線權，在一九三三年二月，將六艘船全部撤走。

九一八事變的發生，促使日本國內法西斯主義的腳步聲愈來愈大。一九三二年三月一日發表了滿洲國建國宣言，五月五日在上海簽訂停戰協定，決定中日兩軍從上海撤退。但十日後發生五一五事件，海軍少壯派軍官和陸軍士官學校學生突擊首相官邸，槍殺了犬養毅首相。小說家林芙美子於五月十三日在馬賽乘上榛名丸，六月十五日到達神戶，她在《三等旅行記》（一九三三年五月，改造社）描述，她與兩名日本婦人、錫蘭女子同住三等艙，三等房「熱得快要致命」、「對伙食的抱怨已是日常便飯」，但是林還是沉浸在愉快的日子。

到了印度洋遇到季風，船身劇烈搖晃。從三等艙頂部的圓窗，可以看到海中的光景，宛如走進水族館。錫蘭女子還算有精神，剩下的三個人全都躺平了。林接受了一位日本女士的建議，將梅乾放在肚臍上，但也不知道有沒有效。在搖晃的船中無法執筆，林每天過著「無為的日子」。唯一的樂趣就是無線電傳來的日本新聞，為了看新聞，林勤快地往返於二等艙的公布欄，因而在印度洋上得知五一五事件。在宛如「雜物間」的食堂裡，三等艙船客憑著些微的消息，臆測討論起日本的情勢。

## 二、一九三〇年代前期的歐洲航線，與「名士」的回國報導

九一八事變與一二八事變等戰火，為一九三〇年前期的歐洲航線投下了陰影。此外，一九二九年（昭和四年）十月二十四日紐約股票市場暴跌開始的世界大恐慌，也打擊了貨客船的貨物運輸。再加上一九三三年，日本郵船歐洲航線的船隻，相繼發生意外，據〈門司港內相撞船毀〉報導，三月十一日，正準備從門司出港的一萬零四百一十三噸級筥崎丸，與搭載一千三百

名南美移民入港的九千四百四十六噸級大阪商船馬尼拉丸相撞，馬尼拉丸船首與筥崎丸右舷後的二等艙外部，均出現大裂痕，無法航行，因而出動海難救生船，所幸船客皆安然無恙，但是船已經無法再航行海外。馬尼拉丸暫時駛回神戶港。

兩天後，伏見丸船上發生火災。〈船客、機組員都平安〉（《讀賣新聞》，一九三三年三月十五日）記載，從檳城出港的伏見丸，在三月十三日清晨於可倫坡港外海發生火災，翌日返回檳城。當時，準備參加台維斯盃網球賽的伊藤英吉、佐藤次郎、布井良助等選手，都在這艘船上。日本隊在台維斯盃歐洲區的準決賽中敗給了澳洲隊，可是，在溫布頓錦標賽中，佐藤與布井搭檔，在雙打比賽挺進到決賽，佐藤也在單打賽進到準決賽。另外，企業家兼小說家（筆名丸木砂土）秦豐吉，也是此時伏見丸的乘客之一，後來，他在〈伏見丸火勢控制〉（《東京朝日新聞》晚報，同年三月十七日）的採訪中補充道，船到檳城時火勢依然持續，十五日下午才終於控制住，十九日再度自檳城出港，駛向可倫坡。

一九三〇年代前期，日本郵船一再受到戰火、蕭條、意外的折騰，但是從它們出版的指南書或導覽手冊中，旅行熱潮卻沒有半分衰退的跡象，一九三一年一月，日本郵船發行《渡歐指南》，這是一九二八年二月《渡歐指南》的修訂新版。比較兩者的目次，雖然新增了〈埃及海關稅〉、〈拿坡里港稅與拿坡里行李稅〉、〈海外旅行的注意事項〉三個新條目，但基本架構都沒有改變。只是從三年前的六十六頁篇幅，大幅增加到九十二頁，資訊量變豐富了。五個月

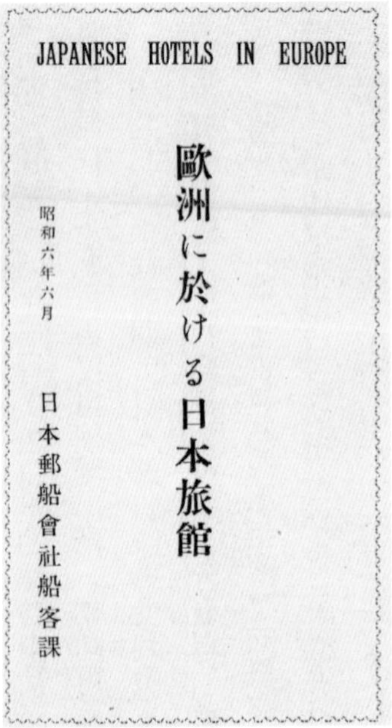
JAPANESE HOTELS IN EUROPE

歐洲に於ける日本旅館

昭和六年六月

日本郵船會社船客課

日本郵船船客課於一九三一年六月發行的〈歐洲的日本旅館〉，接受電報或信件預約住房。文中也記載了電話號碼。

後，日本郵船船客課，製作了〈歐洲的日本旅館〉的四頁宣傳單，這是為了希望能住進日本人經營的旅館，吃到日本料理、舒服起居的日本旅客所設計。內容介紹倫敦的常盤、日之出家、巴黎的牡丹屋、諏訪旅館、柏林「楊森春子夫人經營」的飯店、拿坡里「田中堯子夫人經營」的飯店、羅馬的日本館。

一九二九年十一月發行的《郵船的世界一周》（日本郵船）於兩年後的七月再版，一九三二年八月再發行三版。環遊世界的過程，可以轉乘的日本郵船航線，除了歐洲航線之外，還有桑港線（隔週，經由檀香山，到舊金山、洛杉磯）、南美西岸線（一年七班，經由檀香山、加州，到南美）、西雅圖線（隔週，到溫哥華、西雅圖）、孟買線（每月一班，到孟買）、日華連絡線（每四天，往上海）、青島線（每月兩班，往青島）、天津線（每月六班、往天津）。此外，大西洋的南安普頓至紐約之間，日本郵船與卡納德汽船公司（Cunard Line）有特約關係。北美大陸橫貫鐵路連結美國東海岸與西海岸，多家鐵路公司有不同的起迄站，路線也不同。其中，接續西雅圖與東海岸各都市的大北方鐵路（Great Northern Railway）是日本郵船的特約公司，比較各區間的運費，世界一周的運費可以便宜三成，有效期間為兩年，所以不必趕著旅行。

一九三〇年代前期的新聞，屢屢報導歐洲航線的「名士」歸國新聞，似乎也在反映這種好景氣。例如〈安藤幸子女士等歸國〉（《東京朝日新聞》晚報，一九三二年十二月四日）的報導，遠赴維也納擔任音樂會評審的安藤幸[1]（娘家姓幸田）於三日搭乘鹿島丸回國。安藤是小提琴家，也是日本古典音樂界的先驅，在這一年之前，她一直在東京音樂學校擔任教職。不只是安藤在鹿島丸上，前去巴黎的西畫家佐分真和長谷川昇也搭乘同船歸國。這年七至八月，是第十屆洛杉磯奧林匹克運動會，體操競賽總教練大谷武一也在船上。另外在船上的名人，還有東京帝國大學教授高木貞治，他是蘇黎士國際數學家大會（（International Congress of Mathematicians）的副議長，也被選為第一屆菲爾茲獎[2]的審查委員。

鹿島丸回來的九天後，靖國丸於一九三二年十二月十二日，駛進了神戶港。根據〈靖國丸載送諸名士歸國〉（《讀賣新聞》晚報，同年十二月十三日）的新聞，這艘船上，有駐德大使小幡酉吉外交官，以及擔任第九代台灣總督的政治家，擁有日本無線電信社長、貴族院議員頭

1 譯者注：安藤幸子即為安藤幸。
2 編按：菲爾茲獎（Fields Medal），正式名稱為「國際傑出數學發現獎」。

銜的內田嘉吉。此外，隸屬國畫會的西畫家大森啟助及椿貞雄也同時回國，大森還帶著費洛南多夫人為伴。同時，慶應義塾大學醫學院預防醫學系第一代教授，暨國際聯盟鴉片中央委員，也是寄生蟲學家宮島幹之助，以及在住友鋼管公司擔任要職、後來成為住友金屬工業第一任社長的春日弘，也都出現在船客名單中。

過了年，一九三三年一月十四日，諏訪丸回到神戶港，《東京朝日新聞》在一月十五日的報紙上圖文並茂地報導〈松內主播回國〉。東京廣播局的主播松內則三，因轉播六大學棒球賽實況而大受歡迎。在前一年洛杉磯奧運大會上，雖然東京廣播局沒有獲得賽場的直播權，但是松內在播音室內以播音的方式解說現場狀況，向大家傳達比賽的樣子。

一九三三年九月十九日，《讀賣新聞》刊出〈靖國丸歸國：船中的天才鋼琴家井上小姐〉，報導的是井上園子回國的消息，而這艘船上也載著畫家竹久夢二。兩年前的五月七日，竹久自橫濱出航，在美國待了一年三個月、在歐洲停留一年，於八月十九日在拿坡里登上靖國丸。但是，《讀賣新聞》的焦點，並不是相隔一年三個月才回國的竹久，也不是駐法特命全權大使長岡春一和畫家矢崎千代二。留學維也納國立音樂院的井上，於一九三三年維也納國際音樂大賽中，獲得鋼琴組特別獎。這是日本人第一次在國際大賽中入圍出場，因此受到矚目。

兩個月後的十一月十七日，筥崎丸駛入神戶港。〈載送名士筥崎丸歸國〉（《東京朝日新聞》晚報，一九三三年十一月十八日），登上了報紙的頭條，敘述講道館柔道的創始者嘉納治五郎回國的消息。嘉納在出席完維也納奧運委員會之後，到歐洲各地演講柔道。另外，此篇新聞也列名報導了比利時大使一家、駐倫敦副領事一家、東京帝國大學教授，及駐印度武官在船上的消息。歐洲航線日本郵船的歸港新聞，發揮了暴露「名士」動向的功能。

一九三〇年代初期，世界大恐慌浪潮襲擊歐洲航線，直到一九三〇年代中期才漸漸平息。一九三四年五月十九日的《讀賣新聞》〈郵船趁分紅復活，轉向積極政策〉一文，報導了日本郵船在連續七期無分紅之後，從本季開始終於轉為二分紅利，以長期來看，可望繼續分紅。日本郵船也趁此機會，將改善主要航線船隻做為目標。第一個方針就是將歐洲航線船的汰舊換新，計畫建造三艘優秀貨客船，以取代明顯老舊的香取丸、鹿島丸、伏見丸和諏訪丸。為了在

隨著旅行業景氣活絡，日本郵船於一九三四年五月，印製了十二頁的《船內注意事項》宣傳小冊，給「搭外國航線船旅行的人士」。船內的禮儀規矩，根據「國際性」標準，禁止穿單衣、赤腳和草鞋外出。西餐的用餐方法，則根據帝國大飯店編《飯店指南》寫成。洗澡水除了煮開的水外也使用海水。只有日華聯絡船長崎丸、上海丸使用淡水。鞋子若放在門口，第二天早上前，服務生會幫忙擦好。在服務員的引導下，可以到其他等級的艙房參觀。

和英國P＆O以及法國M・M的競爭中取勝，必須投資一萬噸以上，航速在十六節以上，經濟航速（航速與燃料消費比）小的船隻。經濟方面的條件終於齊備，日本郵船積極地加入競爭。

建造三艘一萬噸級船的新聞，在翌年〈歐洲航線喜逢春〉（《讀賣新聞》，一九三五年二月十三日）中被大幅報導。文中報導了歐洲航線客貨運輸的好景持續，日本郵船擬定了四艘一萬八千噸級船的建造計畫。另一方面，自一九三二年停航的大阪商船，也在考慮重啟歐洲航線，並提到配置近期建造的兩艘六千五百噸級船的可能性，和加入紐約航線的可能性。國際汽船也在擬定建造兩艘八千噸級船的計畫。〈歐洲航線船停靠基隆〉（《東京朝日新聞》，一九三五年七月一日）提到，配合拓務省的要求，日本郵船決定於一九三六年四月一日起，停靠台灣的基隆。

## 三、高濱虛子、橫光利一的句會與二二六事件

俳句詩人高濱虛子於一九三六年（昭和十一年）二月十六日，在橫濱搭上日本郵船箱根丸，啟程前往法國旅行。二十二日自門司出港，虛子在《渡法日記》（一九三六年八月，改造社）中記載，這一天「橫光利一君從此時起與我們同桌，我們父女與橫光君，在輪機長楠窗君

的桌子並排而坐」，小說家橫光此時是以《東京日日新聞》、《大阪每日新聞》的特派員身分，搭乘箱根丸去採訪第十一屆柏林奧林匹克運動會。他在《歐洲紀行》（一九三七年四月，創元社）同日中記述，「我的餐桌有高濱虛子及令媛、輪機長上之畑純一先生和我四人」。上之畑是虛子的學生，俳號楠窗。

高濱虛子是位有名的俳人，出國時盛況空前，現場混亂。《渡法日記》（一九三六年八月，改造社）中寫道，箱根丸的社交室擠滿新聞記者與送別的人。名古屋以西的「內地」停靠港，也都陸續有俳句相關人士或新聞記者前來。章子可能累了，沒什麼食欲便睡著了。他作俳句：「吾子船室中，沉睡寒牡丹」。照片是虛子與章子在箱根丸艙房中的合影。

高濱虛子與橫光利一體驗到的航海，是箱根丸改建後的處女航。一九三六年二月九日的《東京朝日新聞》刊載了〈郵船歐洲航線耳目一新〉的標題。得知德國、法國出現「超級豪華歐亞聯絡船」的消息後，日本郵船決定在建造新船之前，除了靖國丸與照國丸之外，將歐洲航線十艘船中的八艘進行大改裝，著眼點就放在船客服務上。首先是擴大客房，將雙層上下鋪改成單層，室內設備近代化，並加裝洋服櫥櫃和浴缸，五十五位二等艙名額與一百位以上的三等艙名額俱減少一半。新聞刊

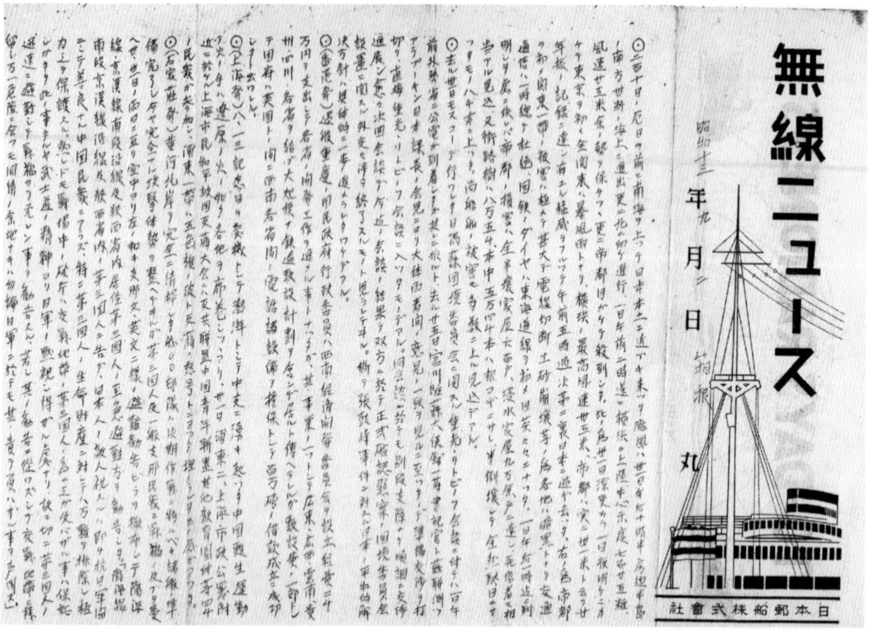


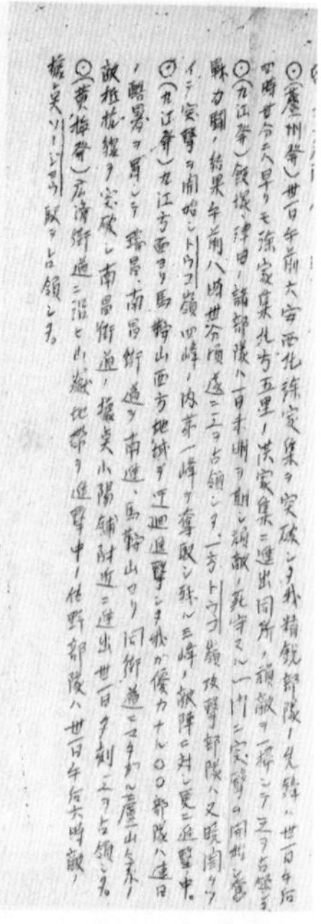

船內會將新聞貼在公告板上。右頁附圖為一九三八年九月二日箱根丸的「無線電新聞」，記載了颱風訊息和重光葵與俄國李維諾夫會談等一般新聞，以及發自香港、上海的新聞。日期與船名都是填入的方式，所以其他日本船的歐洲航線船，應該也使用同樣的稿紙。背面為如左頁的橫寫紙，未記載年月日和船名。左頁附圖為同年月日的箱根丸的英文TO-DAY'S RADIO NEWS（部分）。記載發自貝希特斯加登（Berchtesgaden，德國阿道夫．希特勒的山莊所在地）、柏林和布拉格的新聞。此外，箱根丸一九三八年八月二十九日的TO-DAY'S RADIO NEWS雖然稿紙的格式相同，但是顏色不一樣。九月二日的稿紙是米黃色，但八月二十九日是淡紅色，介紹發自布拉格、倫敦和耶路撒冷的新聞。推測應是因為歐洲航線的船客，日本人與外國人都有，所以船內新聞用稿有日語和英語兩種。

S.S. " HAKONE MARU " MARU Friday, 2nd September,1938.

NAUEN RADIO NEWS

Berchtesgaden: Mr.Konrad Henlein, Leader of the Sudeten Germans who left Asch in Czechoslovakia on Wednesday evening to pay visit to Fuehrer and Reich's Chancellor at Berchtesgaden arrived here Thursday where he put up at leading hotel. No meeting took place on Thursday between Hitler and Henlein states trust worthy source. The conversations will take place on Friday at Obersalzberg. It is considered unlikely that any other leading persons will be present. Reich's Propaganda Minister, Dr. Josef Goebbels, is only member of Reich's Cabinet at present at Obersalzberg, but is paying purely private visit Goebbels having accepted invitation of Fuehrer to visit him at Fuehrer's home,acompanied by his family.

Berlin: Rumours circulating here state that after this return from London , the British Ambassador in Berlin, Sir Nevile Henderson, had meeting with Reich Minister for Foreign Affairs, Baron Joachim Von Ribbentrop, on Thursday at latters country seat from Authoritative German quarters of from the British Embassy. At intimate dinner party at the British Embassy on Wednesday night, the British Ambassador already met State Secretary in German Foreign Office, Baron Von Weizsaecker. In political circles, it is, however, thought improbable that Henderson made important and political disclosures to Weizsaecker. It is assumed rather that Henderson himself conveyed verbally to Reich Minister for Foreign Affairs the standpoint of the British Government.

Prague: More optimistic view of political situation prevailed here in all quarters on Thursday night without their being any concrete reasons for this. This may be regarded rather as natural re-action from dark pessimism-since proved be exaggerated-that has prevailed in last ten days. No major negotiations took place on Thursday except for conversation between Runciman and Benes lasting one and half hours. Otherwise everything now awaits result of discussion between Konrad Henlein and Adolf Hitler in Berchtesgaden.
The political committee of the Sudeten German party met Thursday afternoon under chairmanship of Henlein's Deputy Frank. The meeting lasted two hours . The communique issued at close gives no indication of party's future plans, but permits conclusion that those entrusted to negotiate on behalf of party will have further discussions with Benes Friday.
Henlein's journey to Berchtesgaden was expected in political circles here, therefore, caused no surprise. In the Sudeten German party circles meeting Henlein with Fuehrer is said to have been matter of course and is expected to contribute essentially to clarification of situation.

DOMEI PRESS NEWS

Tokyo; The Chinese National Government succeeded concluding one million Pound Sterling loan contract with Britain, according to the press message from Hongkong which says that loan be secured on telephone services in south-western China comprising Kwangtung, Kwangsi, Cunnan and Szecuan, Kwangsi, Yunnan, Kweichow and Szechuan. The message points out south-western economic development commission recently organized by Hankow Government for developing in south-western China with ten million Yuan appropriation.
The message says that first task of commission be construction of railw...

出時，第一艘改建的箱根丸，已經進入橫濱船塢，其後依序在二月有諏訪丸和伏見丸、三月有筥崎丸、四月有白山丸和榛名丸、五月有香取丸和鹿島丸等待進行改裝，預計在這一年的上半年中一新耳目。而虛子與橫光就是改建後箱根丸的第一批乘客。

在上海，高濱虛子看到四年前一二八事變的傷痕。虛子是俳句雜誌《杜鵑》的主編，所以在東亞的停靠港，都有學生來迎接。虛子在船上的社交室與他們會面，接受新聞記者的採訪。在學生堀場定祥帶路下，虛子來到了江灣鎮，那裡因為是日本軍連隊長戰死的遺跡，後來成為旅客聽取解說的景點。共同租界閘北還留著多棟半毀或全毀的房子，令人體會到砲彈的威力。祭祀殉難者的上海神社由白木打造，吸引了虛子的心。然而，一二八事變並未結束化為歷史，它還在繼續進行中。一九三三年三月，日本退出國際聯盟，一九三五年八月，政府發出國體明徵聲明[3]，國內法西斯主義的氣氛逐漸濃厚。

箱根丸朝歐洲出航的十天後，東京發生二二六事件。皇道派青年軍官率領一千四百多人的部隊，占據永田町一帶。高濱虛子和橫光利一在船上聽到新聞，就如同林芙美子在歐洲航線的船上接到五一五事件的消息。但是林是三等艙船客，她是利用二等艙船客用的公布欄才得知消息，而虛子卻是在海圖室聽到船長說明閣員死傷的狀況。虛子寫道：「眾人只是默默聽聞。」並作俳句：「水仙只聞日來訊」。橫光則不忘特派員的角色，寫下一般乘客聽到消息時的反應，當暗殺的訊息傳來，正玩著甲板高爾夫的「年輕船客們」一同靜默了兩分鐘，但又「忘掉一切」的再度專注地玩起來。橫光在旁看著，不免感覺「這麼不當回事？」

高濱虛子在停靠港上海和新加坡時，都舉辦了句會。一行人在上海的月迺家，以「霰」為題創作俳句，在素食午餐後，進行句選。冬日二月二十五日，上海下了一場雪夾霰，故留下俳句「上海霰落防波堤」。橫光利一在上海則另有安排，他去見了舊友內山完造與魯迅。但到了新加坡，他與虛子同行，在著名的植物園吟行[4]，晚飯後舉辦句會，虛子留下俳句「熱帶日落可是椰子林？」據橫光的《歐洲紀行》，出席句會的有虛子在新加坡的學生二十人。楠窗獲得最高分，而橫光的俳句也排在第四名，虛子挑選的橫光俳句為「水牛車來佛桑華（扶桑花）」。

不只是在停靠港，他們也在船上開句會。香港出港後，航行在南中國海時，八人群集在輪機長上之畑純一的房間裡舉辦句會。在南中國海體驗到比玄界灘更大的風浪，「春潮起，窗滿搖」（虛子）。船上的人受到高濱虛子同行的刺激，也開始作起了俳句。上之畑把他們召集到社交室，讓他們聽虛子談俳句或俳句朗誦的唱片。三月三日大家在婆羅洲海域一帶慶祝女兒節，六個新人加入，以「雛祭」、「更衣」為題，舉辦了句會。新人中有一位宮崎市定，在第二次世界大戰後，他成為有名的東洋史學者，宮崎為了學習阿拉伯語，這一趟正是打算去巴黎

3　譯者注：在軍部和右翼壓力下，政府聲明日本的統治權主體是天皇，是由天皇統治的國家。

4　譯者注：一邊走一邊朗誦俳句。

東洋語學校留學。虛子吟道「雛祭南十字星下」，橫光利一也參加，他的「更衣遠處椰子斜」進入虛子之選。句會後來也開了幾回。

行經新加坡至可倫坡之間的馬六甲海峽與孟加拉灣時，台維斯杯網球選手佐藤次郎與小說家二葉亭四迷成了眾人的話題。佐藤兩年前在客房裡留下遺書，於一九三四年四月五日在馬六甲海峽投水自盡，橫光利一在《歐洲紀行》中寫道：「晚上九點至十一點左右，佐藤次郎的故事讓酒吧裡熱鬧起來，因為正好是佐藤跳水的時間。」除了地點和時間，提起佐藤還有別的原因。事實上佐藤乘坐的正是箱根丸，船長和服務生都記得他。從那裡到第二天的海域，因為投海者最多，故這片海域有「魔之海」的稱呼。佐藤從日本出發的幾天前，橫光還在資生堂與他同桌吃過飯。夜裡，橫光獨自走出甲板，從佐藤跳水的地點向下窺探，但唯獨那裡沒有欄杆，他一時頭暈目眩，腳一滑差點兒溜進海裡。

非洲局部地方的戰爭和東亞地區的戰爭一樣，都給歐洲航線帶來緊張和陰影。一九三五年十月三日，義大利軍與厄利垂亞軍侵略衣索比亞，爆發第二次衣索比亞戰爭。歐洲航線船一進入亞丁灣，左舷看到的非洲瓜達富伊角，是屬於義屬索馬利蘭（現在的索馬利亞），船行進一段距離後，會看到英屬索馬利蘭（現在的索馬利亞），等通過曼德海峽後，又會變成義屬索馬利蘭（現在的厄利垂亞）。箱根丸停靠阿拉伯半島的亞丁港時，高濱虛子與橫光利一都上了岸，《渡法日記》中記載，英屬索馬利蘭國境有派遣英軍駐守，十分顯眼。

航到蘇伊士之前，高濱虛子在紅海上讀完《埃及觀光》。這是一九三五年八月，日本郵船發行的第三版，初版（一九二五年五月）與再版（一九二九年十二月）的內容完全一致，篇幅都是五十六頁，第三版則刪去〈編者的話〉，新加入〈觀光旅程〉，變成六十一頁。見到年輕時學過的世界史場景出現在眼前時，虛子躍然於心，進入蘇伊士港前，大副將虛子叫到艦橋，把摩西刻上神之十戒的西奈山指給他看。到了地中海，從船中也能看到幾個令人目不轉睛的地點，義大利的薩丁尼亞島因為與建立義大利王國的軍事家加里波底（Giuseppe Garibaldi）有相當的淵源而聞名，而法國的科西嘉島則是皇帝拿破崙一世的出生地。

在歐洲航線中，高濱虛子希望留在記憶裡的不只是世界史的場景，他還想看看世界名著的場景，不過並不是在去程，而是返程時。一九三六年五月八日，虛子在馬賽坐上箱根丸，出港後，船長「特地為了我們」走靠近陸地的路線，通過巖窟王（基度山）島的北側。同年八月，日本郵船出版的《渡歐指南》修訂新版再版，在〈停靠港指南〉的「馬耳塞」一節，並沒有介紹「基度山島」。就如虛子的記述，也許有什麼特別的顧慮。自從黑岩淚香於一九〇一年三月十八日，在《萬朝報》開始連載翻案版的〈史外史傳巖窟王〉後，巖窟王這個名稱，在日本人盡皆知了，它的藍本是大仲馬（Alexandre Dumas）的《基度山恩仇記》。小說的背景是伊夫島，島上聳立著伊夫城堡，可以從馬賽坐遊覽船過去。虛子從船上仔細觀察古城，女兒章子負責拍照。

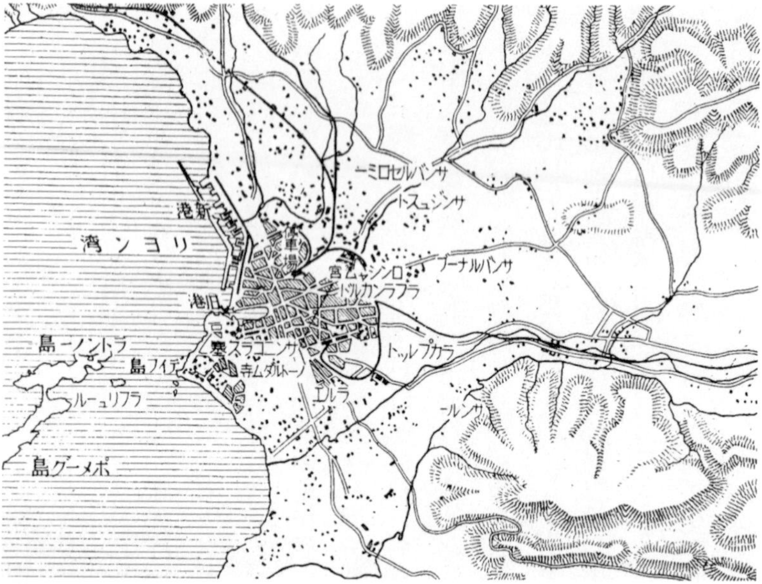


馬賽附近的地圖（《世界地理風俗大系第十二卷：法國》，一九二九年二月，新光社）。d'if島在這張地圖中標示為「地夫島」而不是「伊夫島」。

伊夫島的外觀（瀧澤七郎，《旅券在手》，一九二六年四月，明文堂）。

在日本人撰寫的歐洲紀行書中「巖窟王之島」經常出現。田子靜江在《為愛兒走訪歐美》（一九二五年十二月，東京寶文館）敘述，她一面懷想著過去醉心於法文小說翻譯的回憶，造訪了該島。從馬賽每隔一小時就會有小蒸汽船駛到島上，但在浪大的日子，全體乘客都得淋成落湯雞。牢獄中陽光射不進來，一連串的房間都「令人產生殘酷感」。瀧澤七郎的《旅券在手》（一九二六年四月，明文堂）也記述了觀光此島的印象，瀧澤讀黑岩淚香的書認識了「巖窟王」，他買了蠟燭，在要塞中的「政治犯監獄」來回巡梭。據說，死者埋葬前放置一週的房間，尤其充滿了「鬼氣逼人」的氣氛。

## 四、二葉亭四迷傳說與豪華客船時代的序幕

高濱虛子與橫光利一踏上歐洲之旅的三個月後，一九三六年（昭和十一年）五月二日，武者小路實篤乘坐改裝後的白山丸自神戶出航。白樺派小說家武者小路，為了實現自己的理想，一九一八年在宮崎縣建立「新村」。據《湖畔的畫商》（一九四〇年六月，甲鳥書林）與《歐美旅行日記》（一九四一年三月，河出書房）的記述，從東京到橫濱的路上，有許多「新村」的相關人員來送行。到了上海，舊識崔萬秋與《上海日報》的平山弘也來迎接，並且在內山書

武者小路實篤穿著西裝，搭乘白山丸從橫濱出港時留影（《歐美旅行日記》，一九四一年三月，河出書房）。

店與魯迅見面。到了台灣的基隆，待過「新村」的兒島榮二郎也趕來，帶他遊歷台北。到香港時，內山完造介紹的平岡貞負起導遊的任務。但是，船愈往西行，小說家的知名度便愈沒有作用了。「到新加坡為止，還有我的書迷。但自檳城起，就不再是我的勢力範圍（？）了。」武者小路在《歐美旅行日記》中記述。

在東亞的停靠港，大名鼎鼎的文學家，不論是高濱虛子還是武者小路實篤，受到的待遇都是一樣的。但是與虛子不同的是，武者小路在船中不時會感到孤單。離開香港後的記述中，《歐美旅行日記》有一節寫道：「寂寞時時潛伏在我心中，感到孤獨，彷彿無限大海之中，只有我獨自一人。」聽著人們玩甲板高爾夫的歡笑聲，武者小路覺得他們屬於「另一個天地」。自新加坡出港後，日記裡也留下「西洋小女孩興致勃勃地說話」，武者小路並沒有加入甲板上的談話圈子裡。他只是躺在客房的床上，跟自己說：「沒有人來探望我，也沒有說話對象，反而落得清靜。」

武者小路實篤於《歐美旅行日記》中對草木不生的亞丁，記述「有生以來第一次見到這樣的景色」，也第一次體驗到汽車行駛中，拂面而來的熱氣，看到駱駝也很稀罕。五月二十八日，白山丸航行在紅海上時，船上舉辦了壽喜燒會。乘客們跳起東京音頭，照片最前方右起第二人，就是穿著單衣出席壽喜燒會的武者小路實篤。

高濱虛子的訪歐行，有女兒同行，船上的輪機長是俳句的學生，所以事事有人幫忙打理，他還在船內舉行句會，擴大了交遊圈子。而且小說家橫光利一也加入其中，虛子根本沒有時間感到孤獨吧。兩人的不同，不僅來自於船上的人際關係。《湖畔的畫商》寫到上廁所鬧的笑話。他覺得有些不適，出去上廁所，但幾個小時之後，卻在船中發現另一間寫著GENTLEMAN的廁所，武者小路實篤原來走錯了地方，在女廁方便了。晚上去廁所時，他還特地打了領帶。平時在日本，他一向穿著舒服的和服，隨身物品也是用布巾包著提，在船上卻要用不熟悉的行李箱，在開開關關行李箱後，他漸漸覺得頭昏眼花。第一次做的西裝也穿不習慣，在船中起居還是穿起和服。

武者小路實篤在歐洲航線上的體驗，最大的特點就是對西洋文化有著極大的距離感。武者小路在《湖畔的畫商》裡對日本船給予肯定：「只用日語就能溝通，最能讓我感到沒有障礙。」但是同時也提出批判性的觀點：「所到之處，設備都是為西洋人考量，令人有點不自在。浴室、廁所，全部都是西洋式的，連伙食的日本菜也是特別另做。」「西式」和「日式」兩項對立的模式，可以置換為他者與自己。歐洲航線是與他者相遇的地方，在衣食住等基本日常感覺上，武者小路對他者感到不適應，想要保守住自己。這可以說是留洋者或多或少都要面對的問題，但以武者小路來說，他的自我保守性愈強，孤獨感也愈大。

武者小路實篤出洋的九個月後，一九三七年二月十九日，山口青邨在神戶坐上了榛名丸。山口是位工程學家，他準備前往德國研究選礦學，但同時他也是曾在《杜鵑》上發表俳句的詩人。《伯林留學日記上》（一九八二年五月，求龍堂）中提到，船從門司出發的翌日，海上升起濃霧，比行程晚了一天的船，鳴著霧笛，加速行駛。那一晚，山口給「虛子老師」寫了信，「霧中光照碎浪頭」。在上海，當地的俳人為他導遊。參觀完戰跡和其他觀光景點，他在東本願寺開了句會並且現場揮毫。在新加坡，他去了「二葉亭四迷之墓」參拜，「二葉亭四迷安息之碑，點南刻」的石碑立於公共墓地的一隅。

一九〇九年五月十日，二葉亭四迷在賀茂丸回到孟加拉灣時，死在船上。由於在歐洲航線上過世相當罕見，因此二葉亭死後，衍生出許多傳說。高濱虛子於一九三六年三月五日造訪了公共墓地。根據《渡法日記》（一九三六年八月，改造社），俳人嚮導石田敬二指著橡膠林深處說，「那就是二葉亭之墓」。由於那兒記載著「二葉亭四迷安息之碑」，虛子納悶的說：「這怎麼看都不像是墓啊。」但石田回答：「不，確實埋在此地。」一年後，山口青邨也在石田帶領下來到公共墓地，所以應該也聽到同樣的解說。它可以解釋為墓，也可以解釋為碑，算是相當模稜兩可的記載。其實二葉亭的遺骨在新加坡火葬後，由賀茂丸送回了日本，二葉亭的墓設立在東京的染井靈園。

另一個二葉亭四迷的傳說，出現在八木熊次郎，《揮灑彩筆縱橫歐亞》（一九三〇年十一月，文化書房）中。一九二六年一月十日晚上十點左右，船航行於新加坡到可倫坡之間，八木在上甲板跳舞時，船員勸他早點上床。「此處人稱魔之海，因為氣溫或其他因素，常有人心神起了變化，跳進海裡死亡。像二葉亭四迷，即是在這一帶晃啊晃的跳進了海裡。」聽了這樣的恐嚇，八木乖乖回到客房。橫光利一在《歐洲紀行》（一九三七年四月，創元社），對於孟加拉灣也記述道：「這一兩日的海面上，是真正的魔之海。人的心理到了這裡會變得奇怪，心裡有事想投海的人，到了這裡就會投海。二葉亭也是死在這裡。航海中，船員們最會起衝突的也在這裡。」從「魔之海」上下文可以知道，二葉亭跳海自殺的傳說，已經在一部分人之間流傳。

歐洲航線船從塞得港出港，進入地中海，只剩屈指可數的時間，就可到達馬賽。八木熊次郎在《揮灑彩筆縱橫歐亞》（一九三〇年十一月，文化書房）中提到，到達的三天前，船長和事務長招待八木參加送別宴。身為畫家的八木，與船長十分談得來，把船長室的擺設花瓶和花草都當成寫生素材。送別會那天，他也畫了十七幅油畫。「這座島冒出火煙沖天」「好像河水」從山邊流下。他記述斯特龍伯利火山乃是「奇觀」，船員告訴八木，那是「地中海的燈塔」。插圖為八木素寫的斯特龍伯利火山。

山口青邨並不是第一次出國，所以面對異文化，遠比武者小路實篤開明，當來到地中海斯特龍伯利火山（Vulcano Stromboli）一帶的海域時，風高浪大，船身擺動劇烈，上下左右的搖晃同時襲來。即使走進浴室，熱水也激起水花，流到浴缸外頭。食堂裡門可羅雀，只有山口的桌子坐滿了四個人。放了水的杯子在桌上滑行，因此他們在桌巾上撒了水，讓它止滑。山口後來很後悔沒有點鰻魚飯，因為聽說從塞得港進了一批尼羅河的鰻魚。「也許帶著克麗奧佩多拉的香味」，山口沉浸在夢想中。

武者小路實篤和山口青邨乘坐的一九三〇年代後期的歐洲航線，揭開了豪華客船時代的序幕。〈歐洲航線豪華版！〉（《讀賣新聞》，一九三六年五月二日）報導，日本郵船決定了四艘一萬六千噸級船的大型造船計畫案。德國在歐洲航線配置了約一萬八千噸的夏倫．赫爾斯特號，號稱速度可達二十八節。接到這個訊息後，日本郵船再三研議，判斷鹿島丸、香取丸、諏訪丸與伏見丸四艘高齡船應已無法對抗，新船的建造經費由社內保留金撥應，但日本郵船也趁著遞信省「積極推動海運國策」的機會，與大藏省進行航線補助金的談判。

三個月後，一九三六年八月十一日《讀賣新聞》登出〈歐洲線二萬噸〉的新聞，讓這個計畫更加擴大。外國觀光客造訪遠東日本的人數，連年增加，再加上同年七月三十一日國際奧林匹克委員會在柏林的會議上，東京打敗了柏林，被選為一九四〇年奧運比賽的主辦地點，預計那一年，外國來日的人數將會突破十萬人，所以不僅是奧運設施的建設，日本郵船也必須建造新船。日本郵船歐洲航線的十艘船中，即使是最優秀的照國丸與靖國丸，都只有一萬兩千噸級，速度不過十八節。航行美國航線的淺間丸、秩父丸為一萬七千噸級，但速度也不及二十節。因此日本郵船燃起了建造兩萬兩千噸級，速度在二十節以上的船隻的夢想。

不只是船的大小和速度，日本郵船也希望充實船內的設備。一九三六年七月三十日的《東京朝日新聞》刊出〈船上喂喂開通〉的新聞，報導八月七日從橫濱到美國的秩父丸，將開設無線電話。因此停泊在香港的秩父丸，在經由神戶往橫濱的航道上進行無線電話測試，遞信省審定過秩父丸的測試結果後，傾向先在美國航線的客船上設置國際電話，另外也與日本郵船商討歐洲航線未來從靖國丸開始設置無線電話。

## 五、中日戰爭、淞滬會戰後停止停靠上海

一九三〇年代後期的日本郵船歐洲航線中，號稱等級最優的照國丸和靖國丸究竟有著什麼樣的設備呢？《渡歐指南》修訂版再版（一九三六年八月，日本郵船）形容兩艘船是展現「現代造船術之極致」的最新銳客輪，與其他營運中的船隻最根本的不同在於，它備有柴油引擎，以重油為燃料。由於不用煤炭，不會冒煤煙，船內可以保持乾淨，並且引進最新式的航海用具和防火救生設備。客房有乳頭通風系統（Punkah louver，空調設備）進行換氣，取代舊有的電風扇，擴大頭等艙房，配備美國製彈簧床，多間客房不僅有洗臉台，也附浴室。二等客房著重於裝飾、採光、通風的設計。

一九三七年五月十二日，英國喬治六世在倫敦舉行登基儀式，此外，巴黎從這一年的五月到十二月，舉辦「巴黎藝術與技術博覽會」。大阪每日新聞社、東京日日新聞社將兩個活動合

靖國丸的外觀（《渡歐指南》修訂新版再版，一九三六年八月，日本郵船）。

起來，規劃「參觀英皇加冕典禮環遊歐洲旅行團」去程走西伯利亞鐵路，回程利用歐洲航線。日本郵船會在拿坡里停靠，所以一行人也可以參觀維蘇威火山。企業家吉田辰秋是參加者之一，吉田在《外遊漫筆》（一九三九年二月，明治圖書）中寫道，以前是坐電車和纜車上山，現在坐汽車就能到達火山口，到噴火口附近，不時會發出「驚人的地鳴」，白煙伴隨著硫黃味飄出，熔岩還帶著熱氣。

火山觀光後，一行人又去到西元七九年被火山爆發埋沒的龐貝城。最吸引吉田辰秋注意的是「歡樂羅馬時代的淫蕩遺跡」。龐貝城的浴場建築依然完好的保存下來，所以可以實際想像當時的景況，浴場男女分開，夏天冷水浴，冬天溫水浴，但吉田記述「集合裸體男女這一點，就可窺見淫蕩氣息的胚胎」。大馬路中央豎立了陽物的雕刻，它指示的方向是妓院，二樓留著「女郎」「招呼馬路客人」的地方，那裡是禁止參觀的區域，但是「賄賂」了辦事員後，只容許男士進入。一棟豪華的房屋裡有用石粉上色的繪畫，畫作收在盒子裡，被指定為「禁止展示物品」，這也靠著「賄賂」打開了盒子，附近的女士也一起湊過來看。

在拿坡里搭上靖國丸的吉田辰秋，對船上的舒適十分感動，「船內各項設備不在話下，室內各種細節從大到小，也都十分方便。」吉田寫道。航海中需使用的隨身物品，都可以收在櫃子的抽屜裡，首先換上旅行裝，將髒衣物丟進洗衣籃。雙人客房的天花板，有三個乳頭通風口，將室外的涼空氣送到室內。理髮師幫他理了適合日本人髮質的髮型，吉田與室友兩人換上一件浴衣，在椅子上盤腿而坐。去到食堂，日本乘客有六十人以上，都抱著已經回到家的心情。可以用日語點選日本料理，服務生的訓練也相當完備，以「只有日本人才具備的端莊」來服務客人。和樂的談笑在吉田眼中是「身為日本人第一次可以描述的親愛敦睦情景」，旅行過歐洲再乘坐靖國丸時，在吉田心中，「日本」排到了前頭的位子。

抵達塞得港的前一天，吉田辰秋在地中海上給家人打了無線電報說：「靖國丸設備優秀，海風清涼，是一次愉快的航海。」一字八十錢，價格高昂，但是這時代已經可以從船上告知近況了。然而船上傳來的情報，讓吉田「愉快」的心情硬生生地被潑了一盆冷水，他在馬賽上船的手提行李成了順手牽羊的受害者。他趕緊回房，檢查巴黎寄送的行李箱，果然各地買的紀念品全都不知去向。在義大利時，就有人忠告他要注意行李，沒想到法國也發生同樣的狀況。遭

吉田辰秋在《外遊漫筆》（一九三九年二月，明治圖書）中記述，走到開羅郊外，立刻就是沙漠。車子行駛間，只有「溫熱的風」，覺得很熱，汗水直流，嘴巴乾渴。英國人以金字塔為「種子」，張開「沒有漏洞的生意網子」，令吉田十分佩服。休息後，又在沙漠中走了一個多小時，才看到停在蘇伊士港的船。照片是收錄在該書中的沙漠中的庫克休息室。

小偷的話，就得傳送被竊物品明細表給倫敦的托瑪斯．庫克公司，吉田趕忙寫好明細，以便到了可倫坡用航空信寄出。

到了塞得港，一行人下船去參觀開羅和吉薩。靖國丸贈送每個人夏橘兩個、毛巾和肥皂禮盒。大家在托瑪斯．庫克公司前，分別坐上包租車，駛往開羅的飯店。兩天一夜的金字塔、人面獅身像行程，依然照舊，唯一不同的是開羅至蘇伊士之間的沙漠，現在已鋪設了寬敞平整的柏油路。車子開了一個多鐘頭，在沙漠中看見一棟屋子，那是托瑪斯．庫克為自家旅客建設的庫克休息室。提供啤酒、汽水、檸檬汁等冷藏在冰箱裡的飲料。即使在沙漠之中，也能喝個冷飲潤潤喉。

印度洋上，吉田辰秋有了一次非常稀有的體驗。晚上六點左右，突然汽笛聲大作，服務生衝進屋裡，將船窗緊閉，原來是遇到沙塵暴來襲。吉田跑上甲板，那兒已經聚集了許多乘客。只見遙遠的海上有一陣黑雲，不久颳來暖濕的風，如同黑霧一般遮住了周圍的視野。沙塵暴的速度極快，甲板椅子和乒乓桌上立刻就堆了一層沙，厚到可以用手指寫字的程度。昏暗的船中每分鐘響起的汽笛，為乘客帶來「小小的恐懼」。約莫一個多鐘頭後，沙塵暴才通過，像這種猛烈的風暴很罕見，靖國丸已經四年沒遇過了。

到了新加坡，船上送來大量的日本報紙，船內新聞刊載了日本近況，也可以聽到收音機。靖國丸計畫從下次航行開始，讓乘客使用無線電話，因此此時的航行中，有四位遞信省的官員在船中進行測試。七月十一日第一次測試時，由靖國丸向日本進行收音機廣播。船長的問候和乘客的說話都收入了電波，吉田辰秋也在播放室聆聽。第二天，「發生北支事變」[5]的消息傳遍船內，船客之間神色緊張，收音機一直開著，日本和外國船客都集中過來，傾聽後續的報導。

一九三七年七月七日，中日兩軍在蘆溝橋交戰，成為中日八年戰爭的開端。八月十三日，海軍陸戰隊在上海與中國軍衝突，爆發淞滬會戰。靖國丸是在七月十六日停靠上海，當時城內情勢還算平穩。在上海下船的吉田辰秋，兩天後回到居住地青島，但是戰火的擴大，使日本避

5 譯者注：即蘆溝橋事變。

一九三七年九月，從青島回「內地」避難的民眾，在四個月後回到青島。諏訪丸為回歸的第一船，照片中是一月二十一日回到青島的民眾（《朝日俱樂部》，一九三八年二月十六日）。

難的民眾大增。〈增派船隻助國人撤退〉（《讀賣新聞》第二晚報，同年八月十八日）提到「長江沿岸及其他地區的國人避難居民約一千五、六百名，居留民一萬五千名湧入青島」，希望回國的人數激增，只靠現在僅有的運輸船無法應付，因而日本緊急派遣各汽船公司的船隻前進青島，以因應情勢。由於來不及將人輸送到「內地」，故在大連設置難民臨時收容所，日本郵船也在靖國丸歸國後不久，決定將它派至青島。

上海的戰火影響了日本郵船歐洲航線是否停靠上海。《東京朝日新聞》，一九三七年八月二十一日登出〈中止停靠上海〉的新聞。不只是歐洲航線，日本郵船的桑港航線、孟買航線所有客船，都決定中止停靠上海。六天前的八月十五日，日本海軍進行越洋空襲，展開全面性的戰爭。這一年的十二月十三日，日本軍占領南京。直到淞滬會戰爆發的四個月後，上海治安恢復平靜，新的一年到來後，日本郵船才重新停靠上海。從〈郵船歐洲航線停靠上海〉（《讀賣新聞》，一九三八年一月十日）的內容可知，一月十六日從橫濱出航的箱根丸是復航的第一船。

一九三八年四月一日，日本政府公布國家總動員法，日本「內地」的戰火味急速濃厚起來。日軍在中國大陸的戰線延長，五月十九日，日軍占領徐州，十月二十七日占領武漢三鎮，同年的三月二日，日本郵船的貨船但馬丸停泊在德國不來梅港，發生爆炸事件。〈但馬丸在德國不港遭狙擊〉的新聞，刊登在一九三八年五月四日《東京朝日新聞》的晚報。這則新聞晚了兩個月才報導，是因為日本政府認為有一份「離間日德友好關係的惡毒的陰謀計畫」存在，所以禁止媒體登出新聞。報導中敘述，經過德國警察調查的結果，炸彈犯為「含中國人在內之某小國十數名共產主義祕密社團」的成員。日本與德國於一九三六年十一月二十五日，在柏林簽訂了日德反共產國際協定。

在該篇新聞刊出的第二天，即一九三八年五月五日，《東京朝日新聞》又刊出〈是強力的手榴彈嗎〉，報導了但馬丸被破壞的部分上甲板已經修繕完畢，四日在門司港外下錨。手榴彈的說法，是船長高久文男從德國的專家那裡聽來的，但爆炸並沒有引燃貨物，也沒有人員受傷，可謂不幸中之大幸。不管是客船也好，貨船也罷，時局對歐洲航線的影響，已經是肉眼可見的形式。

## 六、野上豐一郎的古代復原圖幻象，野上彌生子的日本對照

英國文學家野上豐一郎與小說家妻子野上彌生子，是在一九三八年（昭和十三年）十月一日，在神戶搭上靖國丸。他出國的目的是在英國各大學開課，講述日本文化的特徵，其中又以能樂為主題。與歐洲航線一般旅客相比，兩人的旅行有很大的不同，前者大多數會在蘇伊士和塞得港之間，參加當天往返或兩天一夜的旅行團暢遊開羅和吉薩。但是，這兩人是坐船經過蘇伊士運河，十月三十日在塞得港下船，然後用了約兩星期時間，遊遍埃及和東地中海。野上豐一郎在《西洋見習》（一九四一年九月，日本評論社）中記述，前者的小旅行，只能從「埃及文化豪華的大餐」嗅到微微的香味，若是想要了解埃及古文化的偉大，豐一郎認為，必須停留一段時間，沿著尼羅河的河岸回溯到上游。

到達塞得港那天，遇到已經六個月不曾出現的雨天，野上彌生子在《歐美之旅途上》（一九四二年五月，岩波書店）中寫道，為了在埃及觀光時圖個方便，他們交給南部商店安排，所

開羅的舊市街（野上豐一郎，《西洋見習》，一九四一年，日本評論社）。

以一位義大利店員來接他們。雇車到領事館去時，司機之間為了搶客人大打出手，一個是敘利亞人，一個是猶太人，本來就互看不順眼。南部商店算是「開羅本地的地頭蛇」，一根手指就能指揮飯店的服務生和金字塔附近的貝都因人。賽德．馬布洛達為他們當導遊，在利比亞的沙漠中，即使持槍的貝都因人走近，只要一看到賽德，便會與他熟絡的打招呼，然後消失在黑暗中。但是，野上豐一郎在埃及想看的，不是現代的埃及文化。

野上豐一郎在《西洋見習》裡記述：「從文化史上來說，開羅引以為傲的部分全是屬於回教的，屬於阿拉伯的事物，而不是屬於法老王的、埃及的事物。」開羅的人不是「古王朝時代的埃及人」，而是入侵者貝都因人（阿拉伯的游牧民族）、阿拉伯人、土耳其人、亞美尼亞人、猶太人和蘇丹人，地球上已經不存在三千至五千年前的古埃及人了。「法老王」統治的地方成了「一無所有的空地」，因此與古埃及文化無關的侵略者展開勢力的爭奪，所以豐一郎才想沿著尼羅河溯源，在盧克索、卡納克、埃德富（Edfu）、丹達拉（Dendera）的遺跡前，幻想「空地」曾經存在過的文化。

在開羅郊外的馬達利亞，有一棵大槭樹，據說馬利亞為了逃避以色列的迫害，逃到埃及時，曾經抱著聖嬰耶穌在這棵樹下休息，因而又被稱為「處女之樹」，附近的一口古井，因為馬利亞打過水而被視為是神聖之物。在五百年前的埃及古傳說中，赫里奧波里斯（Heliopolis）地方的太陽神第一次出現在這世界時，也在這口古井洗過臉，因而被視為是神聖之物。不久後，埃及文化滅亡，泉水因為馬利亞而變成名勝地。開羅還有一個地方，據說是馬利亞抱著耶穌躲藏的地方，那是聖色爾爵巴克斯教堂（Saint Sergius & Saint Bacchus church）。比起站在歐洲教會中或是宗教畫前，野上豐一郎覺得在埃及時對馬利亞和耶穌更有親切感，因為從彷彿與耶穌同時代的「髒汙衣著和裸足」中，豐一郎交錯在腦中描繪出他們的幻影。

十一月十二日，野上豐一郎、彌生子離開埃及，從亞歷山大港坐上往拿坡里的義大利船。到了船上，兩人才知道這艘船並沒有直航拿坡里，而會在土耳其外海的羅得島（Rhodes）和希臘的比雷埃夫斯（Pireás）停靠。他們最早的計畫是在去義大利的途中，順便去耶路撒冷、大馬士革和伊斯坦堡，但是巴勒斯坦地區的猶太人與阿拉伯人對立愈趨嚴重，在大使與領事的阻止下只好放棄，所以停靠港的訊息挑動了他們的好奇心，兩人趕緊從記憶的底層翻出羅得島的相關知識，開始查找島的歷史。從羅得島進入愛琴海後，分布著希臘神話中出現過薩摩斯島

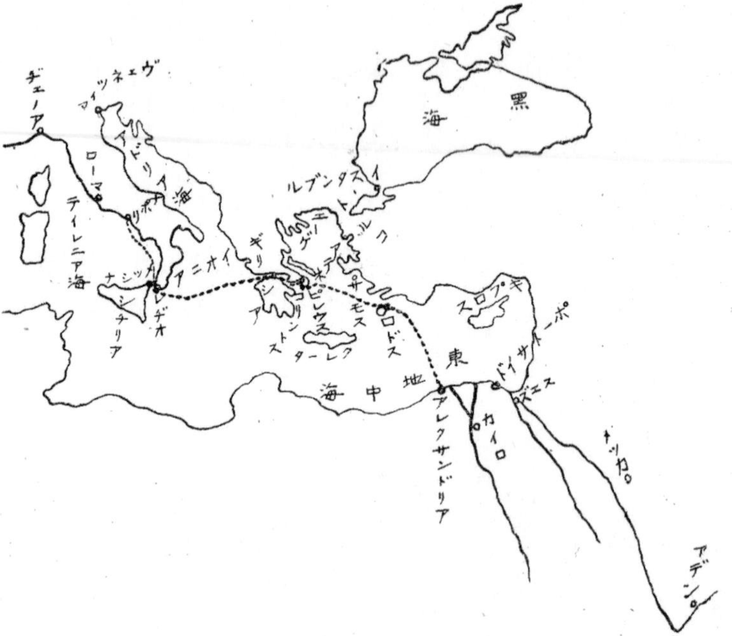


野上彌生子，《歐美之旅途上》（一九四二年五月，岩波書店）中收錄，從亞歷山大港到拿坡里的手寫地圖。

（Samos）、希俄斯島（Cios）、利姆諾斯島（Lemnos），豐一郎的幻想在諸神之間翱翔，在羅得島前看到現代的義大利砲艇等時，覺得它近乎「兒戲」。

聽到羅得島的名字，野上豐一郎最先想到的是赫利奧斯的巨大塑像，赫利奧斯是希臘神話的太陽神，西元前三世紀，希臘人在港的入口建設他的雕像做為戰勝的紀念，據說含底座高五十公尺。但是，半世紀後的地震震垮了塑像，棄置了八百年左右，最後青銅像的殘骸被「猶太商人」賣掉，所以無法親眼確認。插圖是收錄在《西洋見習》中的想像

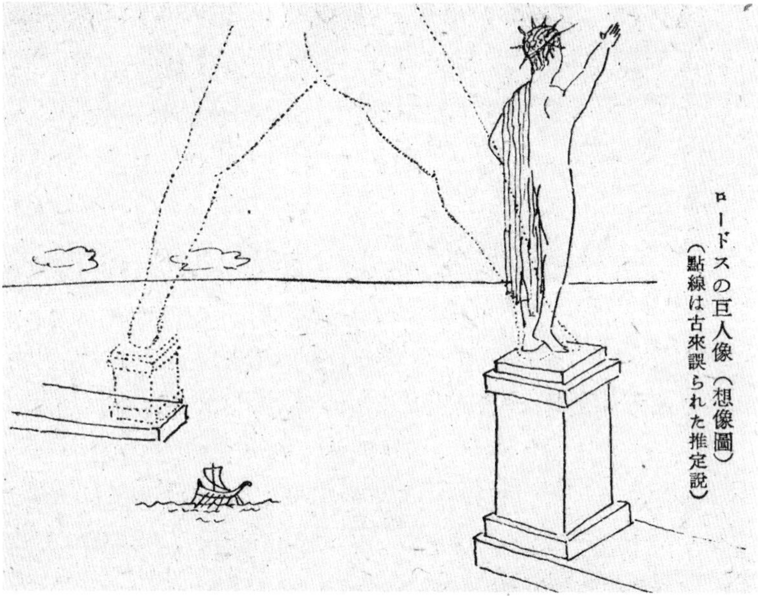
ロードスの巨人像（想像圖）
（點線は古來誤られた推定說）

野上豐一郎在《西洋見習》中寫道，多島海「是個與諸神和英雄有著深厚淵源的土地，他們曾經灌注了我在詩上的興奮」。談及羅馬博物學家老普林尼（Pliny the Elder）的紀錄與喬納森．史維夫特（Jonathan Swift）的《葛列佛遊記》時，文字中帶著熱情。書中也收錄了豐一郎想像的羅得巨人像。

圖，其中以虛線表現想像中的雕像，「太陽神聳立在半空中，左右兩腳大大跨在兩個岬角上，充滿朝氣的全身迎著旭日」，豐一郎在船中拿到的島上導覽圖也畫著這樣的塑像，所以這應該是典型的想像圖吧。但是豐一郎又根據羅馬時代的紀錄和希臘「均稱調和」的「美化原則」，另外描繪出實線的人形。

在雅典巴特農神殿，野上豐一郎驚嘆於列柱之美時，也不想放棄幻象。他試圖在現存的遺跡添加血肉、披上皮膚，復原成原本美麗的姿態。在想像力的世界，不只是完成了全身像，更附加部分的裝飾，將「本尊」安置在內部，最後施以色彩。豐一郎以前看過希臘學者製作的許多復原設計圖，這幫助了他的想像力作業。

儘管一起旅行、共享同一個空間，但是從野上彌生子眼光所捕捉到的世界，與野上豐一郎大不相同。《歐美之旅途上》有這樣一節：「人們撰寫的歐洲旅行記，大多太急於帶讀者進入巴黎、倫敦、柏林等歐洲其他華麗燦爛的客廳，這樣做難道沒有遺憾嗎？」從遠東到歐洲的廣大地區，存在著多種異於日本的文化。歐洲航線的船旅「是在縫綴著什麼樣的港口、怎麼樣的民族、人種和生活、怎麼樣的政治、經濟勢力的網眼中」前進的呢？彌生子放低了視線，觀察包含生活在內的異文化。出洋之前，彌生子第一次買了洋裝，並且為了配合洋裝，剪去了「傳統的結髮」。多樣的異文化，不只是意味著埃及古文明、希臘神話，亞洲和中東現在的樣貌也具有對照日本的鏡子功能。

在檳城，他們從極樂寺回碼頭的路上經過一個住宅區，一整排洋式建築都有碧草如茵的前院，這是於此地致富的中國人生活的地方。野上彌生子對從這裡出生，不久後將去歐洲留學的年輕中國人充滿好奇，他們與從小藥鋪、雜貨商辛勤起家的父執輩，在生活和思想上的觀念應該相當懸殊吧，不能全都用中國人三個字加以概括。看到他們，彌生子想起住在美國的第二代日本人。在開羅的街頭看到的女學生，穿著洋裝和高跟鞋，英姿煥發的與男學生並肩而行，彌生子感覺到她們「發育成應該成長的模樣」。女學生的身影，令她想起還未被允許進入大學就讀的日本婦女。彌生子想到，埃及受到伊斯蘭教嚴格戒律的規範，但從另一個層面來說，日本也處於「特殊的封建制度」之下。

中東與日本在一個意外的點上相連。在到達塞得港之前，她從蘇伊士運河往阿拉伯半島的方向，看到「冬日雪山」般的風景，那是鹽山。馬達把海水抽上來，水分蒸發後就會變成鹽，鹽也出口到日本，北海道的鹽醃鮭魚，撒的幾乎都是這裡的鹽。鹽漬鮭魚做成的茶泡飯，雖然是她喜愛的「日本味」，但實際上已摻雜了「阿拉伯味」。不只是日本的進口貨物編織出「經濟勢力的網眼」，在開羅留學的日本人，告訴她伊斯蘭最大聖地麥加的種種，還跟她說現在去麥加朝聖很方便，可以開車前往，當地紀念品店販賣著「畫有寺廟總院的手帕和念珠」，那些都是日本製的。

野上豐一郎與彌生子旅行時，已經是歐洲航線可以平安航海的末期。在第一個「外地」停靠港上海，觸目所及的淞滬會戰遺跡，暗示著兩人之旅的前途。「雖然還是一樣的上海，但是我很清楚的知道，它已經不是一年前的上海了。」彌生子記述。被大砲打穿一個洞的牆壁，屋頂掀翻的房屋，散布在上海各地。兩人啟程的十一個月後，一九三九年九月一日，豐一郎在巴黎的日本駐法大使館中，得知了德國入侵波蘭的消息。兩人從波爾多（Bordeaux）過海到利物浦，經由紐約和舊金山，搭上淺間丸，於十一月十八日回到橫濱，而世界已經走進了大戰下的荒廢之中。

## 七、深尾須磨子的義大利行與第二次世界大戰爆發

詩人深尾須磨子於一九三九年（昭和十四年）三月十七日，從神戶搭船前往歐洲，比野上豐一郎、彌生子晚了半年。她隔了十多年再度登上箱根丸，與從前相同的是，用餐和喝茶的時候都會響起風琴聲。但是相對於一九二四年第一次的訪歐之旅與一九三〇年第二次的訪歐之旅，都是在兩次大戰間太平的時代旅行，第三次訪歐時，東亞的中日戰爭持續不斷，歐洲第二次世界大戰的氣氛愈來愈濃厚。深尾在停靠港和船中深深感受到這一點。

到香港時，有個地方她想再度造訪。深尾須磨子在《旅情記》（一九四〇年七月，實業之日本社）記述，比起有名的螺旋形車道，她更懷念新鮮花市的情景，但是到了香港，她還在觀望能否下船，因為船內貼出的告示寫著：「因時局關係，支那人對日本人有情感惡化的傾向，上岸的日本人要特別注意。」看到嶄新食堂裡的花，深尾回憶起花市。食堂裡，她與同盟通信的兩名記者同桌，他們要去香港分局報到，所以坐上小汽艇往碼頭去。深尾揮著手帕，抱著「送別深入敵營的敢死隊勇士」的心情。不過，她也向坐在中國帆船上的中國一家人揮手，他們正圍著豐盛的大盤子吃飯，那家人也笑著回應她，那兒存在著與平時無異的日常景象。

日本郵船的船中，有些人也顯現出對日本的複雜情感。自香港出港後，開始正式分配餐

桌。按照司廚長的判斷，深尾須磨子應和其他日本人坐在中央的桌子。這時，其中一名乘客表示，他不想和日本人一起吃飯，希望能換到別桌。這位去英國留學，研究機械工業的年輕人是個混血兒，由於母親是日本人，外表和談吐都與日本人無異，但是他無法喜愛母親的國家日本，父親是印度人的他總是和西洋人親近，疏遠日本人。

深尾須磨子並不是無條件地喜愛日本。到神戶英國領事館申請簽證時，英國館員禮貌而親切，相對的日本館員卻傲慢而冷淡，讓她感到相當不悅。不只是領事館，外國商館裡當班的日本人都擺出狐假虎威的態度，成了「市民眼中的討厭鬼」。比利時大使巴森皮耶爾夫婦，在日本生活了十八年，這次也搭箱根丸到新加坡，箱根丸的桅杆上立刻升起比利時國旗，與日本國旗並列。巴森皮耶爾溫厚謙虛的人品讓船中的氣氛變得和緩下來，在與大使接觸的過程中，深尾想起日本「公家官員的嘴臉」不禁汗顏。

但有的日本婦人不是在狹隘的「內地」狐假虎威，而是在海外堅強的生活。這段時期的箱根丸，很難得地在法屬殖民地西貢停靠。碼頭的人群中站著一位「穿浴衣撐洋傘的日本阿姨」，她快步走上升降梯，說自己在西貢已經生活了三十餘年，主要是針對日本旅客做些小買賣和充當嚮導。深尾欽佩寫道「世界各角落總能看到」、「勇敢日本女性的一種典型」。遇到為爭奪乘客而吵得不可開交的司機或馬車夫，只要「阿姨」怒斥一聲，他們便都散去。若是他們敲竹槓，只要「阿姨」站在身邊，馬上就會恢復西貢的價格。

箱根丸上的菜單。（左上圖）為一九三八年九月二十二日的晚餐菜單封面。背面寫著作者名與標題：鳥高齋榮昌繪製「武士的妻子」，另外說明日本女人的髮髻，「來日本的遊客會注意到日本女人許多不尋常的服裝與髮飾。在許多的樣式中，最一般和最常見的樣式如下：裂桃髷、蝶髷、島田髷、丸髷。（右上圖）為菜單的內容，（右圖）為這天晚上八點十五分開始放映的電影會節目表。左頁的圖片為箱根丸的菜單，（右上圖）為一九三八年九月二十五日的晚餐菜單封面，背面記述「淺草觀音寺」，解說「淺草觀音寺是東京的一個地點，在那裡人們可以看到來自全國各地的人群向那裡供奉的觀音菩薩禮敬」；（右下圖）為同年八月二十九日的早餐菜單；（左上圖）是同年九月九日的晚餐菜單封面，背面寫著「一幅由歌川廣重所繪製，廣為流傳的畫作，描寫古代東海道的寧靜景致」；（左下圖）為同年九月十日的午餐菜單。

DINNER

HORS D'ŒUVRE

Ecrevisss au Naturel
Gumbo Marinée　Foie-Gras Sandwich
Œufs Belle-Vue　Olives de Lucullus

Consomme Portugaise　Créme de Marquise
Poisson au Gratin
Entrecotê of Beef, Soufflé Potato
Fricassée of Veal with Mushroom
Japanese Dish　Tenpura　Osuimono
Brussels Sprouts Hollandaise
Roast Haunch of Mutton, Mint Sauce
Roast Royal Pigeon, Plum Stuffing
Parsnips in Butter
Potatoes　Boiled & Browned
Steamed Rice

BUFFET FROID

Roast Pork　Bologna Sausage
Salad　Sliced Onion and Plain Lettuce

Gitana Pudding, Claret Sauce
Coupe Bélle Heléne, Mushroom Meringue
Bouchees de Aubergine
Cheese Souffle
Fruits　Pomelo　Persimmon
Assorted Nuts, Mascatels, Preserved Ginger　French Prunes
Café

**S.S. "HAKONE MARU"**

Thursday, 22nd September 1938.

—( Clocks will be put ahead 10 minutes to-night )—

**MOVIES**

will be shown on the Deck beginning
at 8.15 to-night.

**PROGRAMME**

1. **View of Colombo** .................... **1 Reel.**
2. **Birthday Party** .......................... **1 Reel.**
3. **New News** ................................ **2 Reels.**
4. **Blond Bomber** ........................... **2 Reels.**

**All passengers are cordially invited.**

..................

LUNCHEON

Brunoise au Tapioka
Fried Plaice Cole-Slow and Lemon
Omelet with Calfs-Kidney
Lamb Stew Moscovite
Chopped Beef Ball Hamburg Style
Chicken Curry and Steamed Rice
String Beans in Butter  Baked Pumpkin
Potatoes  Boiled & Lyonnaise
— From the Grills 5 to 10 minutes —
Pork Chop, Piquante Sauce
Cheese on Toast
— BUFFET FROID —
Roast Sirloin of Beef, Horseradish
Roast Milk-fed Veal
English Ham  Galantine of Capon
Ham Sausage  Spiced Brawn  Head Cheese
SALAD  Summer and Plain Endives,
French or Mayonnaise Dressing
— SWEET —
Stewed Rhubarb with Whipped Cream
Sorbet de Groseilles Verts, Dessert
Tartelette Commére
Cheese  Edam  Gruyere  Cheddar  Trapist  Kraft
Breads  Vienna Rolls, Browned, Hovis, Pulled & Melba Toast
Fruits  Apples  Mask Melon
Tea & Coffee.

S. S. "HAKONE MARU" 130
Saturday, 10th September 1938.

BREAKFAST 128 lb.

Apples, Water Melon, Grape-Fruits Juice Stewed Apricots
Watercress  Spring Onions  Garden Radishes
Scotch Oats with Fresh Milk
Force  Grape nuts  Corn-Flakes  Puffed Rice  Puffed Wheat
Sauted Sea Bass Melted Butter
Chicken Giblet Lyonnaise
Japanese Dish — Misosiru  Tirimen Zako
Meat Curry and Steamed Rice
Potatoes  Boiled & Chips
— ( From the Grill 5 or 10 Minutes ) —
Point Steak with Green Peas
Lamb Chop, Currant Jelly
Broiled English Ham and Breakfast Bacon
Eggs  Boiled  Fried  Scrambled & Shirred
Omelets — Tomato, Mashroom, Minced Ham or Plain
Œufs Napolitane
( COLD MEAT )
Bologna Sausage  Corned Beef
Buck-wheat Cakes  Parkin
Breads  Hot Roll  Dried & Melba Toast
Marmalade or Strawberry Jam
Honey & Golden or Maple Syrup
Tea — Ceylon  China & Green
Coffee  Cocoa  Ovaltine  Instant-postum

S.S. "HAKONE MARU"
Monday, 29th August 1938.

與第二次與第三次訪歐之間相隔了九年，發生了各式各樣的變化。比方說，在可倫坡下船的甲板旅客，服裝變得歐美化了，現在用陶瓷器取代吃飯時使用的葉子。香港上船的捷克人一行在檳城下船，箱根丸從神戶出港的兩天前，一九三九年三月十五日，德國占領了波希米亞、摩拉維亞，第二天希特勒宣告在該地成立保護國，這個宣言意味著捷克這個國家的瓦解，也就是說，捷克人失去了國籍。看到他們的身影，深尾須磨子無法視若無睹。

一九三六年五月二日，《讀賣新聞》〈歐洲航線豪華版！〉報導的日本郵船一萬六千噸級造船大計畫，終於在三年後實現。如〈豪華新船新田丸明日下水典禮〉（《東京朝日新聞》，一九三九年五月十九日）所報導，五月二十日，優秀的三艘姊妹船當中的第一船新田丸，會在長崎三菱造船廠舉行下水典禮。其餘的兩艘，春日丸預計在同年九月、八幡丸預計在翌年二月舉行下水儀式。這三艘船都是一萬七千噸級，速度達二十二節，是日本前所未有的高速貨客船。所有頭等客房都備有冷氣裝置，這是領先世界的創舉。插圖是〈春日丸頭等特別食堂〉，收錄在《歐洲航線新造船．新田丸八幡丸春日丸》（未記載出版日期，日本郵船），但是這本小冊子夾著一張〈新田丸加入桑港航線之際〉的宣傳單，為一九四〇年四月日本郵船所發行，顯示三艘船在歐洲航線上都沒有什麼成績。

一九三九年五月二十二日，德義簽訂軍事同盟，歐洲處於一觸即發的狀態，這股波濤也湧向東亞。《東京朝日新聞》於同年八月十二日的版面，刊出〈禁止猶太人流入我警備區〉，報

「春日丸頭等特別食堂」（《歐洲航線新造船：新田丸八幡丸春日丸》，未記載出版日期，日本郵船）。該書卷頭的問候中回顧了歐洲航線的歷史：「日清戰役後，擔當國家發展之先驅，以英國建造之汽船土佐丸為第一船，首次開闢歐洲航線，往來橫濱、倫敦安土府間，茲已四十有餘年」。對日本郵船來說，三隻新船的建造，乃是「確保帝國航權與其伸暢」的象徵。

導了日本的上海總領事館因為無法再收容猶太人，所以向德國與義大利的上海總領事要求，不要對猶太人發予渡航許可。由於德國與義大利排斥猶太人，上海的猶太人數爆增到一萬三千人，連日本的警備區域內都有七千五百名難民。日本郵船決定八月十四日從拿坡里出港的白山丸，將是最後一趟運輸猶太人的歐洲航線船。

歐洲開戰的危險不斷升高，所以日本郵船總公司再三與海外分店討論開戰時的應對之策。一九三九年九月一日，德軍侵略波蘭，封鎖格地尼亞港（Gdynia）。翌日的《讀賣新聞》〈經蘇伊士船隻改道巴拿馬〉，報導了歐洲航線的緊急措施。開戰時，原本經由蘇伊士運河歸航的日本郵船船隻，改道經由巴拿馬運河。此外，日本郵船也指示正於地中海以東航行的去程船隻，於所在的停靠港待命。在這個時間點，無法判斷戰線會不會持續擴大，而且這並不是政府對日本郵船下的命令，所以日本郵船只能採取暫時待命但維持歐洲航線的方針。

同樣在九月二日的《東京朝日新聞》刊出〈萬全準備撤退同胞〉，敘述日本郵船各船隻的具體狀況。靖國丸停泊在挪威的中立港卑爾根（Bergen），船上收留了兩百名住在德國的日本人，鹿島丸從義大利的熱那亞正駛往馬賽，室蘭丸在返程中從熱那亞出港，榛名丸返程到達蘇伊士，里斯本丸返程到達阿姆斯特丹，栗田丸返程停泊在安特衛普。開戰後，來自各地的詢問湧進日本郵船，如果事態演變到需要撤離歐洲居住的日本人，就需要六艘配船。如何調度船隻，全由倫敦分公司來決定，而日本剛預定往歐洲出航的諏訪丸和龍田丸，相繼有人取消訂位。此外，德國的羅特汽船害怕遭到英國軍或法國軍的扣留，因而從馬尼拉駛往神戶避難，並且要求停船待命，直到確定目的地為止。

德軍侵略波蘭，也在意外的地方造成影響。九月一日，英國與法國開始動員，三日對德國宣戰。英國九月四日起禁止進口「不急需商品」，玩具即是「不急需商品」之一。根據〈玩具店發出哀鳴〉（《東京朝日新聞》，一九三九年九月六日）一文，日本出口業者已經準備好聖誕

挪威西部港鎮卑爾根（《世界地圖風俗大系別卷：世界都市大觀》，一九三二年二月，新光社）。這個港灣都市不但是挪威漁業的根據地，也是許多汽船停泊的進出口港，同時它也是商業都市，擁有該國最大的造船廠。世界通編輯所編，《世界通》（一九二一年五月，世界通發行所）稱讚卑爾根為挪威最古老、也最美的城鎮之一，峽灣從此向東北方向延伸。

節促銷用商品，但倫敦的交易商聯絡他們，說明四日前尚未裝船的玩具全部禁止進口。中立國荷蘭傳來新的訂單，但卻是前景未明的狀況。商工省也警告業者，應停止向歐洲出口玩具。

在巴黎努力介紹日本文化的小說家山田菊，因畫家丈夫戈拉德．梅里受到國際文化振興會的聘請，於一九三九年八月二十五日從馬賽登上諏訪丸，隨夫回到睽違九年的日本。兩人航行在蘇伊士運河時，得知了英法的宣戰通告。〈戰慄的歐洲航線〉（《讀賣新聞》，同年十月六日）敘述了山田回國後的記者會內容。蘇伊士運河以東，船內熄燈航行，旅途充滿了不安。自可倫坡出港後，黑色的海面拖著一條白色的水線，是潛水艇的潛望鏡在船的周圍徘徊，確定是日本船之後便消失蹤影。在新加坡附近不到一千公尺的地方，看到一艘中國帆船誤觸水雷，被炸得無影無蹤。過了香港之後，貌似英國的軍艦跟蹤他們將近兩小時。直到在中國海看到日本軍艦時，乘客才終於放下心中大石，據說他們揮著手帕時竟都流下淚來。

## 八、照國丸於英國東海岸外海被擊沉與義大利參戰

接近一九三九年（昭和十四年）年底時，居留在歐洲的日本僑民陸續回國。〈巡迴歐洲各名士返國〉（《東京朝日新聞》晚報，同年十二月三日）報導了第三批撤離的僑胞返國。十月十日，從利物浦出航的箱根丸，載著一百六十六名僑民，經由巴拿馬運河，於十二月二日抵達橫濱，乘客中包含了宗教學者姉崎嘲風（正治）夫妻。姉崎代表日本出席五月召開的學士院聯合會，之後就一直留在倫敦。離開英國的時候，連報紙都沒帶出來。聲樂家鹿子木綾子在波蘭留學三年，直到八月底德國侵略前夕，才好不容易逃離華沙。

兩天後，第四批撤離的一百六十八人，於一九三九年十二月四日搭乘鹿島丸，經由美國回

到橫濱。這艘船於九月二十五日從法國波爾多啟航，因此船客中多為法國居留者，據〈滿載巴黎國人——宛如藝術船〉（《東京朝日新聞》晚報，同年十二月五日）的內容，船上有三十餘名畫家、音樂家、舞台藝術家。其中旅法二十三年的岡田稔，是最資深的西畫家，他帶著丹麥籍的夫人英根博爾格、長子泰美、次子真澄一起返國。當時還年幼的泰美，後來成為知名的綜藝演員E．H．艾力克，真澄後來也成為演員岡田真澄。岡田一家住在尼斯（Nice）郊外，宣戰之後連出外寫生都不行，所以決定返國。在維也納大學留學兩年的民族學家石田英一郎，也在此時與妻子一起回國。

坐歐洲航線船回國的乘客人數眾多，同時，開戰前從日本載運過去、被英國或法國官員扣留的貨物，與不得不在目的港之外卸載的貨物也非常多，〈郵船的扣留貨物〉（《東京朝日新聞》，一九三九年十月十四日）刊出了清單。鹿島丸駛入波爾多，法國官員強制扣押了載往德國漢堡，或經由漢堡的貨物。箱根丸到了塞得港，英國官員命令他們將送往漢堡的貨物運輸到英國，在利物浦卸貨。伏見丸到了可倫坡，在英國官員命令下，將送往漢堡的貨物在倫敦卸貨。其他像佐渡丸、能登丸等也受到同樣的處置，外務省必須一再與兩國斡旋。

第二次世界大戰開戰的四個半月前，在歐洲航線工作二十五年的照國丸船長奧野義太郎，在〈商船航線突然變更〉（《讀賣新聞》第二晚報，一九三九年四月十六日）的訪問中，談起停靠港的狀況時說道，三月一日船隻停靠倫敦，看到英國政府提供鐵板給每一戶居民，市內

照國丸第十六次去程時製作的《乘船紀念芳名錄》（未記載出版日期，日本郵船）。鋼版印刷，記載了八十五名日本籍乘客、十三名機組員與頭銜、地址。乘客中有澀澤榮一的四子澀澤秀雄（P. C. L.監察官）的名字，船長的名字叫奧野義太郎。

正快馬加鞭的在各地建設防空壕。荷蘭的鹿特丹、比利時的安特衛普，也忙於防備空襲的作業。但是，地中海十分平靜，英國的要塞直布羅陀，只看見幾艘驅逐艦。即使是義大利軍港拿坡里，也只停泊著兩至三艘老軍艦，商船並沒有特別武裝的樣子。都市雖然被迫進行防空準備，但航線上並沒有出現太大的變化。

七個月後，照國丸在英國東海岸哈維奇（Harwich）外海航行時，觸碰到水雷，引發爆炸而沉沒。從〈郵船「照國丸」爆炸沉沒！〉（《讀賣新聞》，一九三九年十一月二十二日）的報導得知，數艘英國救生艇急駛到現場，救出船客機組員共兩百餘人。在這次航海擔任船長的是松倉文次郎，船隻於十一月二十日自倫敦返航的路上，遇到這次意外。這次事故迫使日本郵船決定更改歐洲航線的配船，〈更換為中型船隻〉（《東京朝日新聞》，同年十二月三日），報導日本郵船取消了十二月三十一日鹿島丸自神戶的出航，歐洲航線改由六千至七千噸級船隻

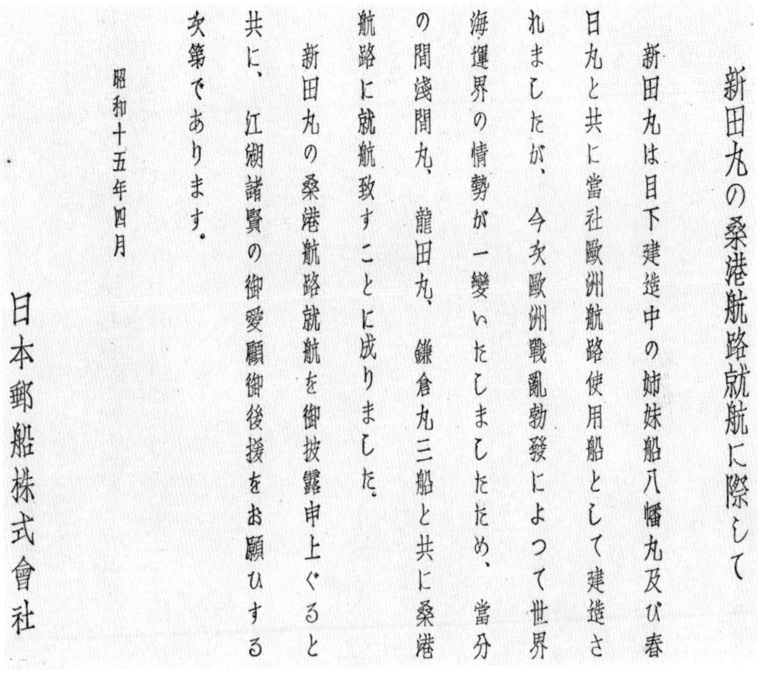
新田丸の桑港航路就航に際して

新田丸は目下建造中の姉妹船八幡丸及び春日丸と共に當社歐洲航路使用船として建造されましたが、今次歐洲戰亂勃發によつて世界海運界の情勢が一變いたしましたため、當分の間淺間丸、龍田丸、鎌倉丸三船と共に桑港航路に就航致すことに成りました。

新田丸の桑港航路就航を御披露申上ぐると共に、江湖諸賢の御愛顧御後援をお願ひする次第であります。

昭和十五年四月

日本郵船株式會社

〈新田丸桑港航線開航前〉的宣傳單（《歐洲航線新造船・新田丸八幡丸春日丸》，未記載出版日期，日本郵船）。

負責。在《歐洲航線新造船・新田丸八幡丸春日丸》（未記載出版日期，日本郵船）手冊中夾帶了〈新田丸加入桑港航線之際〉的宣傳單，說明了建造做為歐洲航線船的三艘大船，卻因為第二次世界大戰爆發而調至桑港航線，也是上述原因。

到了一九四〇年，歐洲航線經由美洲返航的船隻，也載運了多數自歐洲撤離的乘客。〈德國船客平安抵達〉（《東京朝日新聞》，一九四〇年一月二十五日），記述了一月二十四日駛進橫濱港的伏見丸，運送畫家里見宗次，及法國籍夫人瑪麗瓦拉回國，其中也包含四名自中南美洲撤離的德國人。二月三日諏訪丸回到神戶，在〈諏訪丸歸國〉（《讀賣新聞》晚報，一九四〇年二月四日）中提到，德國麵包店的德籍老闆穆勒，與夫人生田島、兒子亞歷山大同船回來。穆勒在法國時被懷疑為間諜，在《基度山恩仇記》的發生地，馬賽附近的伊夫島入獄了四十九天，好不容易才輾轉回到日本。

日本郵船歐洲航線船遭到英國海軍、法國海軍臨時檢查的次數變多了。〈無預警，法艦臨檢〉（《讀賣新聞》晚報，一九四〇年五月一日）提到，四月三十日回到橫濱的箱根丸，因受兩國海軍臨檢和水雷的阻撓，比預定時間晚了兩個月。船長是以前照國丸的船長奧野義太郎，在他與松倉文次郎交接之後，照國丸沉沒。奧野船長表示，航行在英吉利海峽時，全體機組員抱著「必死的決心」，每天「和衣就寢」，以便遇到水雷時立刻應對。從利物浦返航的途中，在法國沿岸外海，船隻接受到法國海軍停船的命令，軍官與水兵上船檢查乘客與貨物。船上雖有四名前往上海的德國婦女，還是得到通航許可。經過馬六甲海峽時，遭到英國海軍臨檢，得知是日本船後放行。

歐洲戰火持續擴大，一九四〇年四月九日，德軍突襲挪威，占領丹麥。五月十日開始攻擊比利時、荷蘭和盧森堡。荷軍在十五日簽字投降，比利時的布魯塞爾十七日失守。日本郵船判斷，戰亂擴大將波及地中海，所以重新檢討航線。據〈決定變更航線政策〉（《東京朝日新聞》，同年五月二十八日）提到，歐洲航線的貨船，將全部撤離歐洲，歐洲航線貨客船終點站從利物浦變更為葡萄牙的里斯本，經由美國往歐洲的船班則全部只到美國為止。〈中止商船航行倫敦〉（《東京朝日新聞》，同年五月二十九日）報導，大阪商船預測義大利將參戰，因此停止商船駛往倫敦，而以紐約為終點。

一九四〇年六月十日，義大利向英法兩國宣戰。這一天，挪威軍向德軍投降，四天後，德軍於六月十四日無流血進駐巴黎。當時的駐英大使重光葵認為，巴黎淪陷後，德軍向英國全土發動總攻擊已迫在眉梢，便於六月十五日致電外務省，請求派遣日本船到倫敦撤離僑民。〈歐洲航線緊急配船〉（《東京朝日新聞》，同年六月十六日）記載，電文內容說明，只靠六月二十日預定從利物浦出航的榛名丸，和八月中旬預定停靠的諏訪丸，無法容納所有僑民，因此盼望增加班次，即使貨船也可以。外務省考慮到諏訪丸時間趕不及，因而將榛名丸開航時間延到月底。另外讓從馬賽到里斯本的白山丸停泊里斯本待命，收容逃難到波爾多的五十五名日本人，並且決定若是還有僑民，就由在近海航行的貨船收容。

由於義大利參戰，地中海已不能再航行，日本郵船將歐洲航線改變為繞道開普敦。但是，按規定非洲航線為大阪商船壟斷經營，所以兩家公司必須會商。〈迂迴開普，郵商摩擦調整〉（《讀賣新聞》，一九四〇年六月二十九日）中提到，這次繞道是基於國家需求，大阪商船表現出協助的態度。七月三日自神戶出港的筥崎丸成為繞道開普敦的第一船。

深尾重光，《南海的明暗：印度洋、非洲、內南洋紀行攝影》（一九四一年三月，阿爾斯）收錄的卡薩布蘭加港照片。說明文字寫道「納粹德國的商船也頻繁出入」。

笘崎丸的出航充滿悲壯氣息，一九四〇年六月二十九日《讀賣新聞》刊出的標題〈能走多遠算多遠！〉充分透露了悲壯感。義大利參戰後第一隻行駛歐洲航線的笘崎丸，搭載了一百八十名機組員。標題這句話是郵船總公司下的指令，機組員都抱著「沒打算活著回家」的心理準備。開普敦之後的停靠港，是卡薩布蘭加（Casablanca）和里斯本，目的地利物浦，但是只能到里斯本的可能性很大，世界情勢千變萬化，前途未卜也必須出航。實際上翌日的《讀賣新聞》晚報報導了〈郵船停止停靠卡薩布蘭加〉，原因是英國政府對卡薩布蘭加預定卸載的貨物取締方針不明的關係。

## 九、撤離歐洲，「大東亞戰爭」導致歐洲航線的消滅

一九四〇年（昭和十五年）四月九日，以德軍入侵挪威為開端，歐洲的戰線擴大了，而伏見丸便是戰線擴大後第一艘搭載日本難民的船隻，於七月七日回到神戶。〈伏見丸自戰火中的歐洲歸來〉（《東京朝日新聞》，同年七月八日）中刊載，難民接受回國勸告，共有八十一位難民自利物浦、馬賽、拿坡里上船。伏見丸突破水雷飄浮的大西洋東岸和地中海，在停靠港接受嚴密檢查後，結束了約五十日的航行返抵國門，畫家藤田嗣治也身在其中。

藤田嗣治在《游過土地》（一九四二年二月，書物展望社）中寫道，德軍逼近巴黎的五月二十一日，日本人會發出最後的避難勸告。伏見丸、白山丸的二等、三等艙都已經客滿，白山丸開航的日期未定。到達馬賽後，白天的國際化景象依舊如故，但是一到晚上，因為燈火管制而一片漆黑。藤田十分幸運地拿到伏見丸最後一間客房的船票，得以在二十六日離開法國。藤田離去的數天後，巴黎和馬賽都遭到德軍空襲。伏見丸從拿坡里出港後，義大利參戰意味更加濃厚，沿岸地帶都鋪設了水雷。船隻通過蘇伊士運河後，運河就封鎖了。航行在紅海上時，義大利參戰，紅海的入口也遭封鎖，伏見丸成為最後一艘經由蘇伊士運河的郵船。當藤田得知巴黎淪陷時，他正在印度洋上。

一九四〇年八月二十二日的《東京朝日新聞》〈宛如藝術船〉的報導，提到六月三日從利物浦出航的白山丸，於八月二十一日到達神戶。由於伏見丸是最後一艘經由蘇伊士運河返航的日本郵船，所以白山丸不能取道此處，白山丸成為第一艘經由開普敦回國的日本郵船，航海用了八十天。晚上到達神戶時，因為防空演習，整個港灣籠罩在漆黑的暗影中。回國避難的日本乘客有三十六人，包括定居巴黎的畫家豬熊弦一郎、荻須高德、岡本太郎。〈刊出戰禍話題〉（《讀賣新聞》晚報，同年八月二十八日）提到，睽違十四年回國的荻須兩手空空的回來，他表示等戰火平息後再回法國。

榛名丸比白山丸晚了半個月，於六月二十一日駛出利物浦，九月二日到達神戶。〈海上七十餘日〉（《朝日新聞（東京）》，一九四〇年九月三日）敘述，這艘船有七十二名來自英國的避難者，在里斯本上船的有電影演員暨歌手的牧嗣人、約蘭達夫妻、評論家小松清。一九四〇年六月十六日，德軍進駐巴黎的兩天後，法國成立親德的貝當內閣（Philippe Pétain），牧在《艾菲爾鐵塔下》（一九四一年三月，愛亞書房）中記述，榛名丸停靠卡薩布蘭加的時候，英國軍艦向法國軍艦開砲，牧後來從無線電得知，法國艦沉沒。

榛名丸在卡薩布蘭加裝載硝石後，在開普敦和德爾班停靠。兩港都禁止有色人種上岸，所以日本人只能在船中喝酒。「英國人真過分，對待日本人的態度，就像德裔猶太人。」小松清怒道，然後開始講述「歐洲沒落與反對基督教論」，牧嗣人舉行了音樂會，撫慰難民。來到新

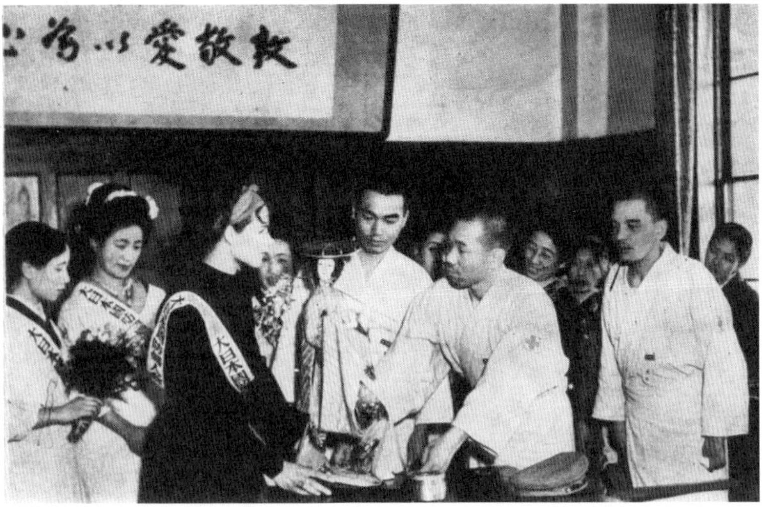

牧嗣人在《艾菲爾鐵塔下》（一九四一年三月，愛亞書房）寫道，抵達上海時，他問起德裔猶太人未來的打算，對方回答：「打算到處走走看看」。猶太人的兄弟和女兒，來船上迎接，互相相擁而泣。另外，還有猶太人坐著小船與榛名丸並行，不斷呼喚妹妹的名字。上圖是收錄在該書中的照片，牧嗣人的夫人約蘭達在日本慰問「白衣勇士」。

加坡外海時，一艘法國的大商船下錨停泊，似乎是被英國軍艦捕獲。香港也禁止上岸，牧的妻子約蘭達是義大利人，遭到詳細查問。禁止日本人上岸的只有非洲和香港，但若是德裔猶太人的話，在上海之前的所有港口，都被拒絕上岸。

駐英大使重光葵風雲告急地打電報給外務省的兩個半月後，德軍發動倫敦大空襲已迫在眉睫。發動前夕，在英國，諏訪丸原本預定八月底啟航，然而請求搭船的民眾湧入。〈報名諏訪丸激增〉（《東京朝日新聞》，一九四〇年八月二十二日）提到，一般預測諏訪丸應該是最後一艘從利物浦啟航的日本船，因此各家公司下令倫敦的商務員、銀行員須搭乘這艘船撤離。三井、三菱的員工、日本銀行、橫濱正金銀行的銀行員，都辦理了諏訪丸的登船手續。聽聞這是利物浦發的末班船時，留英的日本人將所有能帶出的行李全都託予該船。諏訪丸最後是在九月四日出航。同一天《朝日新聞（東京）》出現〈七百八十八人留在英國〉的新聞標題，訴說著船走後，仍有許多在地僑民留在英國。其中也包含與日本男性結婚的西洋女子，以及兩人生下的小孩。

諏訪丸經過九十五日的航海，於一九四〇年十二月八日回到神戶。〈突破戰火中的大海〉（《朝日新聞（東京）》，同年十二月九日）報導，這艘船撤離的日本人有五十四人，據船長說，船雖然在八月十九日到達利物浦，但立刻遭到德軍空襲。九月四日駛往愛爾蘭，於都柏林和貝爾法斯特短暫停泊。之後通過北海海峽，進入大西洋，經由開普敦往日本航行。七月三日帶著悲壯氣氛往歐洲出發的筥崎丸後來怎麼樣呢？〈筥崎丸歸國〉（《朝日新聞（東京》晚報，同年十二月四日）報導，該船於里斯本載運了二十六名日本人，其中大部分在紐約轉乘先抵達的箱根丸。載送兩名撤離日本人的筥崎丸，在十二月三日回到橫濱，比諏訪丸早了幾天。

日本郵船歐洲航線最後一艘貨船德爾班丸，是在翌年一九四一年一月十八日回到橫濱。它是前一年五月二日出航，經歷了八個半月才回國。〈沉沒的船：火焰的機場〉（《朝日新聞（東京）》晚報，同年一月十九日）轉述了船長的親身經歷。一九四〇年六月十一日，義大利參戰的第二天，德爾班丸正要駛入亞丁灣，但是，港外的挪威船被義大利潛水艇攻擊起火，機場受

葡萄牙的里斯本，是日本人逃離歐洲的港口之一（《世界地理風俗大系第十三卷：西班牙、葡萄牙及比利時、荷蘭》，一九二九年十二月，新光社）。在葡萄牙人發現印度航線後，里斯本就成為歐洲與亞洲的通商港，而繁榮起來。該書出版的時候，它也是世界第十二大商港。葡萄牙人口有十分之一集中於此。有人說寬廣的港灣「可以停得下全世界的艦隊」。

到空襲，火焰遮蔽了整個城市。德爾班丸不得不掉頭回孟買，但英國封鎖航道，船隻在二十一天內進退兩難，最後船隻放棄前往利物浦，更改成經由巴拿馬回國。然而在英屬百慕達，被扣留了一百五十噸的貨物。

一九四一年十二月八日，「大東亞戰爭」發動後，不論是《朝日新聞（東京）》或《讀賣新聞》幾乎都沒有歐洲航線的新聞。只有〈我潛艦出航三大洋亦嫌小〉（《朝日新聞（東京）》，一九四二年七月十九日）一文，透露連結印度與歐洲的航線已經斷絕。德國空軍在蘇伊士運河撤下水雷，即使英國船從那裡通過，來到印度洋後，又會遇到早已等在那裡的日本海軍潛水艇。這篇新聞還報導了大本營於前一日發表一個月內的「驚異戰果」，宣稱「西印度洋方面擊沉艦船廿五隻，合計廿萬噸！」不過報紙版面不再刊載歐洲航線的相關新聞，不只是因為航線斷絕，大本營以「告知／不告知」的手法操縱情報，統一發表的報導規定使歐洲航線的新聞消失無蹤。

曾經令歐洲航線華麗璀璨的日本郵船船隻，全都被調派為陸軍御用船、海軍御用船、船舶營運會使用船。一九三六年八月《渡歐指南》修訂新版再版（日本郵船）中介紹的十艘歐洲航線船，後來的下落如何？照國丸已在一九三九年十一月二十二日，於英國東海岸觸發水雷，爆炸沉沒。榛名丸於一九四二年七月七日，在御前崎沖觸礁。根據戰後日本郵船從社內資料編纂的《七十年史》（一九五六年七月，日本郵船）記載，其他的八艘船，香取丸在一九四一年十二月二十四日，於婆羅洲被魚雷擊沉。一九四三年，四艘船受到戰爭牽累，伏見丸於二月一日在御前崎南方、諏訪丸於三月二十八日在大鳥島附近、鹿島丸於九月二十七日在金蘭灣南南東方分別遭魚雷擊中，箱根丸於十一月二十七日在廈門外海遭到空襲沉沒。到了一九四四年，靖國丸於一月三十一日在比克羅特島附近遭魚雷擊中，白山丸於六月四日在硫黃島西方遭魚雷擊中，化為灰燼。最後剩下的筥崎丸，一九四五年三月十九日於東海遭魚雷擊中，消失蹤影。

一九三九年蔚為話題的一萬七千噸級新造豪華船：新田丸、春日丸、八幡丸，後來怎麼樣了呢？其實這三艘船原本就設計成需要時能改裝成空母的架構，所以新田丸、春日丸和八幡丸

一九四二年七月三十日，龍田丸交換船載著英國大使、比利時大使等四百五十四名「敵國人士」，從橫濱出港（日本郵船編，《七十年史》，一九五六年七月，日本郵船）。繼而又分別在上海載送三百二十四人、西貢一百四十六人、新加坡四人，並在英屬各地搭載八百七十七名日本人和四十二名泰國人做為交換。之後在新加坡讓六百一十三人下船，九月二十七日返回橫濱。

分別改名為空母冲鷹、空母大鷹與空母雲鷹，但都因美國潛水艇攻擊而沉沒。從一九四一年到日本投降為止，日本郵船喪失了一百七十二艘船，約一百零三萬噸。投降時日本郵船保有的船艙容量，只剩下十五萬五千噸。殘存到戰後的優秀船、高速貨船，只剩下冰川丸一艘。這並不只是意味著船隻的失去，也意味著有行船能力的人們與歐洲航線的回憶一同沉入深深的海底。

## 第七章

# 戰敗後的歐洲行與歐洲航線客船時代的結束（1946-1964）

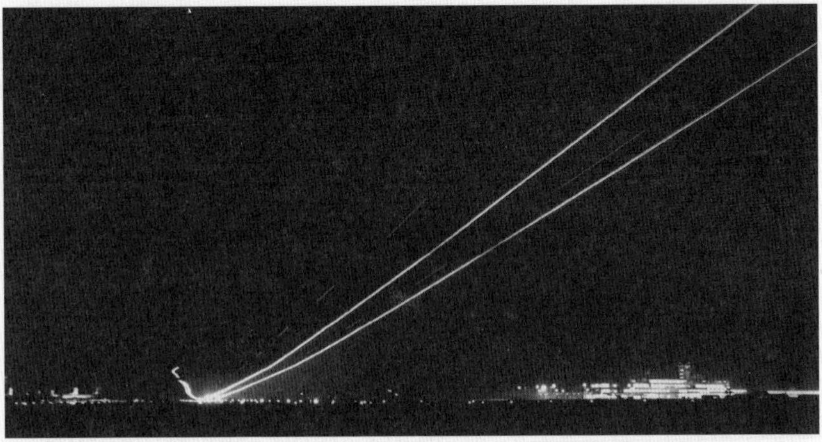

一九五五年六月一日，《朝日俱樂部》刊出了〈新成立的天空大門——東京・羽田——〉報導，第二次世界大戰之前的機場為二十二萬坪，在美軍接收後，擴張為七十七萬坪，原本國際水準為B級的跑道（七千英尺），也延伸為A級（八千四百英尺）。照片中是新機場大廈的夜景，一天起降一百二十架次飛機中，約有七十架為美軍空輸部隊，但為了因應飛機的大型化、噴射化，機場擴建新建工程的腳步加快。空中旅行時代的到來，意味著海上旅行時代的終結，亦為歐洲航線之旅劃下句點。

## 一、荻須高德戰跡之旅與日本郵船重開歐洲航線

一九四五年（昭和二十年）八月十五日日本投降，簽署降書之後，日本的船隻都被納入聯軍總司令部的管理。在明治、大正、昭和戰前時期，日本向「外地」發展，據推測產生了七百萬名「外地」的日本人，戰時存活下來的舊陸海軍艦艇與向美國租借的貨船，用於載送居留在外的日本人。戰爭結束了，但在一九四〇年後期，日本郵船歐洲航線的復航，聽起來只是不可能實現的夢。

但是，這個時代還是有日本人想再次前往巴黎，他是荻須高德，第二次世界大戰時自歐洲搭白山丸回國的難民。荻須於一九四〇年八月二十一日回到神戶港時，在記者採訪中說過，一旦戰火平息，還想去法國。一九四八年十月十二日，他從橫濱出發，坐的當然不是日本郵船的船。《巴黎畫信》（一九五一年四月，每日新聞社）中，荻須寫道，他找過法國船，但定期航線只到上海以西，所以荻須坐的是荷蘭汽船公司租用的英國船朗格雷・史考特號。該書也成為記載當時日本人前往歐洲航線極稀有的書籍。

朗格雷・史考特號雖然是客貨船，但是只有一兩間頭等客房，沒有二等和三等艙。這艘船前一年剛下水，設備整齊，客房的浴室隨時都有熱水可以使用。從橫濱上船的船客有六人，日

荻須高德搭乘的朗格雷．史考特號（《巴黎畫信》，一九五一年四月，每日新聞社）。這艘船的機組員半數是女性，十分少見，所以停靠港的報紙還特別介紹。她們擔任事務長、廚師、服務生、客房員等職務，但在第二次世界大戰中都是英國海軍的成員。

本人有鋼琴家村上由喜、留學瑞士的稻垣守慟與荻須高德三人。距離戰爭結束只經過三年，所以國內與國外的落差很大，尤其是在糧食供給方面完全是兩個世界。船上的伙食是英式口味，早上有培根煎蛋，蛋糕大得令人生膩，但在立於焦土廢墟中的東京黑市裡，根本買不到蛋糕。到了香港，小船載滿了香蕉到船邊來賣，許久沒見過的香蕉成了令人懷念的水果。衣著打扮的差距也很明顯，上海工人的衣服與戰前不同，看起來「整齊又美觀」，尤其是警官和海關人員的打扮威風凜凜。日本人戰時到戰後的服裝，窮酸而「骯髒」，所以感受特別不同。

不過最深切的體會，應該是經歷侵略—戰敗歷史的日本（自我）的位置吧。在歐洲航線的停靠港時，荻須高德思考到「今日日本正接受世界各國的制裁」，所以他盡可能「安分」地待在客房裡。香港不允許日本人上岸，他只能在被隔離的船內，欣賞人們活力充沛的裝卸貨物和寶石般閃亮輝煌的夜景。上海、香港、馬尼拉、宿霧、新加坡的港口路線，令人感覺宛如一趟「戰跡巡禮」，全都是日本給世界留下「不好印象」的地方，荻須不禁「捏把冷汗」。他沒想到船會停靠剛剛獨立的菲律賓、呂宋島的馬尼拉與宿霧島的宿霧，荻須想像他們對日本的激烈反應，連檢疫官看起來都「不友善」。這裡早已沒有日本領事館，也不發給簽證，當然也不允許上岸。

馬尼拉港裡裡外外有三十艘以上的沉沒船，暴露著殘骸。三天的停泊期間，不論日夜，每個船客都有一名護衛官跟隨，只是當地人並沒有對荻須高德表現出明顯的反感。清晨，他聽到〈愛國進行曲〉的口哨聲，驚訝的打開窗子時，護衛荻須的警官用日語對他說「哦嗨喲——」，還說了「朋友」這個字。經過雷伊泰島與宿霧島之間，進入宿霧港時，他心想「難道接下來的幾站都必須看著這些悲慘的遺跡嗎？」朗格雷・史考特號上沒有醫生也沒有理髮師，他又不能上岸，只好任由頭髮留長，但在熱帶地區，披頭散髮的特別熱。

荻須高德為馬尼拉港作的速寫（荻須高德，《巴黎畫信》）。停靠港都還留著鮮明的戰爭痕跡，但也聽得見復興的腳步聲。該書提到「放眼望去，馬尼拉市的大樓都圍著鷹架在進行大整修」，港灣也在進行大工程。從船中遠眺新加坡，似乎也恢復了「更勝於戰前的繁華」，汽車頻繁來往，荻須覺得自己像是「從長年鎖國走出來的人」。

船內的西洋人親切的表現，是荻須高德最大的慰藉。正在環遊世界的英國女記者利普曼夫人，對日本印象很好。她說自己曾會見政治家吉田茂與蘆田均，與文學家谷崎潤一郎也很熟。葡萄牙的達科斯塔老先生，在香港的標準石油公司工作了十年，他對戰前的日本也很有好感。航行在印度洋上時，船長邀請他到自己的餐桌吃飯，船長不會說法語，而荻須不會說英語，即使如此，還是能對談，船長還招待他參加船長室舉行的雞尾酒會。必要的時候利普曼夫人會為他翻譯，一個月之後，船裡已經像家裡一般自在。

日本人第一個獲許上岸的城市，

是可倫坡，在那裡他才終於看到沒有受到戰爭破壞的土地。來到蘇伊士運河時，鏽跡處處的毀壞船體被棄置著，如同第二次世界大戰的紀念。讓荻須高德吃驚的是地中海的停靠地，義大利的熱那亞，因為沒有簽證，本來已放棄上岸，然而以義大利語打招呼後，便得到上岸的許可。他在市內繞了一圈，雖然義大利和日本同樣是戰敗國，但物資豐富滿溢，明亮的燈光下陳列著貴金屬、洋裝、書籍、收音機、巧克力和糖漬栗子，時髦衣物十分精緻，尤其是鞋子最令人讚賞，與日本天壤之別的差異，令荻須大為驚訝。十二月十一日到達馬賽，荻須擔心已經過了出國證明的兩個月期限，不過官員歡迎的說：「很高興看到您的歸來。」

一九五二年六月二十四日，荻須高德返回法國的四年後、日本投降的七年後，日本郵船歐洲定期航線重新開張。〈歐洲航線．磋商中〉（《讀賣新聞》晚報，同年三月十四日）轉述了淺尾新甫社長在紐約的評論，宣稱歐洲航線重啟的手續已大致完成。淺尾前個月於倫敦為日本再次加入歐洲去程同盟簽字蓋章，達成了開設定期航線的條件。〈話題港〉（《讀賣新聞》晚報，同年五月二十八日）報導，六月二十四日從橫濱出發的平洋丸將是第一船。但是，這條新聞有誤，平洋丸是第二船，平安丸才是第一船。平安丸停靠新加坡、亞丁、蘇伊士、塞得港，經馬賽和倫敦，於八月二十九日駛抵漢堡。途中，在馬六甲海峽水域，為一九三四年四月五日投海自殺的網球選手佐藤次郎舉行悼念儀式。

平安丸在一九五二年十一月十日回到橫濱。這一天日本正在為將繼承天皇之位的明仁親王，同時舉行立太子禮與成年禮。〈尤里斯B號抵橫濱〉（《讀賣新聞》晚報，同年十一月十日）述說平安號載送了準備獻給皇太子的名馬尤里斯B號，在船上由奧運馬術選手喜多井利明負責照顧。

日本郵船歐洲航線的重啟，對往來日本與歐洲主要都市的日本人來說是個好消息。但是，戰敗後的日本，民眾還未能自由到海外旅行，只有為業務、視察、留學等特定目的的人才可以去國外。一九五三年九月二十三日，大阪商船歐洲定期航線倫敦丸從神戶港出港，展開處女航。〈倫敦丸處女航〉（《讀賣新聞》，同年九月二十四日）中介紹了船客，其中包括海商法研究者島谷英郎、東洋外交史研究者英修道等，全是研究學者，報導最後以「吻合學術之秋的出航」為結語。若不是研究或留學，很難獲得去歐洲旅行的機會。

不只是去程，返程時也只有特定的乘客。〈矢田中大教授返國〉（《讀賣新聞》，一九五四年七月二十七日）報導，七月二十六日，日本郵船歐洲航線定期船粟田丸返回橫濱港，出國的矢田一男是文部省留學生，在羅馬大學羅馬法研究所學習兩年，而一九五四年十二月十七日的《讀賣新聞》晚報〈話題港〉專欄通知的是香頌歌手石井好子的消息。在舊金山音樂院就讀的石井，四年前獲得電視音樂會小姐冠軍，在歐洲過了三年演唱生活，而她搭乘十二月十七日大阪商船歐洲航線倫敦丸，返抵國門。

由於經由蘇伊士運河的船隻倍增（日本郵船一年二十四艘航海船，大阪商船一年十二艘航海船），因此日本郵船與大阪商船於一九五四年十月，向歐洲航線同盟提出增加配船的要求。兩家船公司逐漸實現了增船的計畫，〈三航海增配通過〉（《讀賣新聞晚報》，一九五五年二月四日）中說明，同盟通過了東行（經由巴拿馬）航線半年期限的三艘增配船（日本郵船二艘，大阪商船一艘），同時一併同意去年九月取得半年期限的日本郵船中東航線（日本至熱那亞之間），可延長一年。〈決定郵船、商船增配船〉（《讀賣新聞》，一九五五年六月十一日）提到，同盟許可東行航線再延長半年，以及中東航線從十二艘航海船增加到十八艘。

## 二、蘇伊士戰爭的爆發與飛航訪歐時代的到來

一九五〇年代前期到一九六〇年代初期，歐洲航線存在一個重大問題，就是三井船舶加盟歐洲航線的問題。歐洲航線同盟的成員，以英國為中心，包括了美國、義大利、荷蘭、瑞典、丹麥、西德、日本、挪威、法國的船公司。日本郵船與大阪商船分別於一九五二年（昭和二十七年）六月和一九五三年二月，與第二次世界大戰之前一樣，再次加入同盟。歐洲航線同盟不像紐約航線同盟採取門戶開放主義，而是奉行封閉主義，幾乎完全不接受新成員，三井船舶在一九五一年及其翌年都申請加盟而被拒絕。〈走向歐洲航線〉（《朝日新聞（東京）》，一九五

三年二月十七日）一文敘述，三井船舶為與之對抗，而將紐約定期航線延長到歐洲，開設經由蘇伊士回航的環繞世界航線，並於一九五三年五月開始配船。此舉激化了同盟船與盟外船的運費競爭，歐洲運到遠東的鋼材運費，寫下暴跌七成的紀錄。

三井船舶歐洲航線的加盟問題，在三年後的一九五六年六月總算告一段落。由於其他定期航線的運費上漲，只有歐洲航線持續打折扣戰的狀況下，同盟內的外國船公司態度出現軟化的跡象。〈今日正式簽字〉（《讀賣新聞》，同年六月二日）中提到，由前經團連會長石川一郎等人擔任斡旋委員，在東京與同盟議長史威茲商討後，以三個條件簽署了協定書：一、允許三井船舶經由蘇伊士運河的環繞世界航線，但以日本郵船承包船的形式，限制停靠港與載貨量；二、承包配船限期五年，五年後再檢討是否升為正式會員；三、承包配船期間，不承認三井船舶系統的代理店，由日本郵船負責集貨。這份協定書於六月七日歐洲航線同盟召開定期總會時，正式提出。

此後經過了五年，到了一九六一年，（二）的問題浮上檯面。是否要接受三井船舶成為歐洲同盟的正式會員呢？在《讀賣新聞》同年二月十四日的報導〈「三人委」的結論不置可否〉中，載明了日本郵船副社長有吉義彌出席歐洲航線同盟總會時的報告，三井船舶問題委由三人委員會決定，但結論保密，隱而未宣。只是消息人士透露，似乎提供了兩個選項，要求三井船舶決定：一、承認為正式會員，但載貨量與停靠港的限制不予解除；二、同意放寬載貨量與停靠港限制，但不接受升格為正式會員，也就是要三井船舶在名（正式會員）與實（放寬限制）中擇其一。

對於歐洲航線提出的條件，三井船舶在商議之後，選擇了（一）的正式會員。《朝日新聞（東京）》於一九六一年二月十八日刊出〈三井船舶正式加盟〉的新聞，指出該同盟三十五年都未曾接受任何船公司正式加盟，業者預測，獲得它的承認，將提高日本海運業界的國際地位。只是同盟不同意該船在英國載貨，以及從歐洲運輸貨物到馬來亞聯邦（現在馬來西亞聯邦的一部分）及香港，此外也不解除代理店和停靠港的限制。相對地，三井船舶取得歐洲航線的獨立配船權利。

到了一九五〇年代中期，蘇伊士戰爭的爆發（第二次中東戰爭）也對歐洲航線造成很大的問題。一九五六年七月二十六日，埃及總統納瑟（Gamal Abdel Nasser）宣布將蘇伊士運河公司收為國有，英國與法國對此考慮發動武力，使運河公司回歸國際管理。十月二十九日，以色列軍進攻埃及，展開了蘇伊士戰爭。第二日，英軍與法軍進軍蘇伊士運河，埃及雖然處於劣勢，但十月三十一日，美國總統艾森豪（Dwight D. Eisenhower）譴責英國與法國的行動。十一月七日聯合國緊急大會上，通過要求三國軍隊即刻撤出蘇伊士的決議。十二月二十二日，英軍與法軍撤退完畢，以色列軍也在一九五七年三月四日開始撤退。同年四月二十六日，蘇伊士運河再度可以通航。

歐洲航線貨物定期航線事業重新起步後，相模丸停靠亞歷山大港的情景（日本郵船編，《七十年史》，一九五六年年七月，日本郵船）。相模丸是在一九五五年四月由橫濱三菱建造完成，正是歐洲航線貨物定期航線事業開始的三年後。在一九五〇年代前期，日本郵船經由蘇伊士的歐洲航線載貨量，發展為全年二十萬噸上下。

然而因為埃及軍艦被擊沉，蘇伊士運河無法再使用。〈蘇伊士運河中斷與日本〉（《讀賣新聞》晚報，一九五六年十一月二日）說明了十幾艘日本船在蘇伊士附近航行，遭到影響的定期船有每月通行東向與西向航線的三井船舶環繞世界航線船，日本郵船每月有兩班歐洲航線船，中東線一年航行十八次，大阪商船也擁有歐洲航線，若是不能經過蘇伊士運河，船隻將繞道好望角。橫濱到漢堡之間的航路，若經由蘇伊士運河，單程為一萬三千七百一十海里，若經由好望角，將增加為一萬七千四百八十海里，往返差了約七千海里，相當於三千萬日圓的航海費用，因此運費自然水漲船高。進而，由於運河的封閉，埃及的鹽與棉花、突尼西亞的磷礦石、中東的石油都無法出口，尤其是石油運輸的斷絕，預料將對經濟造成沉重的打擊。

三井船舶走歐洲航線的秋葉山丸還闖入蘇伊士戰爭的現場。〈秋葉山丸遇空襲〉（《讀賣新聞》晚報，一九五六年十一月五日）報導，從馬賽出港的這艘船，在十月三十一日進入埃及的亞歷山大港，但是空襲已經開始，因而變更取道蘇伊士運河的計畫。十一月二日船隻離開亞歷山大港，航向摩洛哥的休達（Ceuta），在那裡補給燃料，決定繞過好望角歸國。幸運的是船身沒有損壞，乘客包括兩名日本畫家。

蘇伊士戰爭的影響直接反映在運費上。歐洲航線同盟在十一月六日決定，船隻繞道好望角時，將徵收百分之十五特別補貼費，並向貨主公告。〈繞好望角增百分之十五〉（《讀賣新聞》，一九五六年十一月七日）中提到，補貼費用的實施內容如下：一、自十一月七日起，歐洲裝船往遠東貨物徵收補貼；二、日本對鋼材的需求非常高，所以除了補貼費外，每噸另徵收三十先令運費；三、日本裝船往歐洲貨物，十一月中維持現行運費，自十二月一日起實施補貼費。

追查一九五〇年代歐洲航線衍生之三井船舶加盟歐洲航線問題，與蘇伊士戰爭的報導，會發現一個重大的變化。第二次世界大戰之前的新聞報導，幾乎都鎖定在乘客，但戰後貨物成了

一九五四年二月，國際線第一班飛機出發（日本航空史編纂委員會編，《日本航空史〔昭和戰後篇〕》，一九九二年九月，日本航空協會）。不過，根據書中的資料，第一班飛機的乘客有二十一人，買票乘客只有五人。第二班有成人一名、兒童一名，完全未達到損益平衡點，草創期的苦戰持續了一段時間。

主題，乘客的位置消失了。第二次世界大戰之後的歐洲航線，不再負擔戰前的旅遊功能，失去了旅客的熱鬧，而增強了貨物航線的特性。

一九五四年九月二十五日《讀賣新聞》晚報報導了吉田茂首相預計花五十天，訪問加拿大、法國、德國、義大利、梵諦岡、英國、美國等七個國家的消息，正如〈明日早上，自羽田出發〉的標題所顯示，人們已不再搭船旅行，而改乘飛機旅行了。戰爭結束六年，一九五一年八月，日本以委託西北航空飛航和維修的形式，設立了日本航空。三個月後，日本航空開啟了東京到札幌、東京到大阪、東京—大阪—福岡的定期飛行班次。一九五三年十月，舊日本航空解散，改組的日本航空成立。到了一九五四年二月，日本航空第一條國際線，東京飛舊金山線開始運行，戰後的日本也終於走進飛機的時代。

三井船舶加盟歐洲航線問題尚未解決前，一九五五年十一月，運輸省派遣了海運調整部長到倫敦解決加盟問題。〈運輸省出面解決〉（《讀賣新聞》，同年十一月二十五日）的報導指出，此舉是因為政府擔心，這個問題對翌年將舉行的日英通商航海條約談判造成負面影響。但是除了這樣的背景說明外，這條新聞也是一則象徵時代的報導，因為談判人員為了解決歐洲航線的問題，選擇搭飛機前往倫敦。以交通工具的速度來說，船隻面對飛機完全沒有招架之力。

到了一九六〇年初期，日本航空的航線不只侷限在美洲，也拓展到歐洲。一九六〇年三月，日航與法國航空共同經營，開闢北迴歐洲線。第二年四月又開設南迴歐洲線，六月起採用DC-8，開始獨立營運北迴歐洲線。《讀賣新聞》，一九六一年五月十七日的〈海外短訊〉專欄刊出一則小新聞：〈日航倫敦事務所開張〉，記述該公司已有六名日本人、十六名英國人開始作業，為下個月的北迴定期班次做準備。飛歐洲的航空時代到來，也意味著歐洲航線客船時代的終結。三年後的四月一日，開放日本人海外旅行。

# 後記

當我在共同研究中追查日本人的巴黎、倫敦、柏林體驗時，正好看到片段的歐洲航線紀錄，心想以後要找個時間來描繪它歷史的整體面貌。今日，只要坐上直航的班機，十幾個小時就能到達歐洲的主要城市。你可以抱著從東京到關西出差的輕鬆感，從我們到達的機場，坐地下鐵、巴士或計程車進入市內，再像在國內都市中步行般，漫步於異國的都市空間。

十九世紀後半到二十世紀前半的一世紀卻不是如此，日本與歐洲的文化落差，遠比今日大得多。居留在巴黎、柏林的日本人數不超過三位數。即使是最常見到日本人蹤影的倫敦，也不超過一千五百人。自然而然的，日本人社會的規模狹小，不可能累積豐富的技巧去面對困境，一旦面臨意外的狀況時，語言的障礙便大大的阻擋在前。

旅行的意義，到了二十世紀後半，有了大幅度的變化。十九世紀後半至二十世紀前半的旅行，人們不是坐在機內看完幾部電影後到達目的地，而是在體驗著與各種文化圈的差異或落差，經年累月的反芻它的意義。去歐洲的日本人，最常搭乘的是以日本郵船為主的歐洲航線，所以，他們並不是到達目的地的剎那，而是從踏上旅途的第一步，就開始體驗異文化。然後旅行者花一個半月、更早期甚至是四個月的時間，去反芻旅行的意義。

本書的書名「海上的世界地圖」，包含了多幅性質迥異的地圖，它表現著十九世紀後半至二十世紀前半的東海、南海、印度洋、阿拉伯海、紅海、地中海的海港都市、海峽、運河、要塞島、燈塔、制海權、船舶。列強的勢力圖也是其中之一，這份地圖反映了殖民地，意即瓜分世界的結果。日本走進明治維新時代時，地圖已經被英國、法國、荷蘭等分成幾種顏色，但是它並不能長久，經由第一次世界大戰重新瓜分世界的嘗試，地圖不斷地在修正。

走歐洲航線旅行的日本人，接觸亞洲、中東、地中海的異國風土與文化而形成的概念地圖，也是「海上的世界地圖」之一。從日本「內地」出發的船舶，雖有時代和國籍的不同，但都是經過上海、香港、新加坡、檳城、可倫坡、亞丁、蘇伊士、塞得港等，到達馬賽和倫敦。旅行者利用港口停泊的時間上岸一遊，體驗異地的風土、氣候、居住、飲食。它成為與自我文化相比較的契機，也是確認自我身分的契機。

透過「他者」這面鏡子，照映出多層面的自己。自己這個故事，會一再地與國家、民族、人種等共通性的故事重疊。「海上的世界地圖」也包含了日本在意圖成為遠東帝國目標下，進軍國外的狀況，以及所謂「大東亞共榮圈」的未來預想圖。在我們追尋歐洲航線的歷史時，近代日本追求殖民地夢想的步履也跟著浮現出來。

從現在這時間回頭看，我約在十年之間寫了三本關於氣球、飛行船、飛機、鐵路、船隻的書，包括《飛行之夢：從熱氣球到投下原子彈1783-1945》（二〇〇五年，藤原書店）、《西伯利亞鐵路紀行史：連結亞洲與歐洲的旅行》（二〇一三年，筑摩選書）以及本書。我的原意並不是想以交通為主題寫出海陸空三部曲，可能是我意圖揭開現代主義如何貫穿近代日本的期望，將交通召喚來了吧，因為交通體現了現代主義的明與暗。

收集、分析龐大資料的過程中，一本書應有的形象，一點一滴地從不可見的遠方展現它的面貌。但是，不論撰寫哪一本書，在付梓出版前，作者都無法認清它的空間，寫完稿子、收齊插圖，發送給編輯之後，打造書冊空間的作業才真正開始。本書是第三本與岩波書店編輯桑原涼先生、設計師松村美由起先生一起合作打造書冊空間的書，很高興每次都能度過一段愉快的時光。

和田博文，二〇一五年九月二十九日

# 歐洲航線關係年表

## 注意事項

- 本年表的對象起自一八五八年環球蘇伊士海洋運河公司設立起，迄於一九六四年政府開放日本人國外旅行，約為一個多世紀。
- 內容記載各年度歐洲航線相關事項與歐洲航線相關的書籍、雜誌增刊號等。後者刊載只限證實有實物者。
- 因為使用陰曆的關係，有些記載事項，會出現跨年號的狀況，此時會將雙年號併記。
- 編纂相關事項時，除了原始資料外，也參照日本郵船編，《日本郵船公司五十年史》（一九三五年十二月，日本郵船）；日本郵船編，《七十年史》（一九五六年七月，日本郵船）；神田外茂夫編，《大阪商船公司五十年史》（一九三四年六月，大阪商船）、岩波書店編輯部編，《近代日本綜合年表》第二版（一九八四年五月，岩波書店）等。
- 歐洲航線相關新聞資料，記載於和田博文編，《收藏・現代都市文化九十一：歐洲航線》（二〇一三年十二月，YUMANI書房）所收錄的〈關係年表〉，請一併參照之。

| | |
|---|---|
| 一八五八年（安政五年） | 十二月，環球蘇伊士海洋運河公司成立。 |
| 一八六二年（文久元年至二年） | 一月，第一次遣歐使節團在正使竹內保德率領下，從品川出港（二十一日）。五月，倫敦萬國博覽會開幕（五月一日至十一月一日）。六月，倫敦備忘錄（六日）。 |
| 一八六三年（文久三年） | 六月，長州藩士伊藤博文、井上馨等從橫濱出發，前往英國（二十七日）。 |
| 一八六四年（文久三年至四年、元治元年） | 二月，第二次遣歐使節團在正使池田長發率領下，前往法國（六日）。九日，長州藩與英美法荷四國聯合艦隊，在下關海峽交戰（五日）。 |
| 一八六五年（元治二年至慶應元年） | 六月，柴田剛中等第三次遣歐使節，從橫濱出發（二十七日）。 |
| 一八六七年（慶應二年至三年） | 一月，德川昭武自橫濱出發，參與巴黎萬國博覽會，澀澤榮一也隨行（十一日）。 |
| 一八六八年（慶應四年至明治元年） | 九月，改年號為明治（八日）。 |
| 一八六九年（明治二年） | 四月，村田文夫，《西洋聞見錄》（井筒屋勝次郎）。十月，政府開放一般人擁有西洋型汽船、帆船（七日）。十一月，蘇伊士運河通航（十七日）。 |

一八七〇年（明治三年）　這一年，美國的太平洋梅特爾公司，開闢橫濱到上海間的定期航班。

一八七一年（明治四年）　五月，長崎製鐵廠更名為長崎造船廠（二十七日）。十二月，政府指派岩倉具視擔任正使，率岩倉使節團從橫濱出發（二十三日）。

一八七二年（明治五年）　四月，訂定海上里法（二十四日）。十一月，改陰曆為陽曆（九日）。

一八七三年（明治六年）　三月，荷蘭出兵侵略蘇門答臘王國。

一八七四年（明治七年）　五月，政府至翌年三月採購外國船十三艘（一萬一千多噸）。

一八七五年（明治八年）　二月，三菱商會以四艘汽船開闢橫濱上海航線（三日）。五月，三菱商會更名為三菱汽船公司（一日），九月十八日再更名為郵政汽船三菱公司。十一月，埃及的伊斯梅爾．帕夏將蘇伊士海洋運河公司的持股賣給英國。

一八七六年（明治九年）　六月，制定西洋型商船船長、駕駛士、輪機士考試規則（六日）。

一八七七年（明治十年）　二月，西南戰爭徵用三菱的船為御用船。四月，俄土戰爭開打（二十四日）。

一八七八年（明治十一年）　五月，英國派遣艦隊到塞得港，目的在保護蘇伊士運河。八月，由英、法兩國人分別就任埃及財政大臣和公共事業大臣（十五日）。十月，久米邦武編，《特命全權大使美歐回覽實記》第五篇（博聞社）。

一八七九年（明治十二年）　六月，伊斯梅爾總督遭到罷黜（二十六日）。八月，日本第一家海上保險公司「東京海上保險」開幕（一日）。十月，三菱開闢香港航線（四日）。

一八八一年（明治十四年）　二月，三菱開闢浦鹽斯德（海參崴）線（二十八日）。

一八八二年（明治十五年）　四月，官立東京商船學校開校（一日）。六月，亞歷山大港發生暴動（十一日）。七月，英國艦隊砲轟亞歷山大港（十一日）。八月，英軍在塞得港上岸（十九日）。九月，英軍占領開羅（十五日）。

一八八三年（明治十六年）　五月，林董編，《有栖川二品親王歐美巡遊日記》（回春堂）。六月，師岡國編，《板垣君歐美漫遊日記》（松井忠兵衛）。

一八八四年（明治十七年）　一月，英國派遣查理・戈登將軍到蘇丹的喀土穆。五月，大阪商船公司成立（一日）。八月，馬江海戰，法國艦隊擊潰清國的福州艦隊。

一八八五年（明治十八年）　一月，喀土穆淪陷，戈登將軍戰死（二十六日）。四月，中法戰爭停戰（六日）。六月，清法之間簽訂中法新約（九日）。十日，三菱與共同運輸合併，日本郵船開業（一日）。

一八八六年（明治十九年）　六月，野津道貫《歐美巡迴日誌》（廣島鎮台文庫）。

一八八七年（明治二十年）　六月，三菱轉讓長崎造船廠（七日）。

一八八九年（明治二十二年） 五月，巴黎萬國博覽會開幕（五月六日至十月三十一日），艾菲爾鐵塔開幕。

一八九〇年（明治二十三年） 三月，日本郵船派兩艘汽船航行香港、西貢、爪哇。七月，山邊權六郎，《外航見聞誌》（氣關社）。十月，日本郵船設置香港代理店（十三日）。

一八九一年（明治二十四年） 一月，依光方成，《三圓五十錢世界周遊實記》（博文館）。三月，日本郵船開始神戶牛莊線，高田善治郎，《出洋日記》（川勝鴻寶堂）。

一八九三年（明治二十六年） 九月，日本郵船設置孟買代理店（三十日）。十一月，開始孟買航線（七日）。設置古倫母（可倫坡）代理店（三十日）。

一八九四年（明治二十七年） 六月，末廣鐵腸，《啞之旅行》訂正合本七版（青木嵩山堂）。八月，甲午戰爭開始（一日）。日本郵船大部分船隻被徵調。九月，黃海海戰，日本聯合艦隊大破清北洋艦隊（十七日）。

一八九五年（明治二十八年） 四月，清日簽訂馬關條約（十七日）。

一八九六年（明治二十九年） 三月，日本郵船歐洲航線第一船土佐丸從橫濱出發（十五日）。航海獎勵法、造船獎勵法公布（二十四日）。四月，移民保護法公布（八日）。日本郵船設置倫敦分店（十七日）。歐洲航線第二船和泉丸出航（十八日）。

七月，英國組成馬來聯合洲。十日，日本郵船開闢澳洲航線（三日）。十一月，歐洲航線姬路丸在南中國海的帕拉塞爾群島觸礁。（一日）

**一八九八年（明治三十一年）**

四月，美國宣布與西班牙處於美西戰爭下（二十五日）。五月，日本郵船將每月一班的歐洲航線，改成隔週一班（十四日）。十二月，美西戰爭結束，美國獲得菲律賓（十日）。托瑪斯・庫克公司優惠券，在日本郵船所有航線均可使用（二十日）。

**一八九九年（明治三十二年）**

三月，歐洲航線返程也開始停靠可倫坡。九月，《出埃及記》（聖書館）。這一年日本郵船加入歐洲遠東去程同盟。

**一九〇〇年（明治三十三年）**

四月，巴黎萬國博覽會開幕（四月十五日至十一月十二日）。五月，義和團之亂，八國第一次出兵（三十一日）。水田南陽《大英國漫遊實記》（博文館）。六月，清國向出兵北京的八國宣戰（二十一日）。十一月，《世界一周・太陽臨時增刊》（博文館）。十二月，大橋又太郎，《歐山美水》（博文館）。

**一九〇一年（明治三十四年）**

三月，黑岩淚香在《萬朝報》開始連載〈史外史傳巖窟王〉（十八日）。七月，大橋新太郎編，《歐美小觀》（博文館）。十月，正木照藏，《漫遊雜錄》（正木照藏）。

一九〇二年（明治三十五年）

一月，英日締結同盟協約（三十日）。歐洲航線去程開始停靠上海。丹・西爾桑著、長谷川善作譯，《渡歐指南》（駸駸堂）。四月，日本海軍淺間艦與高砂艦出發，參加英國國王登基典禮（七日）。十二月，建部遯吾，《西遊漫筆》（有朋館）。這一年，日本郵船加盟歐洲遠東返航盟。

一九〇三年（明治三十六年）

四月，河內丸的湯姆遜船長在從蘇伊士出港後行蹤不明（十日）。巖谷小波，《小波洋行土產上》（博文館）。小笠原長生，《參加英皇加冕典禮渡英日錄》（軍事教育會）。六月，大田彪次郎編、澀澤榮一刪補，《歐美紀行》（文學社）。十一月，因幡丸在安特衛普與比利時船發生衝撞意外（二十七日）。日本郵船從本年度起，請外國籍老師巡迴各船，教育司廚、西餐廚師、麵包師。

一九〇四年（明治三十七年）

二月，日俄戰爭開始（十日），日本郵船被徵調。三月，押川春浪編，《無錢冒險自行車環遊世界・中學世界春期增刊》（博文館）。六月，常陸丸在玄界灘被海參崴巡洋艦擊沉，和泉丸、佐渡丸也沉沒（十五日）。

一九〇五年（明治三十八年）

一月，旅順的俄軍投降（一日）。五月，日本海海戰，日本聯合艦隊擊破俄羅斯波羅的海艦隊（二十七日）。七月，開設日本第一座浮動船塢的神戶造船廠（二十日）。九月，在樸茨茅斯簽訂日俄和談條約（五日）。

| | |
|---|---|
| 一九〇六年（明治三十九年） | 五月，日本郵船的歐洲航線，使用十二艘汽船，回到隔週一班的定期航運。七月，島村抱月，《滯歐文談》（春陽堂）。 |
| 一九〇七年（明治四十年） | 二月，長谷場純孝，《歐美歷遊日誌》（長谷場純孝）。十月，釋宗演，《歐美雲水記》（金港堂書籍）。十二月，賀茂丸在長崎三菱造船廠下水（二十四日）。 |
| 一九〇九年（明治四十二年） | 五月，二葉亭四迷死於孟加拉灣上的賀茂丸（十日）。十二月，櫻井鷗村，《歐洲見聞》（丁未出版社）。 |
| 一九一〇年（明治四十三年） | 一月，遠洋航線補助法實施（一日）。歐洲航線的使用船從十二艘減為十一艘。八月，日韓簽訂併吞韓國的日韓合併條約（二十二日）。 |
| 一九一一年（明治四十四年） | 一月，末松謙澄，《孝子伊藤公》（博文館）。六月，喬治五世在倫敦舉行加冕典禮（二十二日）。九月，義大利與土耳其的義土戰爭開始（二十九日）。十二月，朝報社編，《立身到富海外渡航指南》（樂世社）。 |
| 一九一二年（明治四十五年至大正元年） | 一月，中華民國成立（一日）。五月，長谷川萬次郎，《倫敦》（政教社）。七月，改年號為大正（三十日）。橋本邦助，《巴里繪日記》（博文館）。十二月，鳥居赫雄，《托腮》（政教社）。 |

一九一三年（大正二年）

五月，石井柏亭，《歐洲美術遍路上卷》（東雲堂書店）。

一九一四年（大正三年）

五月，與謝野寬、與謝野晶子，《來自巴里》（金尾文淵堂），小杉未醒，《畫筆之跡》（日本美術學院）。七月，第一次世界大戰爆發（二十八日）。八月，巴拿馬運河通航（十五日）。日本向德國宣戰（二十三日）。九月，制定戰時海上保險補償法（十一日）。十一月，德國東洋艦隊巡洋艦恩登號戰敗，印度洋航海恢復安全（九日）。

一九一五年（大正四年）

一月，日本郵船開闢環繞世界一周航線。十一月，山下汽船的靖國丸，在地中海被德國潛艇擊沉（三日）。十二月，日本郵船八阪丸在塞得港附近，遭到德國潛艇攻擊沉沒（二十一日）。三島丸以後的船行進路線從經由蘇伊士，更改為好望角繞道路線（三十一日）。

一九一六年（大正五年）

二月，大谷光瑞，《放浪漫記》（民友社）。六月，從橫濱出航的對馬丸，成為經由巴拿馬東航紐育（紐約）線的第一船（二十一日）。十一月，貨物輸送船永田丸在韋桑島北方被德國潛艇擊沉（三十日）。十二月，日本郵船設置紐育辦事處（一日）

一九一七年（大正六年）

一月，德國決定無限制潛水艇作戰（九日）。三月，俄羅斯二月革命（十五日）。自橫濱出航的宮崎丸開始，加設武裝（二十日）。五月，宮崎丸在英吉利海峽入口，被德國潛水艇魚雷擊中沉沒（三十一日）。九月，常陸丸在印度洋上，遭到德國偽裝巡洋艦俘虜（二十六日），十一月七日炸沉。十一月，俄羅斯十月革命（七日）。歐洲航線東行第一船龍野丸從橫濱出航（二十七日）。

一九一八年（大正七年）

五月，加藤久勝，《魔海橫越記》（大江書房）。八月，出兵西伯利亞宣言（二日）。九月，自利物浦出航的平野丸被擊沉（五日）。十一月，第一次世界大戰結束（十一日）。十二月，日本郵船設置新嘉坡辦事處（一日）。自加賀丸開始，從橫濱出航的歐洲航線重回蘇伊士運河（五日）。優秀船也從美國航線回到歐洲航線。

一九一九年（大正八年）

一月，大阪商船加入歐洲遠東同盟（二十二日）。三月，埃及反英示威擴大（九日）。六月，凡爾賽條約簽訂（二十八日）。十月（推測）《歐洲航線指南》（日本郵船）。十一月，小野賢一郎，《世界眺望記》（有精堂）。

一九二〇年（大正九年）

一月，日本郵船將紐約、西雅圖、新嘉坡各辦事處改為分店（一日）。國際聯盟成立（十日）。五月，小野賢一郎，《洋行茶話》（正報社）。高橋晫，《自倫敦到東京》（三友堂書店）。七月，三宅克己，《趣味攝影術：實地指導》（阿爾斯）。十二月，高山謹一，《西航雜記》（博文館）。

一九二一年（大正十年）

三月，《印度洋演講集》（島津常三郎）。七月，溝口白羊，《東宮御渡歐記》（日本評論社出版部）。十二月，三宅克己，《歐洲攝影之旅》（阿爾斯）。

一九二二年（大正十一年）

一月，加藤久勝，《取自船頭的日記》（目黑分店）。二月，英國宣布埃及獨立，放棄保護統治（二十八日）。七月，《歐洲航線指南》（大阪商船）。十一月，荒木東一郎，《歐美環遊夢之旅》（誠文堂）。

一九二三年（大正十二年）

二月，日本郵船開闢長崎上海線（日華連絡線）（十一日）。四月，埃及公布憲法（十九日）。五月，富田鐵夫，《東京起點最新歐美旅行指南》（太洋社）。六月，林安繁，《歐山美水》（林安繁）。八月，大阪時事新報社編、黑田重太郎記，《歐洲藝術巡禮紀行》（十字館）。《第二次印度佛跡朝聖旅行團企畫書（附旅程）》（日本郵船）。九月，關東大地震（一日），使用船隻輸送難民、糧食、救濟品。

一九二四年（大正十三年）

九月，大阪每日新聞社編，《奧林匹克紀念品》（大阪每日新聞社、東京日日新聞社）。十月，岡本一平，《紙上世界漫畫漫遊》（實業之日本社）。

一九二五年（大正十四年）

一月，三日自倫敦出航的熱田丸，開始停靠拿坡里。飛鳥丸搭載英國全新內燃機，回到神戶（二十九日）。二月，日俄基本條約公布，日俄恢復邦交（二十七日）。三月，守屋榮夫，《來自歐美之旅》（蘆田書店）。五月，上海發生五三〇事件（三十日）。《埃及觀光》（日本郵船）。六月，上海大罷工，除日華連絡船以外的各上海線全部停航或減班（至八月）。十二月，二荒芳德、澤田節藏，《皇太子殿下御外遊記》（大阪每日新聞社，東京日日新聞社）。石津作次郎，《歐羅巴之旅》（內外出版）。下河內十二藏，《東西萬里》（此村欽英堂）。田子靜江，《為愛兒走訪歐美》（東京寶文館）。《歐洲大陸旅行日程》（日本郵船）。

一九二六年（大正十五至昭和元年）

二月，山崎直方，《西洋又南洋》（古今書院）。四月，瀧澤七郎，《旅券在手》（明文堂）。六月，《（B）東京起點最新歐美旅行指南（附渡歐通信）》八版（太洋社）。《西伯利亞鐵路旅行指南》（鐵道省運輸局）。九月，金子健二，《歐美遊記：馬的噴嚏》（積善館）。十月，下位春吉編，《造訪死城龐貝（附拿坡里市區與郊外觀光）》（日本郵船）。十二月，改年號昭和（二十五日）。

一九二七年（昭和二年）

二月，《歐洲大陸旅行日程》再版（日本郵船）。四月，上村知清，《歐洲旅行導遊》（海外旅行導遊社）。六月，大石喜一，《新國家老國家》（吉村重輝）。九月，日本郵船開始發行環遊世界票券。

一九二八年（昭和三年）

二月，《渡歐指南》（日本郵船）。瀧本二郎、德・布雷斯特夫人《歐美漫遊留學指南》（歐美旅行指南社）。六月，煙山專太郎，《觀歐美重生》（實業之日本社）。九月，《歐洲大陸旅行日程》三版（日本郵船）。十月，大阪每日新聞社編，《歐洲觀光記》（大阪每日新聞社、東京日日新聞社）。十一月，三宅克己，《周遊世界》（誠文堂）。十二月，近藤浩一路，《現代幽默全集九・近藤浩一路集・異國膝栗毛》（現代幽默全集刊行會）。《世界地理風俗大系第十七卷：非洲》（新光社）。

一九二九年（昭和四年）

二月，市村羽左衛門，《歐美歌舞伎紀行》（平凡社）。三月，《世界地理風俗大系第四卷：南洋》（新光社）。四月，《遣外使節日記纂輯二》（日本史籍協會）。八月，下位春吉編，《造訪死城龐貝（附拿坡里市區與郊外觀光）》再版（日本郵船）。十月，發生世界大恐慌（二十四日）。十一月，《郵船的世界一周》（日本郵船）。十二月，本間久雄，《滯歐印象記》（東京堂）。《埃及觀光》再版（日本郵船）。塚田公太，《外遊漫想葦之髓》（淺井泰山堂）。

一九三〇年（昭和五年）

一月，召開倫敦海軍裁軍會議（二十一日）。《遣外使節日記纂輯三》（日本史籍協會）。六月，吉屋信子，《異國點景》（民友社）。七月，戶田一外《船醫風景》（萬里閣書房）。十月，今村忠助，《世界遊記》（帝國教育會出版部）。十一月，八木熊次郎，《揮灑彩筆縱橫歐亞》（文化書房）。

**一九三一年（昭和六年）**

一月，《渡歐指南》修訂新版（日本郵船）。二月，木村毅，《巴里情痴傳》（千倉書房）。六月，加藤久勝，《船員夜話》（祥光堂書房）。九月，九一八事變（十八日）。

**一九三二年（昭和七年）**

一月，因發生一二八事變（二十八日）日本郵船的船隻輸送難民。三月，政府發布滿洲國建國宣言（一日）。五月，中日簽訂上海停戰協定（五日）。發生五一五事件（十五日）。十二月，竹中郁，《象牙海岸》（第一書房）。

**一九三三年（昭和八年）**

三月，日本郵船筥崎丸在門司港，與大阪商船的馬尼拉丸相撞（十一日）。伏見丸在可倫坡外海起火（十三日）。日本退出國際聯盟（二十七日）。五月，林芙美子，《三等旅行記》（改造社）。七月，市河三喜、晴子，《歐美各隅》（研究社）。

**一九三四年（昭和九年）**

一月，倉田龜之助，《歐美行腳》（杉野龍藏）。四月，佐藤次郎於馬六甲海峽自箱根丸投海自盡（五日）。六月，神田外茂夫編，《大阪商船公司五十年史》（大阪商船）。九月，《白人集》（白人會）。

**一九三五年（昭和十年）**

八月，政府公布國體明徵聲明（三日）。《埃及觀光》三版（日本郵船）。九月，和辻哲郎，《風土：人類學的考察》（岩波書店）。十月，第二次衣索比亞戰爭開始（三日）。十二月，日本郵船編，《日本郵船公司五十年史》（日本郵船）。

**一九三六年（昭和十一年）**

二月，發生二二六事件（二十六日）。七月，西班牙內亂（十七日）。國際奧委會選出東京為一九四〇年奧運會舉辦地點（三十一日）。八月，《渡歐指南》修訂新版再版（日本郵船）。高濱虛子，《渡法日記》（改造社）。九月，松波仁一郎，《明眼人的牆外觀察》（大日本雄弁會講談社）。十一月，在柏林簽訂日德反共產國際協定（二十五日）。

**一九三七年（昭和十二年）**

五月，喬治六世登基典禮在倫敦舉行（十二日）。瀧澤敬一，《法國通信》（岩波書店）。七月，中日兩軍在蘆溝橋發生衝突（七日）。日本郵船開始東航世界一周線（十五日）。八月，爆發淞滬會戰（十三日），日本郵船調派船隻輸送避難民眾。各航線客船停止停靠上海。南京越洋空襲（十五日）。十二月，日本軍占領南京（十三日）。

**一九三八年（昭和十三年）**

一月，日本郵船重新停靠上海（十六日）。三月，停泊不來梅港的但馬丸發生爆炸事件（二日）。四月，國家總動員法公布（一日）。春（推測），日野根太作，《前歐洲大戰中：東半球回周記》（日野根太作）。十月，日本軍占領武漢三鎮（二十七日）。

**一九三九年（昭和十四年）**

三月，德國占領波希米亞、摩拉維亞，捷克滅國（十五日）。五月，德義簽訂軍事同盟（二十二日）。八月，十四日白山丸自拿坡里出港，為日本郵船在歐洲航線最後一次輸送猶太人的船。停開漢堡線。九月，第二次世界大戰開打（一日）。海運統制措置要領實施（一日）。英國與法國向德國宣戰（三日）。十月，新嘉坡日本人俱樂部，《前進赤道》（新嘉坡日本人俱樂部）。十一月，照國丸在英國哈維奇外海觸雷炸沉（二十一日）。年末開始，日本僑民陸續撤離歐洲。

**一九四〇年（昭和十五年）**

四月，德軍突襲挪威（九日）。歐洲戰線擴大。五月，德軍開始攻擊比利時、荷蘭、盧森堡（十日）。比利時布魯塞爾淪陷（十七日）。二十六日伏見丸從馬賽出港，成為最後一艘經由蘇伊士運河的船。日本郵船東航世界一周線停航。六月，義大利參戰，挪威向德國投降（十日）。德軍和平進駐巴黎（十四日）。武者小路實篤，《湖畔的畫商》（甲鳥書林）。七月，三日自神戶出港的筥崎丸成為繞道開普敦第一船。九月，日本軍開始進駐法屬印度支那北部（二十三日）。德義日簽訂三國同盟（二十七日）。十月，施行船員徵用令（二十二日）。日本郵船的橫濱倫敦線停航。

金子光晴，《馬來蘭印紀行》（山雅房）。十一月，日本海運報國團成立（二十二日）。

## 一九四一年（昭和十六年）

三月，船舶保護法公布（十七日）。武者小路實篤，《歐美旅行日記》（河出書房）。四月，日本郵船紐育線停航（十三日）。五月，馬德拉斯（清奈）線停航（三十一日）。六月，加爾各答線停航（二十五日）。七月，孟買線停航（八日）。巴拿馬運河封閉（十六日）。西雅圖線停航（十七日）。桑港（舊金山）線停航（十八日）。日本軍進駐法屬印度支那南部（二十八日）。九月，森三千代，《女人之旅》（富士出版社）。野上豐一郎，《西洋見習》（日本評論社）。十二月「大東亞戰爭」開始（八日）。香取丸在婆羅洲遭魚雷擊中沉沒（二十四日）。日本軍侵略香港，英軍投降（二十五日）。

## 一九四二年（昭和十七年）

一月，日本軍占領馬尼拉（二日）。二月，日本軍占領新加坡，英軍投降（十五日）。三月，公布戰時海運管理令（二十五日），決定統一做為國家徵用船使用。新嘉坡日本人俱樂部，《前進赤道》修訂再版（新嘉坡日本人俱樂部）。四月，日本海軍空母機動部隊空襲可倫坡（五日）。五月，船隻開始收歸國有（十日）。野上彌生子，《歐美之旅途上》（岩波書店）。六月，中途島海戰（五日）。七月，榛名丸在御前崎外海觸礁

（七日）。日英外交官交換船龍田丸自橫濱出航（三十日）。八月，日英外交官交換船鎌倉丸自橫濱出航（十日）。

一九四三年（昭和十八年）

二月，伏見丸在御前崎南方遭魚雷擊中沉沒（一日）。龍田丸在御藏島東方遭魚雷擊中沉沒（八日）。三月，諏訪丸在大鳥島附近遭魚雷擊中沉沒（二十八日）。四月，鎌倉丸在菲律賓島附近遭魚雷擊中沉沒（二十八日）。九月，義大利無條件投降（八日）。鹿島丸在金蘭灣外海遭魚雷擊中沉沒（二十七日）。十一月，箱根丸在廈門外海遭轟炸沉沒（二十七日）。

一九四四年（昭和十九年）

一月，靖國丸在比克羅特島遭魚雷擊中沉沒（三十一日）。六月，白山丸在硫黃島西方遭魚雷擊中沉沒（四日）。馬里亞納海戰發生（十九日）。十月，雷伊泰灣海戰（二十四日）。十一月，B-29轟炸機空襲東京（二十四日）。

一九四五年（昭和二十年）

船員動員令（二十日）。三月，筥崎丸在東海遭魚雷擊中沉沒（十九日）。五月，德國無條件投降（七日）。八月，日本無條件投降（十五日）。九月，聯軍總司令部接收管理日本船隻（三日），以及日本郵船總店的日本郵船大樓（十五日）。十月，聯合國成立（二十四日）。

一九五〇年（昭和二十五年）

六月，韓戰爆發（二十五日）。八月，日本船獲許通過巴拿馬運河（四日）。

| | |
|---|---|
| 一九五一年（昭和二十六年） | 四月，荻須高德，《巴黎畫信》（每日新聞社）。八月，日本航空成立（一日）。九月，在舊金山簽訂對日和平條約及美日安全保障條約（八日）。十二月，日本郵船重新加入歐洲返航同盟（一日）。 |
| 一九五二年（昭和二十七年） | 二月，日本郵船重新加入歐洲往航同盟（十八日）。六月，日本郵船重啟歐洲定期航線，平安丸自橫濱出航（二十四日）。 |
| 一九五三年（昭和二十八年） | 七月，簽訂朝鮮停戰協定（二十七日）。十月，舊日本航空解散，新設日本航空（一日）。 |
| 一九五四年（昭和二十九年） | 二月，日本航空國際線，東京飛舊金山線開始營運（二日）。十六日，自橫濱出發的阿蘇丸成為歐洲航線重開後，經由巴拿馬的第一船。 |
| 一九五六年（昭和三十一年） | 六月，歐洲航線同盟同意三井船舶經由蘇伊士環繞世界路線（七日）。七月，埃及宣布將蘇伊士運河收歸國有（二十六日）。日本郵船編，《七十年史》（日本郵船）。十月，蘇伊士戰爭開始（二十九日）。十二月，聯合國同意日本加入（十八日）。英軍與法軍從蘇伊士運河撤軍（二十二日）。 |
| 一九五七年（昭和三十二年） | 三月，以色列軍從蘇伊士運河撤退（四日）。四月，蘇伊士運河可以通航（二十六日）。 |

| | |
|---|---|
| 一九五八年（昭和三十三年） | 二月，日本郵船營業部編，《歐洲航線三井問題解決始末記錄》（日本郵船）。 |
| 一九六〇年（昭和三十五年） | 三月，日本航空開始東京經北極飛巴黎航線（三十一日）。 |
| 一九六一年（昭和三十六年） | 二月，三井船舶接受正式加入歐洲航線同盟的條件（十七日）。六月，日本航空開始獨立經營北迴歐洲線（六日）。 |
| 一九六四年（昭和三十九年） | 四月，開放日本人自由出國旅行（一日）。 |

【Historia歷史學堂】MU0019

**海上的世界地圖：**歐洲航線百年紀行史1861-1964

海の上の世界地図——欧州航路紀行史

作　　者❖和田博文
譯　　者❖陳嫺若
封面設計❖兒　日
排　　版❖張彩梅
校　　對❖魏秋綢
總 編 輯❖郭寶秀
特約編輯❖顏雪雪
責任編輯❖邱建智
行銷業務❖力宏勳

發 行 人❖凃玉雲
出　　版❖馬可孛羅文化
104台北市中山區民生東路二段141號5樓
電話：02-25007696
發　　行❖英屬蓋曼群島商家庭傳媒股份有限公司城邦分公司
104台北市中山區民生東路二段141號11樓
客服服務專線：(886) 2-25007718；25007719
24小時傳真專線：(886) 2-25001990；25001991
服務時間：週一至週五9:00～12:00；13:00～17:00
劃撥帳號：19863813　戶名：書虫股份有限公司
讀者服務信箱：service@readingclub.com.tw
香港發行所❖城邦（香港）出版集團有限公司
香港灣仔駱克道193號東超商業中心1樓
電話：(852) 25086231　傳真：(852) 25789337
E-mail：hkcite@biznetvigator.com
馬新發行所❖城邦（馬新）出版集團 Cite (M) Sdn. Bhd.(458372U)
41, Jalan Radin Anum, Bandar Baru Seri Petaling,
57000 Kuala Lumpur, Malaysia
電話：(603) 90578822　傳真：(603) 90576622
E-mail：services@cite.com.my
輸出印刷❖中原造像股份有限公司
初版一刷❖2019年1月
定　　價❖480元

ISBN：978-957-8759-47-3

城邦讀書花園
www.cite.com.tw

版權所有　翻印必究（如有缺頁或破損請寄回更換）

國家圖書館出版品預行編目資料

海上的世界地圖：歐洲航線百年紀行史1861-1964／和田博文著；陳嫺若譯. -- 初版. -- 臺北市：馬可孛羅文化出版：家庭傳媒城邦分公司發行，2019.01
面；　公分--（Historia歷史學堂；MU0019）
譯自：海の上の世界地図：欧州航路紀行史
ISBN 978-957-8759-47-3（平裝）
1.日本史　2.現代史　3.航運史
731.27　　107020916

UMI NO UE NO SEKAI CHIZU: OSHU KORO KIKOSHI
by Hirofumi Wada
Copyright © 2016 by Hirofumi Wada
Originally published 2016 by Iwanami Shoten, Publishers, Tokyo.
This complex Chinese edition published 2019
by Marco Polo Press, Taipei
by arrangement with Iwanami Shoten, Publishers, Tokyo

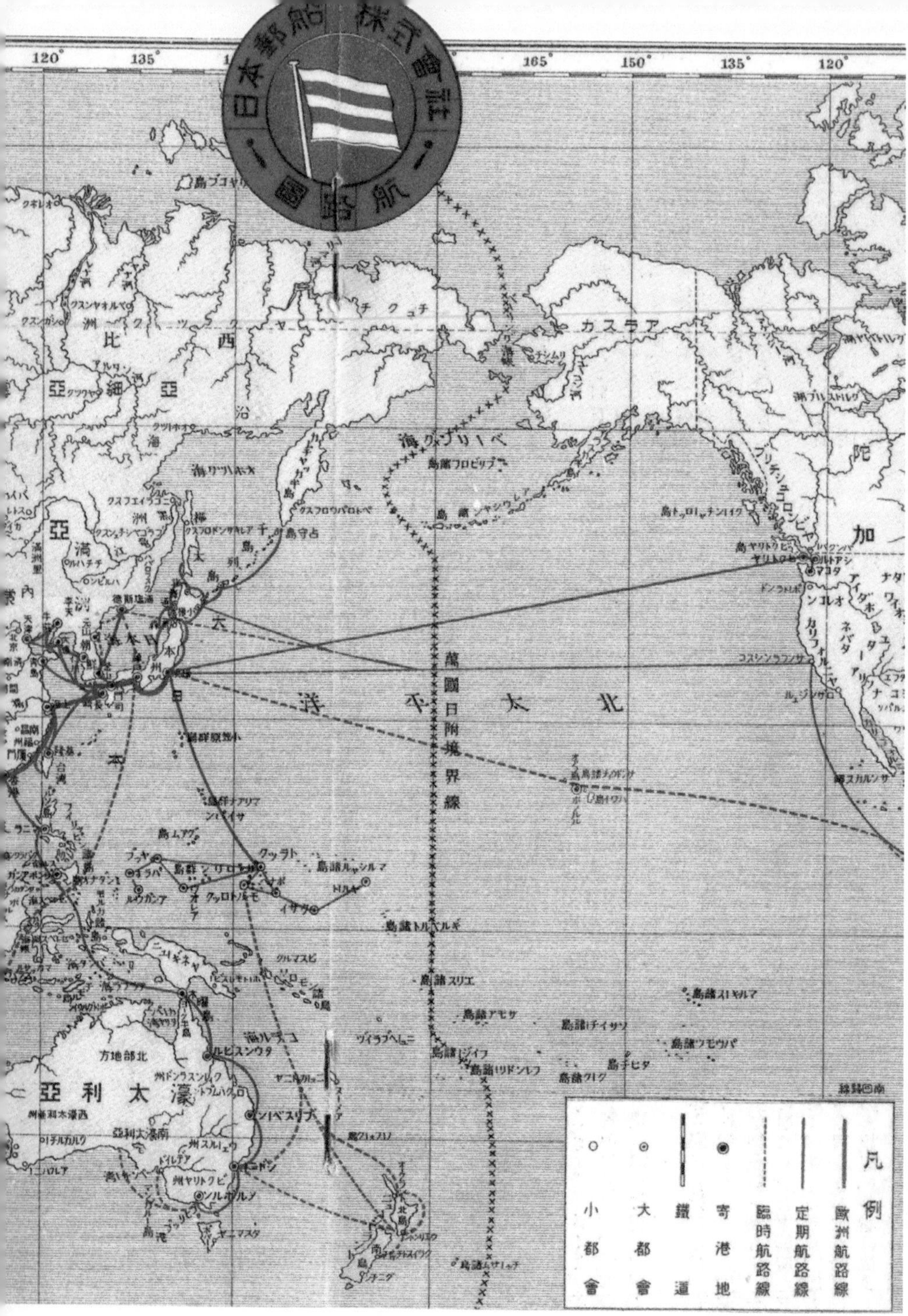
日本郵船株式會社航路圖
北太平洋
萬國日附境界線
ベーリング海
アラスカ
濠太利亞
凡例
歐洲航路線
定期航路線
臨時航路線
寄港地
鐵道
大都會
小都會

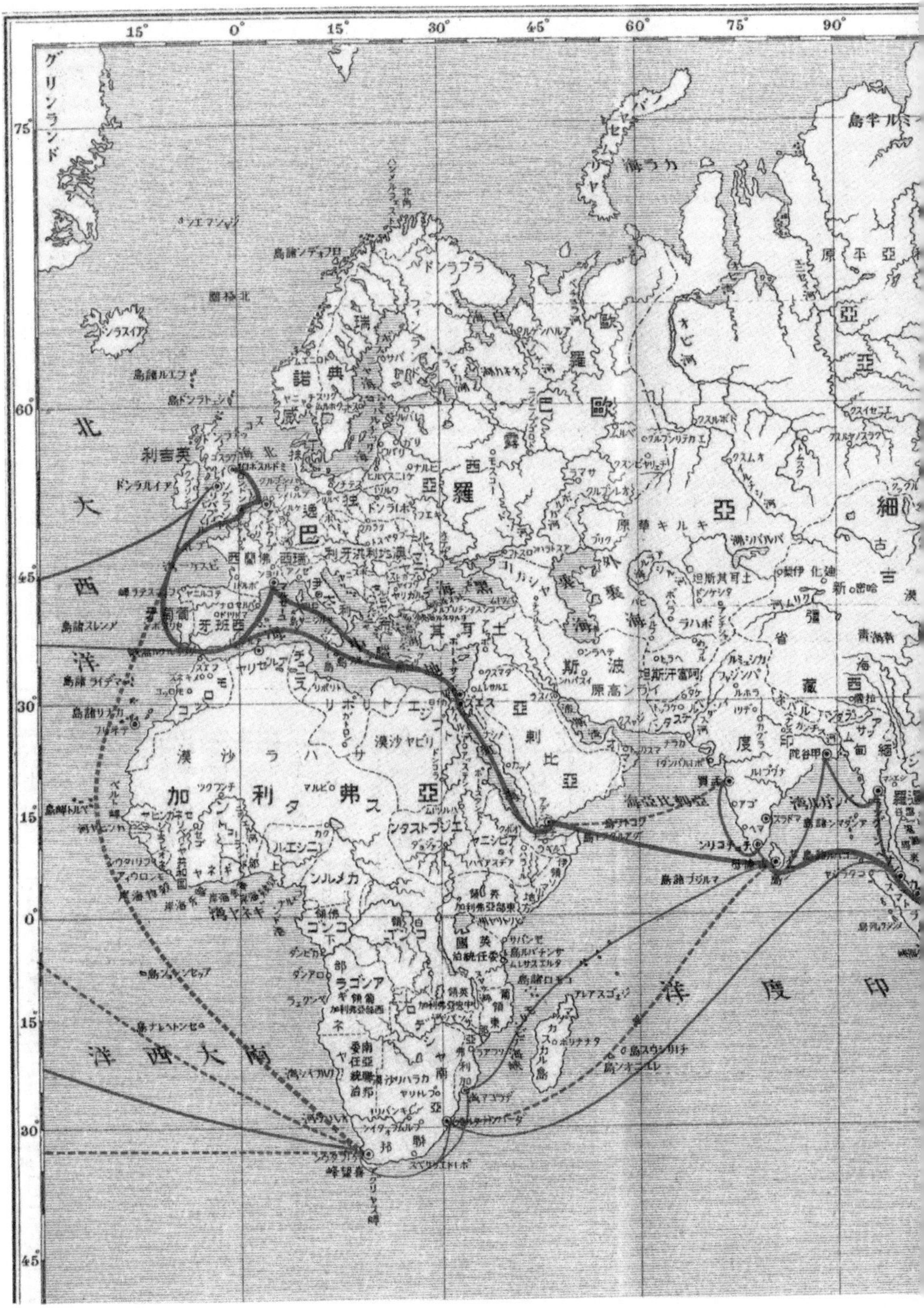


一九一九年十月修正的《歐洲航線指南》（日本郵船）